梁启超与护国运动

张永 著

天津出版传媒集团

天津人民出版社

图书在版编目(CIP)数据

梁启超与护国运动 / 张永著. -- 天津：天津人民
出版社, 2022.3
ISBN 978-7-201-18278-0

Ⅰ.①梁… Ⅱ.①张… Ⅲ.①梁启超(1873-1929)
—生平事迹②护国运动—研究 Ⅳ.①K825.1②K258.307

中国版本图书馆CIP数据核字(2022)第057522号

梁启超与护国运动
LIANG QICHAO YU HUGUO YUNDONG

出　　版	天津人民出版社
出版人	刘　庆
地　　址	天津市和平区西康路35号康岳大厦
邮政编码	300051
邮购电话	(022)23332469
电子信箱	reader@tjrmcbs.com

责任编辑	吴　丹
装帧设计	汤　磊

印　　刷	天津新华印务有限公司
经　　销	新华书店
开　　本	710毫米×1000毫米 1/16
印　　张	18.75
字　　数	380千字
版次印次	2022年3月第1版　2022年3月第1次印刷
定　　价	68.00元

前　言

　　梁启超是近代中国最重要的启蒙思想家之一,同时也是一位热情勇敢的政治活动家。早在1898年戊戌变法期间,梁启超就深入参与了改良派和保守派的尖锐斗争,险些遭到慈禧太后的捕杀,被迫长期流亡海外。民国初年,梁启超积极推动议会政党政治,领导组建了温和派政党——进步党,试图在保守的北洋派与激进的国民党之间,发挥中间派的调和作用。袁世凯1913年镇压国民党发动的二次革命之后,逐步建立起独裁统治,到1915年竟然在接受日本"二十一条"屈辱条件之后,走向复辟袁家天下的洪宪帝制。梁启超在袁世凯的令人恐惧的巨大权威面前,表现出极大的勇气,不仅在第一时间就公开撰文反对,而且与弟子蔡锷秘密策划武装反袁。后来又冒着生命危险南下,参与到军事行动中,最终领导护国运动推翻了洪宪帝制,使不可一世的独裁者袁世凯忧惧而死。这场捍卫共和国的殊死搏斗,无疑是梁启超政治生涯中最光彩的篇章。他在这场斗争中的抉择和行动,堪称中国知识分子道德勇气的典范,永远值得后人研究追忆。

一、学术史回顾

　　董方奎的《梁启超与护国战争》(重庆出版社,1986)是关于梁启超和护国运动的代表性著作,研究相当深入,学术质量较高,建立了基本的叙事框架,但由于成书时间比较早,受时代的局限,史实上存在不少不准确的地方,分析思路也略显陈旧。谢本书、冯祖贻、顾大全、孙代兴、高光汉合著的《护国运动史》(贵州人民出版社,1984)是云南和贵州两省学者的集体作品,是带有地方视角的代表性成果,其优点是对地方反袁活动的研究比较精细,但不足是对中央政治的研究相对薄弱,成书时间也比较早。我国台湾学者张朋园的《梁启超与民国政治》(食货出版社,1978)有不少关于护国运动的内容,分析思路与大陆学者有明显差别,很有启发性,但相对简略。

中国社会科学院近代史研究所李新、李宗一主编,李宗一、曾业英、朱宗震、徐辉琪等著的《中华民国史》第二编第一卷下册(中华书局,1987),是关于护国运动的民国通史类著作代表成果,其中第七至第十章主要是关于护国运动的,学术质量很高,但受限于体裁,对很多问题的分析研究难以充分展开。来新夏的《北洋军阀史》(修订版)(东方出版中心,2019)是北洋通史类著作的代表成果,其中第三章第四节是关于护国战争的,但由于受体裁和篇幅限制,难以展示历史细节,相对简略。

唐启华的《洪宪帝制外交》(社会科学文献出版社,2017)是比较新的高质量专著,对洪宪帝制时期的外交有深入研究,披露了大量藏于海外各国档案馆的珍贵史料。李恭忠、苟晨曦著《戴戡与护国运动》(中国社会科学出版社,2018)也是较新的作品,对护国运动中一位重要人物戴戡做了比较细致的研究。胡春惠的《民初的地方主义与联省自治》(中国社会科学出版社,2001)对民国初年中国走向分裂这一重大问题进行了较为深入的研究,不少观点都很精辟。张华腾的《洪宪帝制——袁氏皇帝梦破灭记》(中华书局,2007)虽然是一部通俗历史读物,但由于作者是长期研究北洋集团的专家,仍有一定参考价值。

护国运动史涉及的梁启超、袁世凯、蔡锷、黎元洪等都是民初重要的历史人物,关于他们生平的传记出版比较丰富。梁启超的传记最多,其中比较有代表性的是李喜所、元青的《梁启超传》(人民出版社,1993),另外吴天任的《梁启超年谱》(广东人民出版社,2018)是较新的作品。袁世凯的传记中有代表性的有李宗一的《袁世凯传》(中华书局,1980)、侯宜杰《袁世凯全传》(当代中国出版社,1994)。谢本书的《蔡锷大传》(广西师范大学出版社,2013)、萧致治和萧莉的《黎元洪新传》(武汉出版社,2014)等也是不错的传记作品。传记体裁的历史作品提供了独特的历史信息,但同时也受制于体裁,难以展开深刻全面的研究,同时由于护国运动时间跨度只有一年多,在传主一生中所占比例较小,因此相关部分大多比较简略。

护国运动的研究虽然不是近期学界热点,但也有不少很有价值的论文发表,其中[对本书的研究和写作帮助较大的包括:曾业英《云南护国起义的酝酿与发动》[《历史研究》1986(2)]、曾业英《蔡锷与小凤仙——兼谈史料辨伪与史事考证问题》[《近代史研究》2009(1)]、金冲及《护国运动中的几种政治力量》[《历史研究》1986(2)]、汪朝光《北京政治的常态与异态——关于黎元洪与段祺瑞府院之争的研究》[《近代史研究》2007(3)]、陆建德《"周道如砥,其直如矢"? ——护国战争前后严复与梁启超的"对话"》[《东南学术》2017(2)]、杨天宏《袁世凯"去北洋化"与"北洋正统"幻灭》[《四川师范大学学报》(社会科学版)2012(3)]、张仲民《阎锡山与洪宪帝制》[《史学月刊》2019(1)]、张华腾《袁段矛盾与洪宪帝制败亡》[《殷都学刊》2006(2)]、李永胜《梁启超劝阻帝制与袁世凯之回应》[《民国档案》2016(1)]、李德芳《梁启超〈异哉〉一文的公开发表问题》[《近代史研究》1998(3)]、赖晨《陈宦幕僚之特点及其影响》[《经济与社会发展》2008(3)]、顾大全《护国战争中的黔军》(见《护国文集》,河北教育出版社,1988)、谢本书《蔡锷与民初政局》[《社会科学战线》1996(6)]、王爱云《岑春煊与龙济光、陆荣廷关系述论》[《广西社会科学》2014(12)]、冯祖贻《护国战争爆发前的天津密会》[《贵州文史丛刊》1985(4)]、邓亦武《民初袁世凯与地方实力派的关系》[《殷都学刊》2007(3)]等。

二、本书的新探索

关于梁启超和护国运动,已经有不少有价值的学术成果,但代表性的学术著作多出版于二十世纪八十年代,距今已有三十多年。本书是在前人研究基础上的一次新尝试,基本结构仍遵循历史学的叙事传统,但不仅仅是要讲一个更完整细致的故事，而是力图通过贯穿全书的强烈的问题意识，围绕一些深层次的问题展开新的探索。这使得本书在选择材料和论述重点上与以往论著有明显不同，在不少问题上得出的结论也与传统观点大相径庭，大致包括以下五个方面：

（一）梁启超和改良派一贯反对暴力革命，为何却自己发动一场暴力革命

改良派何以走向暴力革命，这是贯穿本书的中心问题。在晚清与革命派的论战中，梁启超对暴力革命可能带来的灾难性后果有深刻阐述。但是在护国运动中，他和蔡锷却密谋起兵，通过暴力革命推翻了袁世凯的专制统治，这个转变过程生动揭示了改良派政治思想的复杂性和包容性。

改良派是站在保守派和激进派之间的中间派，有时候会偏向保守，有时候又会偏向激进，在极端的情况下，甚至能突破自己的极限，走向暴力革命。梁启超常被批评为动摇或者善变，其原因就在这里。但是像梁启超这样一贯反对暴力革命的改良派领袖，走向暴力革命是一个痛苦的自我否定的过程。为了维持政治理论上的一致性，他甚至煞费苦心地创造了一个似是而非的"革命"概念，硬说袁世凯是"革命者"，他本人发动护国战争是为了反对袁世凯的"革命"。梁启超挣扎曲折的心路历程，是本书的研究重点。

如果说革命派的革命心理是"希望"，改良派的革命心理就是"绝望"。梁启超对袁世凯镇压二次革命后建立独裁统治感到失望，但最多也只是想退出政界，从事更根本的学术教育事业，他对袁世凯大致仍是分工合作的态度，甚至对北洋专制有不少同情和理解。但从思想界出现复古倒退逆流，到袁世凯悍然复辟帝制，梁启超渐渐从失望走向绝望，步步倒退到悬崖边，到最后已经退无可退，只能绝地反击，勇敢突破自己作为改良派的极限。由于此时革命派在袁世凯高压之下力量大为削弱，改良派甚至成了革命的领导者。

在革命范式的长期影响下，改良派和激进派的论战受到较多关注，而

改良派和保守派的差别较少受到关注,两者的思想界线有些模糊不清,有时甚至被混为一谈。严复是著名的启蒙思想家,也是清末民初保守主义的代表人物,算得上是与梁启超旗鼓相当的对手。他在洪宪帝制中列名筹安会发起人,政治立场与梁启超有很大差别。本书对护国运动前后严复的政治立场做了不少探索,试图通过建立一个保守主义的参照系,使梁启超的政治思想获得更精确的定位。

(二)北洋集团的组织方式及其在护国运动中分崩离析的原因

军人政权是落后国家现代化过程中常见的政治模式之一,在有些国家,比如土耳其和韩国甚至取得了很大的成功。为何北洋军人政权却在中国遭到了彻底失败? 这是中国近现代史上很值得深思的重大问题。

北洋集团是一个传统的军事政治集团,与现代政党有很大差别,它没有统一的意识形态,也没有严密的组织形式,维系内部主要靠以袁世凯个人为中心建立的私人关系网络。袁世凯确实有经营私人关系的特殊能力,也有很强的事业心,他很早就有网罗天下人才为我所用的雄心。北洋集团虽然由于历史原因以北方人为主,但唐绍仪、梁士诒等南方人也很受重用。袁世凯当选大总统之后,在重用徐世昌、段祺瑞、冯国璋、张勋等老部下的同时,也刻意把私人关系网扩展到全国,梁启超、蔡锷、陈宧、汤芗铭、龙济光、唐继尧等都是他重点拉拢的对象,而且确实也取得了相当的进展。

但是现代社会与古代社会不同,政治思想复杂多变,这对没有统一意识形态的北洋集团构成极大挑战。袁世凯费尽心机把各方人才笼络在自己周围,但他们即使与袁建立了不错的私人关系,却不会完全放弃自己的政治立场。在洪宪帝制期间,不仅非北洋派的梁启超、蔡锷、唐继尧等公然起兵反袁,北洋派的徐世昌、冯国璋也因忠于清朝反对帝制,段祺瑞则因忠于共和反对帝制,而冯玉祥有一定的革命倾向,他不仅拒绝在高级军官集体劝进的电报上署名,后来甚至公开加入护国军。内部的政治思想分歧撕裂了北洋派,这不仅导致了袁世凯称帝失败,也最终导致了北洋集团的崩解。

同时,中国空间尺度的巨大也是北洋集团分裂的重要原因。在中国这样的大国,中央与地方之间存在巨大张力,这与土耳其、韩国等较小国家明显不同。北洋军在镇压二次革命后扩张到长江流域,江苏的冯国璋、江西的李纯、湖北的王占元等成为独当一面的地方大员,他们已经逐渐转变为地方实力派,与厉行中央集权的袁世凯有严重利益冲突。冯玉祥第十六混成旅挺进到北洋军扩张最前沿的四川南部,中央政府鞭长莫及,因此获得了更大的行动自由,最先叛离了北洋集团,北洋军也因此错失了击败蔡锷的最佳机会。

大致可以看出,北洋派是靠私人关系结合的传统团体,思想杂乱,组织薄弱,难以在中国这样思想复杂、幅员辽阔的大国实现国家统一,这个历史使命后来是由拥有强大意识形态和组织能力的现代政党来完成。

(三)各派反袁势力之间错综复杂的关系及其对政局走向的影响

各派反袁势力的大联合是护国运动研究的重点之一,但以往著述大多对各派联合反袁中团结奋战的光明面关注较多,而对护国阵营内部各派钩心斗角的阴暗面关注较少,这显然是把丰富复杂的历史简单化了。

实际上,虽然革命派、改良派、宣统复辟派、地方实力派、北洋内部反对派和日本势力等合作反袁,但他们在思想和利益上存在很大分歧,即使在联合反袁的过程中,内部的矛盾冲突始终是一个严重问题。比如,革命派的林虎写信给广西地方实力派,鼓动他们拒绝采用梁启超起草的广西独立宣言,也不让梁启超署名。又比如,革命派的李根源故意向唐继尧透露,在推选军务院抚军长时,梁启超和陆荣廷都力推岑春煊,只是因为岑春煊坚决推辞,才改选唐继尧,这显然是在挑拨唐继尧和梁启超等的关系。又比如,袁世凯死后,改良派的蔡锷和地方实力派唐继尧在滇军扩张还是收缩的问题上,发生了严重分歧。又比如,康有为和梁启超这对著名的师生,虽然都坚决反对袁世凯称帝,但反对的原因却大不相同,康有为主张宣统复辟,梁启超主张维护共和,他们在上海即使没有见面也已经闹得极不愉快。又比如,梁启超从上海到广西,一路上得到日本人大力协助,但在感谢之余,他又对日本产生了极大的怀疑和恐惧,认为中国的亡国危机就来自日本。

本书对各派在联合反袁中的合作和冲突采取较为均衡的态度,既承认合作,也不回避冲突。这样不仅可以呈现更为完整真实的护国运动史,同时也可以揭示出悲剧性的历史趋势。一旦袁世凯去世,各派失去了共同的敌人,他们之间的矛盾爆发是难以避免的,这给中国带来了分崩离析的严重危机。

(四)护国运动成功之后,近代中国何以走向大崩溃

护国运动推翻了袁世凯的专制统治,但也是近代中国走向大崩溃的开端。四川、湖南、广东等护国运动中战事最激烈的南方省份,最先出现了碎片化的现象,原来并肩作战的战友很快成为不共戴天的仇敌。在冲突最为激烈的四川,1917年4月和7月,滇军、黔军与川军两次在成都城内发生激烈巷战,给人民生命财产带来巨大损失。四川督军罗佩金、四川省长戴戡和川军第二师师长刘存厚都是护国运动中功勋卓著的重要人物,罗佩金有革命派色彩,戴戡是改良派,刘存厚大致是地方实力派。袁世凯死后仅仅一年,就发生了戴戡被刘存厚杀害的惨剧,中央政府对此几乎毫无办法。

在中国这样幅员辽阔的大国,强大的中央政府是维护国家统一的基本保证。袁世凯死后,一度恢复了全国公认的中央政府,但总统、内阁总理、国会三足鼎立的分权模式,在中国这样专制传统深厚的国家运行困难。各派势力对中央权力展开激烈争夺,府院之争很快爆发,中央政府始终无法建立权威。以往的著述大多认为,内阁总理段祺瑞的独断专行和秘书长徐树铮的飞扬跋扈是府院之争的主要原因。这当然有一定道理,但不可忽视的是,旧约法恢复以后,实际就是当时中国的宪法,是立国之

本,而约法明确规定中央政府采用责任内阁制,内阁总理执掌大权,负实际政治责任,总统是虚位元首,类似英国国王,只是国家的象征。更何况,北洋派军队当时仍是全国实力最强的军队,而段祺瑞是袁世凯死后能控制北洋军队的主要领袖,因此段祺瑞以内阁总理身份执掌大权,重建中央政府权威,不仅符合约法,也符合当时中国的政治军事现实。这是梁启超始终支持段祺瑞的根本原因。但大总统黎元洪在南方军政势力和激进国会议员的支持下,不甘心做虚位大总统,积极干涉政事,使约法规定的责任内阁制难以运行,他在府院之争中应负的责任甚至比段祺瑞更大。

近代中国走向大崩溃,固然是多种势力共同作用的结果,但具体到1917年中央政府的彻底崩溃,大总统黎元洪无疑起到决定性的破坏作用。黎元洪在政治上很不成熟,无力应对当时错综复杂的政局,在大总统这样关键的职位上很不称职。袁世凯拒绝退位时,曾说担心黎元洪能力不行,这虽然是他贪恋权位的借口,但也基本符合事实。黎元洪虽有"泥菩萨"之称,被普遍认为比较软弱,但他有时却会在冲动之下做出不计后果的危险决定。对德宣战案引发政治僵局之后,黎元洪1917年5月23日断然对段祺瑞下免职之令,推倒了最有可能重建中央权威的内阁总理。北洋八省宣布独立之后,黎元洪又在慌乱中请张勋进京调停,并在张勋威胁之下,于6月12日鲁莽下令解散国会。7月1日张勋复辟,黎元洪被赶出总统府,他不得不于7月2日电告在南京的副总统冯国璋代行大总统职务。当时中央政府由总统、内阁总理、国会三个权力中心组成,短短一个多月时间,黎元洪给三个权力中心都带来致命损害,尤其是解散国会开启了后来的南北分裂和护法战争,从1917年开始一直到1949年,中国再也没有全国公认的中央政府。本书对护国运动之后中国走向大崩溃的分析结论,显然与传统观点有较大差别。

(五)对基本史实的补充和订正

在关于护国运动的著作中,或多或少存在重政治、轻军事的倾向。护国运动是一场暴力革命,不仅战争的结果具有决定性的意义,战争的过程也有很多深刻的启示。比如北洋军调兵到四川的行程相当艰难,张敬尧第七师和李长泰第八师从北京附近乘火车沿京汉铁路南下,到武汉只要两天左右,而从武汉乘船经长江三峡逆流而上到达泸州,则需要长达一个多月,这生动揭示出空间尺度和基础设施对国家统一的重要影响。又比如,1913年袁世凯政府购买了十二架法国飞机,第一批飞行员1915年秋天才从南苑航校毕业,1916年3月20日北洋军飞机就出现在泸州前线上空,参与了对蔡锷部护国军的作战,滇军军官对此有生动描述。这是中国空军最早的实战记录之一,在军事史上有重要意义,也可以看出袁世凯为镇压护国军确实用尽了所有军事手段。本书在关于护国运动叙事中,对战争过程和军事细节做出了新的补充和深化。

由于护国运动不是近期学术热点,不少代表性学术成果成书都比较早,受时代的局限,在史实上存在不少不准确的地方。比如,1915年12月梁启超给袁世凯的最后一封信,在袁世凯接受帝位仅仅几天之后,就公开发表在全国各大报纸,是两人关系正式决裂的标志,其本身也是梁氏影响巨大的政论名文之一。很多著作都将其作为重要史料大篇幅引用,但其中不少都把时间错写成1915年4月,成文地点更是含糊不清。本书花较大篇幅进行了考证,这不仅仅是为厘清一份重要史料的基本情况,更试图通过考证揭示从4月到12月政局的深刻变化。又比如,中华革命党在山东的军事活动,发生在北方袁世凯统治核心区域,对袁政权造成很大威胁,但受时代风气影响,很多著作都夸大了革命党自身的力量,淡化甚至掩饰外部因素的作用。诸如此类的还有很多,本书在史实的订正和补充上也做出了不少努力。

目　录

第一章

梁启超对帝制活动的公开反对

第一节　梁启超与袁世凯渐行渐远

一、民国初年梁启超与袁世凯的政治合作

在民国初年,梁启超认为在当时的中国,只有袁世凯能够结束改朝换代引发的动乱,恢复国家的统一和秩序,因此必须支持袁世凯。但他同时也认为,袁世凯缺乏新知识,只有依靠他们这些新派人物来指导,才能建立现代国家。他后来说:"当时很有点痴心妄想,想带袁世凯上政治轨道,替国家做些建设事业。"①

1913年3月宋教仁遇刺后,袁世凯与革命派走向决裂。革命派计划在国会中依靠国民党议员的数量优势法律倒袁。袁世凯面临国会弹劾的危险,当选正式大总统的前景更加难料,梁启超在这时挺身而出,推动共和党、统一党、民主党合并为进步党,在国会中对抗国民党,帮助袁世凯渡过了法律上的难关。袁世凯也投桃报李,提名成立以熊希龄和梁启超为核心的内阁,把一部分行政权力交给进步党。法律倒袁失败后,革命派于1913年7月在南方几省发动武力反袁,但二次革命仅仅两个月就被击败,北洋军南下控制了长江中下游。在北京,进步党助袁实现了先选总统、后定宪法的图谋,袁世凯于10月当选中华民国第一任正式大总统。

在进步党内阁成立之初,担任司法总长的梁启超对建立现代法治国家很有雄心壮志。《政府大政方针宣言书》中称:"抑立国大本,首在整饬纪纲,齐肃民俗,司法与教育,实俱最要之枢机也。今之稍知大体者,咸以养成法治国家为要图……故立宪国必以司法独立为第一要件……"②但是

---

① 梁启超:《护国之役回顾谈》(1922年12月25日为南京学界全体公开讲演),云南省社会科学院历史研究所、贵州省社会科学院历史研究所编:《护国文献》(上),305页,贵州人民出版社,1985。

② 丁文江、赵丰田编:《梁启超年谱长编》,685页,上海人民出版社,1983。

几千年专制传统的国家转型为现代法治国家谈何容易,新政难免出现弊端,袁世凯与各省地方大员都很有意见。对于梁启超在司法总长任内对中国法治的贡献,当时的司法部参事余绍宋说:"袁氏颇欲尽废新立法院,恢复旧制,任公力争之。当时各省新立法院颇多,有数省各县法院亦已成立,用人未尽当,又系初办,弊病自不能免,遂贻旧派人口实,攻击甚烈。任公乃与弟等商量,缩小范围,徐图扩充办法,于是下令将各县初级法院亦酌量归并,厉行法官回避办法,慎选法官,其间几费周折,司法新制始保存以有今日。"①

袁世凯在军事上击败了革命派,在法律上当选正式大总统以后,成为权倾天下的独裁者。他不再需要进步党的帮助,反而觉得这些提倡法治的"书呆子"有些碍手碍脚。徐世昌说:"项城之于进步党本思引以为友,进步党亦曾为项城帮忙,无奈任公一派学者气味太重,彼一度加入熊希龄内阁,汤济武参加政事堂,均少表现。项城则以为此辈书生,不过纸上谈兵而已。"②事实上也确实如此,熊希龄、梁启超内阁颁布了很多条例,但往往脱离实际。地方大员只敬畏袁世凯,完全不把内阁放在眼里,进步党内阁被讥笑为"条例内阁"。到1914年初,内阁不仅无法在全国推动大政方针,甚至因财政困难连年关都过不去,最后靠袁世凯的信用向汇丰银行借款五十万英镑救急。③至此,内阁不得不自认无能,2月9日熊希龄辞内阁总理,2月18日梁启超辞司法总长,进步党黯然下台。

梁启超在2月19日与司法部人员的告别谈话中透露出无奈的心情:"我国司法因上年进行太速,致生出无限之阻力,近来各省几至全然办不动。"④可见在当时的中国,即使凭借中央政府的权威,初建现代法治也非常艰难。在辞职之际,梁启超仍对袁世凯抱有希望,特别上了一个条陈,提出改良司法意见。条陈中一方面承认自己推动法治太快产生弊端;另

---

① 丁文江、赵丰田编:《梁启超年谱长编》,687页。
② 张国淦:《北洋述闻》,77页,上海书店出版社,1998。
③ 张永:《民国初年的进步党与议会政党政治》,351页,北京大学出版社,2008。
④ 载《申报》1914年3月1日。

一方面也希望袁世凯不要矫枉过正,完全回归传统人治。梁启超说:"今司法制度,所以蒙诟独甚,皆缘前此改革太骤,扩张太过,锐进之余乃生反动,今当矫枉,宜勿过正。苟其过焉,弊且滋甚。凡天下事原动力太过,必生反动,反动力太过,又生第三次反动,如是四次五次相引,可以至于无穷。""伏惟我大总统禀执两用中之训,宏荡无陂之道,岂唯司法前途之幸,国家其永利赖之。"①他对《申报》记者说,条陈中提出改良司法的十条意见,希望袁世凯即使不能全部采纳,至少能采纳其中的一部分。②

梁启超虽然参加政府,但仍保有一定士大夫的清高,亲自去见袁世凯的次数并不多。他与袁沟通主要通过张一麐和梁士诒,这两人都是袁世凯最信任的亲信。张一麐是总统府机要局局长,有正人君子之风,梁启超与袁世凯沟通比较正式的事情一般通过他。梁士诒是总统府秘书长,参与各种机密事务,同时他还是交通系的首领,财政金融上办法多,有"梁财神"的名号。梁士诒与梁启超是同乡兼同学,梁启超与袁世凯沟通请托谋职、金钱往来等私密的事情常常通过他。

梁启超在辞司法总长的同时,出任币制局总裁。在给梁士诒的信中,梁启超透露了他辞职前后的各种考虑:"昨谈币制局事,想明日当能达主峰。""所以提出辞总长之议,实缘《大政方针宣言》由弟起草,天下共闻,今既自知不能实行,理固宜负责引退。除秉三外,惟弟有此特殊关系,非其他阁员所能例也。""弟自审今后宜与政党脱离关系,否则于公私两无裨益。然前此关系既已极深,当入阁时且经党中决议,今若在职中宣告脱党,情理皆觉不安,故欲身离政界,方能与一切团体全行脱卸。""府主既谬采虚誉,使备位阁员,虽自知书生不更事,义固不容辞避。今国基略定,断不至以一人之去留摇动政局。""若币制一事,生平既略有研究,颇思乐观其成。故秉三相荐,未敢固辞。若离去今职,专任彼事,就可稍获自效。""乞兄以此情上达府主,若许其悉遂初服,俾从事于著述教育,最为用当所

① 梁启超:《条陈改良司法意见留备采择呈》(1914年2月),汤志钧、汤仁泽编:《梁启超全集》第九集,31页,中国人民大学出版社,2018。

② 丁文江、赵丰田编:《梁启超年谱长编》,683页。

长。否则,责以专任币制,亦庶效一割之用。"①

由此信可以看出,梁启超担任币制局总裁是熊希龄推荐的,他自己也颇为主动。袁世凯圆滑老练,做事常留有余地。他完全满足了梁启超的要求,在接受司法总长辞呈的同时,即任命其为币制局总裁。梁启超3月10日愉快上任,两人继续了合作关系。币制混乱确实是近代中国一大弊端,梁启超对币制改革有浓厚兴趣,颇思有所作为。他在1914年2月15日的《庸言》上发表了《币制条例之理由》和《政府主张七钱二分之理由》,这是梁氏在财政讨论会第一次会议上的主张。上任前后,他又在3月5日和4月5日的《庸言》发表了《整理滥纸币与利用公债》和《银行制度之建设》,财政币制问题确实是梁启超这一时期的关注中心。但中国币制问题积重难返,加之欧战爆发使币制借款成为泡影,梁启超又长于理论而短于实践,他在币制局总裁的任上依然难有作为,到1914年底再次无奈辞职。不过,梁启超在任上对造币厂有所整顿,袁世凯时期铸造的银元成色很足,"袁大头"成为民国时期信誉很高的货币。

袁世凯1913年11月取消国民党议员资格致国会停会以后,个人独裁的倾向越来越明显。他不但不恢复国会,反而指定议员成立参政院,1914年5月1日颁布了总统独尊的新约法。民国初年的议会民主制度遭到彻底破坏,新派知识分子大失所望。梁启超先入内阁,后列名参政院,始终与袁合作,不少老朋友对他都很有意见。塞念益在给陈叔通的信中说:"参政院开,首阳诸公均连翩而至,将来所演奇剧亦多,(世界人种之劣至此已极,惜我不死复将目睹之,不亦悲乎。)我如不死,亦不欲久厕都门,观此丑状。公清史馆事定否,银行有无变故,任公定何宗旨?因吃饭故,自谋已无一臧,不敢再与闻他人出处也。"②陈叔通接信第二天就写信给梁启超,劝他辞去参政院议员:"昨接季常缄,亦以先生之出处为念。敬始终劝辞参政者,尚不在将来之奇剧难于同演,即目前之宪法起草,倘竟举先

---

① 梁启超:《致梁士诒函》(1914年2月),马以君:《梁启超佚札十七封》,载《华南师范大学学报》(社会科学版)1989(1)。

② 丁文江、赵丰田编:《梁启超年谱长编》,690页。

生为委员长,将何以处之?名士如王壬秋,达官如瞿子玖,本不识羞耻两字,先生亦岂能委蛇其间?"①梁启超的同门刘复礼来信更加尖锐直率:"阁员不过为人之机械,闻人不过为人之奇货,任何事,负何责,望风希旨,旅进旅退,伴食素餐,唯唯否否,偶荷青眼,或令拟一文,草一檄,斯秘书记室之职耳,何足贵!何足贵!""任公岂犹有衣食之念耶?读书破万卷,足迹遍全球,捧手受业于名贤之门,交游侪辈非齐鲁奇节之人,即燕赵悲歌之士,出处去就之义,固宜素讲,而迷谬濡滞如此,北冥之鹏縻于尺寸之丝,窃为足下痛之!"②

梁启超是富于妥协性的改良派,他对袁世凯仍抱有幻想,并没有听从朋友的忠告。不过,他也知道,在袁世凯独裁的体制下,新派人物没有多少政治活动的空间,回归更根本的学术教育,或许是不错的选择。梁启超辞去币制局总裁后,虽对两年参政的结果有些失望,但也不无解脱之感。他毕竟是一位人格独立的启蒙思想家,虽然也有从政的热情,但读书写作才是他最擅长、最钟爱的事业。1914年夏季,欧洲大战爆发,国内舆论对于欧战来龙去脉不甚清楚。梁启超于当年秋冬辞职前后,住在清静的西郊清华学校,由长女梁令娴帮助收集材料,很快写成一部《欧洲战役史论》。书稿完成之后,他赋诗一首,充分表达了脱离政治、回归著述后的愉悦心情:

> 在昔吾居夷,希与尘客接。
> 箱根山一月,归装稿盈箧。
> 虽匪周世用,乃实与心惬。
> 如何归乎来?两载投牢策。
> 愧俸每颡泚,畏讥动魂慑。
> 冗材惮享牺,遐想醒梦蝶。

---

① 丁文江、赵丰田编:《梁启超年谱长编》,690页。

② 丁文江、赵丰田编:《梁启超年谱长编》,691—692页。

推理悟今吾，乘愿理凤业。

郊园美风物，昔游记攸悒。

愿言赁一庑，庶以客孤箧。①

二、重树独立言论，与袁政府仍有联系

1915年初，梁启超发表《吾今后所以报国者》一文，公开表达了脱离实际政治的意愿，重新回归建设独立言论、启迪国民思想的立场。梁启超对于自己的政治生涯颇有悔悟，特别对亲身组织领导政党有深刻反省。他说："吾尝自讼，吾所效之劳，不足以偿所造之孽也。""吾至今确信吾国现在之政治社会，绝无容政治团体活动之余地。以今日之中国人而组织政治团体，其于为团体分子之资格，所缺实多，夫吾即不备此资格之一人也。而吾所亲爱之俦侣，其各皆有所不备，亦犹吾也。""吾国欲组织健全之政治团体"，"务养成多数可以为团体中健全分子之人物，然兹事终已非旦夕所克立致。"梁启超宣称："吾政治生涯之全部，且将中止矣。"②

梁启超认为自己报国的责任，在更基础的社会启蒙事业："二十年来几度之阅历，吾深觉政治之基础恒在社会。""吾将讲求国民之所以为国民者而与吾国民商榷之。人之所以为人，国民之所以为国民，虽若夫妇之愚可以与知乎，而吾国竟有所未解，或且反其道而恬不以为怪。""举全国聪明才智之士，悉辏集于政界，而社会方面，空无人焉，则江河日下，又何足怪。吾虽不敏，窃有志于是。若以言论之力，能有所贡献于万一，则吾所以报国家之恩我者或于是乎在矣。"③

为摆脱政治纠葛，重树独立言论，梁启超迁居天津，并在与英文《京

---

① 丁文江、赵丰田编：《梁启超年谱长编》，701页。

② 梁启超：《吾今后所以报国者》（1915年1月20日），汤志钧、汤仁泽编：《梁启超全集》第九集，170—171页。

③ 梁启超：《吾今后所以报国者》（1915年1月20日），汤志钧、汤仁泽编：《梁启超全集》第九集，171—172页。

报》中文版签订的契约中,加入严守独立的条款。但独立言论并不意味着批评政府,他自己曾经上台执政,对政府的难处颇多体谅。这时日本提出了"二十一条"要挟谈判,梁启超虽然长期流亡日本,有很多日本朋友,但他坚守中国人的立场,这时的言论锋芒主要针对日本,支持中国政府。他在给张一麐的信中说:"弟因京师太嚣杂,不能著述,乃于三日前来津寓西旅馆,谢客搁管。""英文《京报》初约弟作文时,弟与严订契约,谓言论须完全独立,若有他人授意彼报,强我作者,我即立刻与彼报断关系,且穷诘其资本所自来,彼言绝无外资,弟乃应其聘。小鬼含沙之射,吾固不能禁其不射,彼亦终不能禁吾不言也。"①

梁启超回归舆论界后,在沉闷压抑的政治气氛中,仍表现出他特有的虎虎生气。《庸言》于1914年6月停刊,梁启超的言论阵地除新订约的《京报》中文版外,还有上海中华书局新出版的《大中华》杂志。中华书局总经理陆费逵在《大中华》的宣言书中表达了知识界对梁启超的期待:"梁任公先生学术文章海内自有定评。窃谓吾国中上流人稍有常识,固先生之功居多,而青年学子作应用文字其得力于先生者尤众。吾《大中华》杂志与先生订三年契约,主持撰述。"②

梁启超为《大中华》杂志写了长篇发刊词,强烈表达他对政治的失望,以及对从事社会启蒙事业的希望:"呜呼!我国民志气之销沉,至今日而极矣。当前清光宣之交,吾睹全国阴森之气,吾既深痛极恫。""由今思之,彼时譬犹深秋,百卉菱黄,群动凄咽已耳。至今日乃真晦盲否塞,寒沍慄栗,含生之俦,几全丧其乐之心,举国沉沉然若歌薤露以即墟墓。""当下所要求答覆者,即为中国亡与不亡之一人问题。""今之中国,二十年前之朝鲜,三十年前之土耳其也。""我国民诚有此种明了坚强之自觉心,则所以报国者其必有道矣。问者曰:吾子不云乎,吾国民积年所希望所梦想,今殆已一空而无复余。""应之曰:我国前此之失望,政治上之失望也,政治

---

① 丁文江、赵丰田编:《梁启超年谱长编》,710页。

② 丁文江、赵丰田编:《梁启超年谱长编》,702页。

不过国民事业之一部分,谓政治一时失望,而国民遂无复他种事业,此大惑也。""呜呼!我国民乎,当知吾侪所栖托之社会,孕乎其间者不知几许大事业,横乎前者不知几许大希望,及中国一息未亡之顷,其容我回旋之地不知凡几,吾侪但毋偷毋倦,毋躁毋弩,随处皆可安身立命,而国家已利赖之。"①

梁启超把袁大总统治下之中国,说得比前清光宣之交还要绝望,甚至有亡国之象,这确实是非常悲观的感慨了。袁世凯深知梁启超的一支笔有巨大影响力,继续用一些职位来笼络他,而梁启超对袁也仍然抱有希望,他们的合作并没有完全中断。1915 年 2 月 12 日,政事堂奉大总统令,任命梁启超为政治顾问;3 月 31 日又派梁启超考察沿江各省司法教育事宜。梁启超此时虽努力恢复独立言论,但对袁世凯政府并无太大敌意。他准备回广东为父亲祝寿,为让老父亲高兴,特别托梁士诒请求袁政府颁发勋位:"有私事欲一干托,家君寿日福庆,甚思自获一勋位为娱亲之助。诚知不免世俗之见,然扬显之义,古人盖亦取焉。十年来文字鼓吹,于新邦肇造,或不无微劳,即两年来于乱党相薄,亦间接为政府张目。若府主录其微庸,援张季老之例,有以宠之,俾得极舞彩之荣,则其感激岂有涯涘?"②可以看出,梁启超对袁政府的表彰奖励还是很看重的,与袁世凯的个人关系仍然相当不错。

4 月底,梁启超回到广东为父亲祝寿,受到地方官员和绅商的热烈欢迎,衣锦还乡的得意之色溢于言表。他在 5 月 3 日给女儿梁令娴的信中提道:"在省城庆寿,全城官绅商咸集(都中两贺电以十六日晨至),共谓为空前之盛会也。礼堂在八旗会馆,其宏敞乃过湖广馆。是日演剧,至翌晨侵晓乃散。""七点钟即乘船返茶坑矣。吾所御者,为一浅水兵轮,名曰楚璧,家族亲友同行者甚众,凡赁紫洞艇四只,护以小兵轮三只,军队随行者约

① 梁启超:《大中华发刊辞》(1915 年 1 月 20 日),汤志钧、汤仁泽编:《梁启超全集》第九集,145—154 页。

② 梁启超:《致梁士诒函》(1915 年 2 月),马以君:《梁启超佚札十七封》,载《华南师范大学学报》(社会科学版)1989(1)。

二百人,新会军队相迓者,闻尚有百人云。沿途山川辉媚,花鸟欢虞,致足乐也。"①

梁启超仍被看作当朝得势之人,一人返乡省亲,地方上竟动用了数百官军护送,而他自己也颇以此自得。不仅如此,梁启超了解到广东地方政治情况,急切地想要回北京向袁世凯陈述,可见他虽然辞职,仍然把自己视为袁政府的帮手。他在给梁令娴的信中提道:"粤事日趋败坏,危险象不可思议,吾离粤后,或在沪不甚淹滞,拟速归京,有所陈述也。"②革命派也把梁启超视为袁世凯的帮凶,曾经策划刺杀他。梁启超在家信中说:"吾此行返乡有极危险事,唯我乃如在梦中,返省后始知之。盖有乱党九人,各挟爆弹,拟到乡祝寿,为侦探所尾,在离江门一站之车破获。兵官死一人,伤八人。"③

1915年上半年,梁启超处于一种徘徊状态,一方面想要重树独立言论的事业,另一方面与袁世凯政府又有千丝万缕的纠葛。他在家信中的一句话透露出他牵挂的两个主要方面:"似此匆匆,殊负雅游,但颇有数事(粤中政事也)须到京有所告语,且久游于卖文事业殊多妨也。"④1914年,日本借欧战之机从德国手中夺取青岛,派兵深入山东,1915年初向袁政府提出"二十一条"的亡国协定。袁世凯虽然顽强谈判抵制,终不免在最后通牒的战争威胁之下,于5月9日屈服。在这段时间,甚至革命派的黄兴等人都号召停止反袁活动,一致对外,梁启超这样与政府关系密切的人更不会持反政府立场。他在袁政府屈辱签字后发表的《痛定罪言》中明确说:"吾侪试平心静气,就事论事,则雅不欲以无责任之言,漫集矢于政府。盖当户牖木完之时,遭风雨飘摇之厄,断未由当机以御侮,樽俎折冲,其伎俩止于此数,专责政府外交无能,非笃论也。"⑤

　　① 丁文江、赵丰田编:《梁启超年谱长编》,712页。
　　② 丁文江、赵丰田编:《梁启超年谱长编》,712页。
　　③ 丁文江、赵丰田编:《梁启超年谱长编》,713页。
　　④ 丁文江、赵丰田编:《梁启超年谱长编》,716—717页。
　　⑤ 梁启超:《痛定罪言》(1915年6月20日),汤志钧、汤仁泽编:《梁启超全集》第九集,260页。

三、专注社会启蒙事业，反对复古倒退潮流

梁启超重树独立言论，有长远的目标，就是在更基础的社会层面，继续开启民智的启蒙事业，而不是过度关注短期的政治现实。他认为如果社会基础没有进步，求政治上的进步是不可能的。这种立场和后来胡适与陈独秀等相约二十年不谈政治，专注于教育启蒙类似。梁启超甚至认为，袁世凯和北洋集团维系中国苟安之局的作用难以替代，讨论政治难免归结到破坏现状，而中国苟安之局已经难得，任何破坏现状的主张都是有害的。

他在1915年2月《大中华》杂志第二期上发表《政治之基础与言论家之指针》，对社会与政治的关系有深刻辨析，明确主张先立社会基础后谈政治改良："政治基础在于社会耶？抑社会基础系于政治耶？更申言之，必先有良政治后有良社会耶？抑先有良社会后有良政治耶？此二义者，盖各皆持之有故，言之成理，吾方持政治基础在社会之说。"他认为："在今日而为政治上之激刺煽动，则国家所受者实利少害多。""外交上主张己国正当之权利，横逆之来，必当峻拒，谁曰非宜？然当国力未充之时，既不能令，又不受命，往往口舌抗执愈久，而所丧愈多，于国究何宜者？""又如国会政制论，吾平生所最信仰也。""虽然，谓但有此物，而政象即趋于良，则吾久已不复存此迷信。就客观方面论，凡政治上有特别势力存在之国，决无国会政制发达之余地，今国家方赖此特别势力以暂维系于一时，而谓但使有真由民选之国会，即可以转移政局而厝于安帖，天下宁有是理？""凡商榷政制者，其最后之结论，必归宿于破坏现在政局……破坏维持，循环数度，终不能善治，则知其病因必有在政制之外者。""吾以为唯当乘今政象小康之际，合全国聪明勇毅之士，共勠力于社会事业，或能树若干之基础。"①

1913年二次革命失败以来，激进思想逐渐退潮，复古倒退的保守思

---

① 梁启超：《政治之基础与言论家之指针》（1915年2月20日），汤志钧、汤仁泽编：《梁启超全集》第九集，173—180页。

潮占了上风。不少保守派人士借尊崇孔子来抗拒现代自由民主思想，1913年9月，康有为、陈焕章、沈曾植、梁鼎芬等筹划的孔教会在山东曲阜召开第一次全国大会，11月康有为出任总会会长，陈焕章为总干事。梁启超投身社会启蒙事业，反对这种复古倒退思潮，不惜与老师康有为公开立异。梁启超在《大中华》杂志第二期发表《孔子教义实际裨益于今日国民者何在，欲昌明之其道何由》，反对神化孔子，认为孔子思想的主要价值在养成君子人格，古代学说对于现代政治难以适用。他说："孔子始终未尝自言为非人，未尝以神通结信于其徒。""欲效彼都教会之形式以推崇孔子，其必劳而无功明矣。""不见近数年来，揭孔子之徽帜以结集团者纷起于国中乎？其拳拳焉真以道自任者，吾岂敢谓无人，而有所为而为者，实乃什居八九。率此以往，其将孔子市矣。吾故曰：此种尊孔之法，无益而有害也。""孔子原为彼时代彼国土之人说法，未尝以诏万世，安能一一适于今用？""彼其时犹封建，今则大一统也；彼其时席地，今则凭椅；彼其时服牛，今则驾汽；其礼文制度什九不周今用，固宜尔。"①

改良派是站在激进和保守之间的中间派，其思想精髓就是不偏不倚的中庸之道，试图在旧传统和新文化之间寻找理性的平衡点。当整个社会思潮趋于激进的时候，改良派会显得比较保守，而当社会思潮出现复古倒退的时候，改良派又会努力捍卫新文化，有时甚至显得相当激进。梁启超的年轻朋友蓝公武在1915年1月《大中华》第一期发表《辟复古之谬》，激烈抨击中国传统文化，对忠孝节义都有所质疑，可以说是五四新文化运动激烈反传统的先声，因此遭到保守派的猛烈攻击。

当年7月，梁启超在《大中华》发表《复古思潮平议》，表面似乎是持平之论，实际还是站在新派一边反对复古倒退，推动现代思想启蒙。他说："以吾所知，蓝君盖粹美君子也，其钻仰孔子之论著，且尝传诵于世，今曷为而忽有此诡激衍谬之论？""平心论之，中国近年风气之坏，坏于佻浅不

---

① 梁启超：《孔子教义实际裨益于今日国民者何在，欲昌明之其道何由》(1915年2月20日)，汤志钧、汤仁泽编：《梁启超全集》第九集，183—184页。

完之新学说者，不过什之二三，坏于积重难返之旧空气者，实什而八九。"
"民选议会制度既为今世各国所共由，且为共和国体所尤不可缺，前此民
选议会未善，改正其选举法可也，直接间接以求政党之改良可也，厘定其
权限可也，乃若并议会其物而去之，安见其可？""司法独立既天下之通义，
前此法庭未善，改变其级制可也，改变其程序可也，改变其任用法可也，若
乃并法庭其物而去之，安见其可？推之百政，莫不皆然。""夫恋旧者人类
之通性也，当其一时受刺激于外，骛新太过，就令任其自然，不加矫正，非
久必为惰力性作用所支配，自能返其故态。然此惰力性作用猖獗之后，欲
更从而振之，恐非加以雷霆万钧，莫之能致。"①

　　在最后一句中，梁启超已经暗示了矫枉必须过正的意思。梁启超发
表此文两个月之后，陈独秀即在上海创办了《青年杂志》，后改名为《新青
年》，对复古倒退思潮进行更为彻底、更为激烈的反击，掀起了以民主和科
学为核心的新一轮启蒙浪潮——五四新文化运动。梁启超等于1915年
在《大中华》发表的一系列文章，在中国启蒙思想史上实有承前启后之功。

第二节　帝制活动兴起与梁启超公开反对

一、帝制派的初期活动

　　梁启超希望袁世凯能够稳定政局，而他自己从事社会启蒙事业，国家
由此逐渐恢复元气，走上复兴的道路。因此他虽然脱离政府，但对袁世凯
政府仍然颇多谅解和支持。然树欲静而风不止，袁世凯的想法却完全不
同，他并不想只保持政局稳定，而是不顾国家和人民的需求，想要"攀登"
个人和家族的荣耀巅峰，建立家天下的袁氏王朝，于是一场惊天巨浪就难
以避免了。

---

① 梁启超：《复古思潮平议》（1915年7月20日），汤志钧、汤仁泽编：《梁启超全集》第九集，
272—277页。

袁世凯谋划复辟帝制由来已久,1914年下半年已经在秘密酝酿之中。袁的机要秘书夏寿田说:袁世凯镇压二次革命后逐渐建立个人独裁,在1914年5月颁布的新约法中已是终身总统,然后"着着逼紧,我辈早已嘿窥意旨。在项城口头不露帝制二字,只说共和办不下去而已;我辈日夕在左右,始从旁敲击,继而直捣中坚。项城初尚装门面,渐渐亦说非帝制不可,最后,'你们斟酌去办'"。当时参与机密的军人只有段芝贵、雷震春、张镇芳、袁乃宽等,幕府只有杨士琦和夏寿田。"民国三年下半年,我辈已由言论而进入实际阶段",不料1915年初日本突然提出"二十一条"交涉,袁世凯只好暂时停止帝制活动,并且说:"我要做皇帝,也不做日本的皇帝。"中日交涉结束后,袁世凯又"令我辈继续从前工作"。夏寿田认为杨度是后来加入,开始并未参与机密。①但袁世凯布置这样一件大事,应该不止一条线索。袁克定是袁世凯嫡长子,比夏寿田等更加亲近。袁克定和杨度如何推进帝制活动,夏寿田也未必知情,真正掌握全部秘密的,只能是袁世凯一个人。

　　1915年初,政坛表面上波澜不惊,但实际上暗潮汹涌,形势已经相当紧张。张勋和冯国璋对清朝颇为忠诚,又手握重兵,是帝制派颇为忌惮的势力。日本特务宗方小太郎与谋划宣统复辟的宗社党关系密切,他在2月26日就发出了关于袁世凯称帝的明确报告:"袁世凯欲称帝,冯国璋、张勋二人颇执反对态度,宗社党人认为以武力讨袁时机已到。因此多方怂恿,屡次往返交涉,但二人迟疑逡巡不决。袁世凯心中疑冯、张有二心,暗中布置想控制他们,借口江南不稳,陆续派兵南下,一面派很多侦探,监视冯、张行动,或以金钱收买其部下将领,施以威胁利诱,力图压服冯、张的势力。"②

　　在初期的帝制活动中,袁世凯本人是深藏不露的,主要由他的长子袁克定和杨度出面。梁启超是舆论界的巨子,当时与袁世凯政府的关系也

---

　　① 张国淦:《北洋述闻》,201页。

　　② [日]宗方小太郎:《宗方小太郎报告》(1916年2月26日),章伯锋翻译:《宗社党的复辟活动》,《近代史资料》第四十八册,101页,知识产权出版社,2006。

不错,如果帝制活动能够得到梁启超的鼓吹,显然大有帮助。1915年初,袁克定和杨度专门宴请梁启超,席间批评共和制的缺点,暗示恢复帝制,希望梁启超支持。但梁启超认为国家好不容易稳定下来,再去折腾国体问题没有意义,在内政和外交上都有极大危险,明确表示反对。①

杨度是帝制活动的主要鼓吹者,是一个很有政治野心的人。他此时只担任国史馆副馆长、参政院参政这样的闲职,颇觉无聊。杨度在1915年春给杨雪桥的信中透露了此时的落寞心境,他先回顾了自己在清末力主宪政救国的失败过程:"自海外归,即知大祸不远,非急谋改革,莫可自救。戊申至京,以极沉痛之文词陈于朝贵,而听者藐藐,为益固鲜矣。加以两宫皆逝,亲贵弄权,度欲行之宪政,乃为官吏利用其名以为厉民之具。度于是深居太息,知事之无可为,满汉之祸必生,革命之事必起,中国亦从此已矣。每一低回往事,未尝不太息痛恨于庆、泽诸人也。"民国建立以后,杨度仍未能掌权实现抱负,颇有怀才不遇之感:"今国基摇摇,不可终日,袁公支柱,亦特旦暮之安。度虽有救国之心,然手无斧柯,政权兵权皆不我属,则亦无可奈何。当局用人行政亦与度不尽相同,一身孑然,系而不食,则所谓谋议补益亦甚细矣。""度虽处京华,有如大隐。交游既少,门可张罗。"②

杨度与袁世凯在清末颇有交情,袁世凯任军机大臣时,曾保荐杨度以四品京堂候补,在宪政编查馆行走。杨度也知恩图报,1909年1月袁世凯开缺回籍时,他是敢于到车站相送的少数几人之一。但民国初年,庆亲王托孙宝琦向袁世凯说杨度"操守太不可靠",辛亥革命时庆亲王曾给杨度一百万组织国事匡救会,维持清王朝君主立宪,结果事情没办成,杨度自己拿了七十万。③同时,袁世凯认为杨度只是一个书生,缺少实际政治经验,所以在民初只让他当国史馆副馆长、参政院参政这样没有实权的职务,这显然不能满足杨度的政治野心,此时袁克定为他打开了一条实现抱

① 梁启超:《国体战争躬历谈》,汤志钧、汤仁泽编:《梁启超全集》第九集,421页。
② 杨度:《致杨雪桥师》(1915年春),刘晴波编:《杨度集》,565页,湖南人民出版社,1986。
③ 张国淦:《北洋述闻》,200页。

16

负的新通道。徐世昌说:"杨度素主君宪,曾为项城奔走,后因事有进谗于项城者,项城亦疏远之。然彼不甘寂寞,在京任参政。与其谓为接近项城,毋宁谓为接近克定。克定住汤山,杨时到彼处鼓吹帝制,克定亦利用之。"①

袁克定是袁世凯正妻所生的嫡长子,曾留学德国,中西学问都有根底。他也是一个野心很大的人,建立袁氏王朝自然是他实现野心的最佳捷径。袁克定与袁世凯是父子之亲,实际上是帝制活动的主要推手,但他作为"太子"直接出面也颇多不便,于是杨度这样一个颇有名望的文人政客就很有价值了。对于杨度来说,如果帝制成功,他就是辅佐"太子"的功臣,"太子"继位后,他自然可以执掌大权,实现自己的政治抱负。袁克定和杨度一拍即合,成为帝制活动初期的核心推动者,他们的活动完全符合袁世凯的心意,得到了他的暗中支持。

1915年4月,杨度写下《君宪救国论》,并由内史夏寿田上呈大总统,袁世凯亲题"旷代逸才"匾额赠给杨度,并交给段芝贵秘密付印传播,可见他的赞许态度。《君宪救国论》8月下旬在各大报公开发表,影响很大,是帝制派的代表性文献。此文颇为冗长,但基本观点却比较简单,主要论述中国实行共和必然亡国,必须实行君主制才能救国,大致包括:一是,共和制崇尚平等自由,不能建立强大军队,君主制则可以,"德意志、日本之军队,节制谨严,故能称雄于世;而法、美等国则不然,能富而不能强。此无他,一为君主,一为共和故也。"二是,共和制容易发生动乱,尤其总统更替之际很难避免动乱,君主制可以避免继位动乱,"盖共和改选之时,国中本无定主,有野心者固乘机生心,即爱国之士,小苦于无可维持,莫知所措。好乱者固倡乱,即不好乱者,亦不得不附乱,不附乱即无所附。此乱象之所以大也。"三是,中国最适宜类似德国、日本的君主权力较大的立宪君主制,暗示袁世凯支持宪政,"大总统方掌军机,知清室自救之方无过于立宪者,则以此为其最大方针,隐然为全国立宪党之魁。""宜采普鲁士之法,略

---

① 张国淦:《北洋述闻》,78页。

变通之……紧急命令权、非常财政处分权之类,则可采法日本。君主既有大权,又无蔑视民权之弊,施之今日中国,实为最宜。"①

1915年春季,中日"二十一条"谈判非常紧张,帝制活动一度暂停。5月9日,袁世凯屈辱接受日本最后通牒之后,不但不痛定思痛,奋发图强,反而立即纵容帝制活动再次兴起。6月,梁启超从广东省亲北返途中到杭州游玩,听说北京关于变更国体的活动已经展开,颇为焦虑不安。他在15日家信中提道:"此间传言国体问题甚急,吾北行恐不能久安居也。"②这时冯国璋派人来说复辟帝制已经发动,约梁启超同去北京劝阻袁世凯。冯国璋说:"我之辩说远不如子,子之实力亦不如我,必我与子同往,子反覆予以开导,而我隐示以力为子后盾,庶几千钧一发危机可免。"③冯国璋进京日期为6月23日,当天恽毓鼎日记记载:"宝惠随冯帅到京。"④

梁启超与冯国璋一起到北京,住了十多天,期间与袁世凯面谈了好几次,试图劝阻帝制活动。梁启超说:"袁氏语我及冯将军,皆矢誓不肯为帝,其言甚恳切,冯将军据以宣布于各报,谓此议可以寝矣。"⑤梁启超还提道,其中有一次袁世凯请二人吃饭,袁的几个儿子环立侍宴,幼小者由乳母抱着。"袁忽变作悲痛之容曰:'我如许豚犬,无一克肖,无一非庸懦纨绔,然父之于子,孰不疼爱,我虽怒此辈不肖,然仍不愿因我造孽,他日为别人作鱼肉烹杀他。我百年后,敬托二公善护之。'余与冯迄辞出,竟不能一提'帝制'字。"⑥袁世凯以亲生儿子的性命立言,实际上是很重的赌咒发誓,不由得梁启超和冯国璋不信。

冯国璋向新闻界透露了袁世凯关于国体问题的辟谣谈话。7月6日《申报》专电报道:"冯将军语人:三谒总统,言及国体事。总统力辟近日谣

① 杨度:《君宪救国论》(1915年4月),刘晴波编:《杨度集》,566—582页。
② 丁文江、赵丰田编:《梁启超年谱长编》,718页。
③ 吴其昌:《梁任公先生别录拾遗》,夏晓虹编:《追忆梁启超》,124页,生活·读书·新知三联书店,2009。
④ 恽毓鼎:《恽毓鼎澄斋日记》(1915年6月23日),732页,浙江古籍出版社,2004。
⑤ 梁启超:《国体战争躬历谈》,汤志钧、汤仁泽编:《梁启超全集》第九集,422页。
⑥ 吴其昌:《梁任公先生别录拾遗》,夏晓虹编:《追忆梁启超》,124页。

言之妄,谓亦有所自来,因和局初成及二次革命时,总统皆曾虑及恐共和不适于国情,因有归政及逊位之说,但决非为己身。以事实论,民国总统既无异人任,且今日行总统负责制,权力无所不足,何故为此? 若为子孙,则益非计。又外间或因规复王侯五等制度,遂又疑异。但此事认为非办不可,以五族共和,他四族皆有侯王,而汉族不能独无。约法授爵特权本不限于四族,然因此疑异,遂暂搁置,但将来必办,亦决与帝制无关。有人以时机为说,但我已于英国置小小地亩,若有相迫者,则远走海外耳。总统所语甚多,而综合大意皆极决绝之词,观此可知谣言不实云云。"①

　　袁世凯欺骗梁启超,还比较容易理解的,但冯国璋是他的亲信大将,为何也得不到一句实话呢? 这或许是因为,冯国璋对前清甚为忠诚,袁世凯认为他不会真心支持自己称帝。1912年1月1日,南方革命政府宣布建立中华民国,3日即有四十八位北洋将领联名通电拥护清朝,反对共和。袁世凯后来与南方达成协议,南方答应清帝退位后选袁为大总统,1月26日,北洋将领忽然集体转变立场,联名通电支持共和,要求清帝退位。但是冯国璋并没有参加支持共和的北洋将领第二次联名通电,这显示出他仍忠于清王朝。②袁世凯既然知道冯国璋不支持袁氏称帝,为何还敢让他拥兵坐镇南京呢? 这大概是因为,袁世凯深知冯国璋为人优柔寡断,而且与自己的关系深厚,不会公然抗命。辛亥革命时期,冯国璋率军攻占汉口、汉阳,武昌指日可下,却被袁世凯调离前线,他虽然心怀不满,但还是服从了袁的命令。袁世凯判断,冯国璋即使不支持帝制,但也不会激烈反对。冯国璋后来的表现也确实如此,假如没有西南起兵反袁,或者护国军很快战败,冯国璋是不会起多大作用的。但是袁世凯这样的欺骗,对冯国璋刺激很大,尤其是冯对"太子"袁克定并不看好。后来帝制活动公开,冯国璋对他的亲信恽宝惠说:"我跟老头子(指世凯)这多年,牺牲自己的主张,扶保他做了元首,对我仍不说一句真心话,闹到结果,仍是'帝制自

　　①《专电》,载《申报》1915年7月6日。
　　②骆宝善:《骆宝善评点袁世凯函牍》,337页,岳麓书社,2005。

为'传子不传贤,像这样的曹丕(指克定),将来如何伺候得了,徒然叫我两面不够人(指对清室),怎不令人寒心!"①

梁启超后来评论道:"袁项城拒谏饰非,作伪术之巧妙,登峰造极,古今无可伦比。"②袁世凯当面坚决否认帝制之后,梁启超与袁氏的矛盾没有立刻爆发,但帝制活动出现的本身就给了梁启超很大的刺激。7月,虽然梁启超不顾黄远庸、蹇念益等友人的劝阻,进京参加宪法起草委员会,但是他不想再作袁政府的附庸,而是想在极其有限的活动空间里,代替原来的国民党,扮演政治上的反对派角色,希望起到一定的批评监督作用。这是一种近乎绝望的政治挣扎。梁启超在1915年8月的《宪法起草问题答客问》里,毫不客气地点名批评袁世凯及其手下各级官吏肆意破坏法律,而且将来也根本无意实行法律:"法也者,非将以为装饰品也,而实践之为贵。今约法实践耶否,他勿细论,若第二章人民权利之诸条,若第六章司法,若第八章会计,自该法公布以来,何尝有一焉曾经实行,即将来亦何尝有一焉有意实行者。条文云云,不过为政府公报上添数行墨点。""且无论法律也命令也,一切原不求其发生效力,且亦无从发生效力,上至元首,下逮极低级之官厅,随时皆得以行政处分自由变更之。"③

1915年5月9日,袁世凯政府在日本最后通牒的武力威胁之下屈辱签约,使国家蒙受奇耻大辱,全国人民都受到极大的心理刺激,梁启超这样热情敏感的人更是痛心疾首。袁世凯身为大总统,实际上是国家的象征,他在国家遭受如此深重屈辱之后,不仅没有带领全国奋发图强,以期有朝一日洗雪耻辱,反而在1915年夏天立即加快推动帝制活动,恬不知耻地夸张功德,追求一己一姓之皇帝梦,连严修、张一麔、王锡彤等袁氏亲信都觉得时机不对,在梁启超内心引发的愤怒可想而知。梁启超为代表

① 恽宝惠:《谈袁克定》,《文史资料选辑合订本》第八卷二十六辑,124页,中国文史出版社,1999。

② 吴其昌:《梁任公先生别录拾遗》,夏晓虹编:《追忆梁启超》,124页。

③ 梁启超:《宪法起草问题答客问》(1915年8月20日),汤志钧、汤仁泽编:《梁启超全集》第十五集,95—96页。

的改良派与袁世凯复古专制政权的矛盾日益激化,梁启超对袁世凯的态度也急速从失望走向绝望,从其赞助者变为反对派。虽然在重压之下,他们当时无力反抗,但是他们的不满已经积累到了相当的程度,一旦政局有大的变动,就可能剧烈喷发出来。

二、筹安会成立,掀起政坛巨浪

袁世凯虽然极力表白自己无意称帝,但杨度等的帝制活动却日益活跃。梁启超已经明确表示反对,帝制派就转向其他可以借重的学术名人,包括袁政府的政治顾问美国学者古德诺和日本学者有贺长雄。古德诺1915年7月回到北京,袁世凯请他写了一份比较君主制与共和制的备忘录。8月10日,古德诺的备忘录《共和与君主》被编译发表于《亚细亚报》,文章认为"中国如用君主制,较共和制为宜,此殆无可疑者",但中国恢复君主制需要满足三个条件:一是,"不可引起国民及列强之反对";二是,明确君主继承法;三是,发展立宪政治。①

严复也是杨度重点争取的学术名家,他被公认为清末民初引进西学的巨擘,甚至被普遍认为是当时中国精通西学的第一人。严复翻译的《天演论》《群己权界论》《原富》《穆勒名学》《法意》等西方名著影响深远。他能够直接阅读西文原典,比梁启超主要通过日文吸收西学更胜一筹。但严复在民国初年政治上却相当保守,早在1912年京津保兵变之际,他就在写给学生熊纯如的信中说:"以不佞私见言之,天下仍须定于专制,不然则秩序恢复之不能,尚何富强之可跂乎?"严复在共和元年就有这种回归专制的想法,在当时有点不合时宜。他的性格比较谨小慎微,特别嘱咐熊纯如保密:"尚乞秘之,于国无补,徒以口语为小己之灾,甚非谓也。"②在

① [美]古德诺:《共和与君主》,中国第二历史档案馆、云南省档案馆编:《护国运动》,67—68页,江苏古籍出版社,1988。

② 严复:《与熊纯如书》(1912年3月27日),王栻编:《严复集》第三册,603页,中华书局,1986。

1913年二次革命失败之际,严复更明确说:"共和国体,非吾种所宜。"①可见他的政见与杨度比较接近。

杨度请严复列名筹安会发起人,并当面征得了严复的同意,有的学者认为严复事前并不知情,这种说法显然有误。严复本人对此有详细记载,他在给熊纯如的信中说:"一昔杨皙子来寓,宣布宗旨,邀共发起。"严复基本赞同筹安会的宗旨,认为"吾国之宜有君","此虽三尺童子知之","中华国体,则自以君主为宜"。但严复与杨度在讨论谁可以做君主时发生分歧,"颇不欲列名,以避烦聒。"但杨度"以大义相难,谓:'某既知共和国体无补救亡,即不宜苟安,听其流变。'又云:'此会宗旨止于讨论国体宜否,不及其余。'"严复感动于杨度"意态勤恳,乃遂听之。而次日贱名乃登报矣"。②可见,严复赞同君主制比共和制更适合中国,只是对于何人能做中国君主有所疑虑,他对筹安会在学理上讨论国体问题是认可的。

8月14日,杨度、孙毓筠、严复、刘师培、李燮和、胡瑛六人发起成立筹安会,公开了复辟帝制的活动。有意思的是,袁世凯的执政基础是北方军队,但筹安会的六个发起人却都不是北方人,杨度、李燮和、胡瑛是湖南人,严复是福建人,孙毓筠是安徽人,刘师培是江苏人,而且李燮和、胡瑛、孙毓筠原来属于革命派,袁克定、杨度等人大概是想特别制造全国一致拥戴袁氏的假象。《筹安会宣言》首先批评辛亥革命草率定制:"人民激于情感,但除种族之障碍,未计政治之进行,仓卒之中,制定共和政体,于国情之适否,不及三思。"宣言接下来叙述中南美洲实行共和后的动乱:"南美、中美二州共和各国,如巴西、阿根廷、秘鲁、智利、犹鲁卫、芬尼什拉等,莫不始于党争,终成战祸。""其最扰攘者,莫如墨西哥。自爹亚士逊位之后,干戈迄无宁岁,各党党魁,拥兵互竞,胜则据土,败则焚城,劫掠屠戮,无所不至,卒至五总统并立,陷国家于无政府之惨象。"宣言借美国学者古德诺之口来论证君主优于共和:"美国者,世界共和之先达也,美人之大政治学

---

① 严复:《与熊纯如书》(1913年9月25日),王栻编:《严复集》第三册,611页。
② 严复:《与熊纯如书》(1915年9月23日),王栻编:《严复集》第三册,627页。

者古德诺博士即言世界政体,君主实较共和为优,而中国则尤不能不用君主政体。此义非独古博士之言也,各国明达之士,论者已多。而古博士以共和国民而论共和政治之失,自为深切著明,乃亦谓中、美情殊,不可强为移植。"①

筹安会初起之时,袁世凯表面上没有明确态度,他的不少亲信也有不同意见。严修、张一麐、王锡彤等都认为帝制活动风险极大,对他进行了善意规劝,但被皇帝梦烧昏了头脑的袁世凯根本听不进去。严修是袁世凯的知己好友,在1909年袁世凯被开缺回籍的落寞之时,学部侍郎严修是唯一敢于抗疏为袁辩护的高官,也是去车站相送几人之一。袁氏当年曾特别致信感谢:"客腊出都,远蒙枉驾车站相送,桃潭情重,感戢至今。"②袁世凯当上大总统后,一直想任命严修为教育总长,但严修不想当官,只想做教育家,办好南开学校。于是袁世凯把自己的三个儿子交给严修教育,可见两人私交之深。张一麐是总统府机要局局长,袁的机密文件大多要经过他,也是袁世凯最信任的人之一。王锡彤是袁世凯一手提拔起来的,是帮助袁世凯经营实业的主要助手,在袁家理财方面作用很大,也是袁的亲信。王锡彤在8月30日日记中写道:"北京方有筹安会之设,访张馨庵询其实情,正在进行帝制也。余思明太祖之有天下也,功在驱胡。""清之有天下也,则在永不加赋。""今民国纪元而后,验契有费,公债派钱,且一切新税正在议行者,尤不知凡几,民间纷然以为加赋。且与日本交涉失败,薄海志士罔不短气。当此时而铺张功德,谋称尊号,得毋非其时乎?颇思乘间密陈,以报知己。"③严修、张一麐、王锡彤是袁世凯身边有操守的明白人,他们反对帝制完全出于对袁世凯的爱护。

严修8月8日就已经面见袁世凯进行过规劝。筹安会发起三天后,他心急如焚,8月17日给同样反对帝制的张一麐写信,请他代表自己再次进

①《筹安会宣言》(1915年8月14日),李希泌、曾业英、徐辉琪编:《护国运动资料选编》(上),9—10页,中华书局,1984。

②袁世凯:《致严修函》(1909年7月11日),骆宝善:《骆宝善评点袁世凯函牍》,223页。

③王锡彤著,郑永福、吕美颐点注:《抑斋自述》,211页,河南大学出版社,2001。

言。此信对帝制活动的批评极为沉痛透彻:"公于变更国体一事,颇有诤言,爱国者不当如是耶?弟于八日进谒一次,略陈鄙见,极峰似持冷静态度,以为此特学理上之研究耳。一月以来,都下热中之士,并日进行,不惜私立团体,少数心理,代表全国。反对之论,报纸摈而不登,赞成之说,闻亦不无润色。名为研究,实执行耳。弟不知极峰之宗旨毕竟如何,将欲进谒,而际兹纷纭之秋,雅不欲入都门一步。顾念国本关系之重与我总统缔造之难。为中国计,不改国体,存亡未可知;改则其亡愈速。为大总统计,不改国体而亡,犹不失为亘古唯一之伟人;改而亡,则内无以对本心,外无以对国民,上无以对清之列祖列宗,下无以对千秋万世。且国之亡不亡,视乎政治之进退,宪法之良否,人才之消长。今之议者,欲以无信立国,以无耻导人,金钱诱其前,斧钺劫其后,誓词等于谐谈,明令悉为诳语。如此而欲有良好宪法之产生,清白人才之出现,此必不可得之数矣。""爱之诚不觉忧之切,敢求乘间为我言之。"①8月18日,严修进京,19日下午见袁世凯,他在当天日记记载:"四钟半谒见总统,谈约一小时。余论筹安会,总统意不谓然。"②

袁世凯的一些外国朋友对筹安会也颇为反感,他们大致认为在欧战引发世界动荡之际,这种节外生枝的复辟帝制不合时宜。朱尔典是英国公使,实际上是驻华各国公使团的精神领袖,他与袁世凯在驻朝鲜的时候就结下友谊。"二十一条"谈判到日本最后通牒之际,朱尔典苦劝中国忍辱接受,不要冒险开战:"我与袁总统是三十年老友,不愿见他遭此惨运。目前只能暂时忍辱,只要力图自强,埋头苦干,十年以后,即可与日本一较高下",说的时候甚至"声泪俱下"。③莫理循长期担任英国《泰晤士报》驻华记者,是国际知名的中国问题专家,此时是袁世凯最信任的外国顾问之一。莫理循在8月20日给朱尔典的信中对筹安会评价道:"我认为开始搞这种令人担忧的鼓动是特别不幸的。总统稳坐在他的座位上。他应当使

---

① 严修自订,高凌雯补,严仁智增编:《严修年谱》,345页,齐鲁书社,1990。
② 严修自订,高凌雯补,严仁智增编:《严修年谱》,346页。
③ 曹汝霖:《曹汝霖一生之回忆》,134页,中国大百科全书出版社,2009。

自己投身于工作,以报人民的推选……我对于杨度只有最低的评价。"①
朱尔典在8月23日回信中也说:"这种帝制鼓动是一派胡言乱语,自然,它
是利己主义者发动的纯属虚幻的运动。如果中国乱起来了,整个世界也
会混乱,而我们每个人心中都已有够多的烦恼了。"②朱尔典还在8月25
日报告英国政府:"袁氏成功集权,共和只存其名,事实上是军事独裁。8
月14日总统府协助成立筹安会……此会目的在为袁世凯鼓吹帝制,无疑
得袁之认可。""我对一些总统幕僚表示:现在不宜行帝制,南方会反对,应
延至欧战结束。"③

帝制活动已经进行了几个月,明眼人早已看出背后原动力是袁世凯
父子。趋炎附势之辈蜂拥而起,在筹安会发起后立刻掀起一场狂潮,使得
支持帝制的舆论在声势上占了压倒优势。8月24日,段芝贵和袁乃宽在
北京召集军警大会,公开支持复辟帝制。冯国璋的亲信王廷桢在给冯的
信中说:下午四点,段芝贵和袁乃宽"发起关于筹安事宜,特开军警大会一
次"。先有参谋部次长唐在礼说明"君主、民主利害",引述墨西哥"三年内
有五总统之乱。政党纷争,国无宁日""今备名册两本,赞成君主者一,赞
成民主者一,解识后再为署名。"然后段芝贵说:"近有筹安会,各大学问家
讨论时局巩固国家之法,并有美国法学大家古德诺发议君民主之利害,力
言中国不能与美国相比,并证明莫西歌及南美各共和国,每于更换元首,
时时纷争。""国人有数千年之习惯,若君主至少亦可延三四百年,多则七
八百年,有前例也。即按一君主亦可数十年,则于此年限内,可免若许扰
攘,人民便可获数十年之安居。""如无异词,即请署名签押。至于外界少
数人之清议,匪人之挑拨,当置不理。尤要者,各自开导部下,勿为所惑。"
段芝贵率先签名,"依次轮书",王廷桢自己及田猷章、索崇仁看"署名者已

① [澳]莫理循:《致朱尔典函》(1915年8月20日),[澳]骆惠敏编:《清末民初政情内幕》
(下),490页,知识出版社,1986。

② [英]朱尔典:《朱尔典来函》(1915年8月23日),[澳]骆惠敏编:《清末民初政情内幕》
(下),492页。

③ 《朱尔典致格雷》(1915年8月25日),转引自唐启华《洪宪帝制外交》,67页,社会科学文
献出版社,2017。

25

达九成"，不敢公开立异，只好"率行随书"。当日签名者大多是旅团长以上高级军官，计四十四人。①

由于几千年专制传统的熏陶，多数中国人有服从权威的习惯，缺少独立的政治见解。袁世凯的意图逐渐明显之后，高级军官大多无意抗拒，少数人即使内心有不同看法，在从众心理和个人利益的考虑之下，也不敢公开表达。

三、梁启超公开反对帝制，《异哉所谓国体问题者》震动全国

当时内心反对帝制的人很多，但袁世凯势力的威压之下，徐世昌、段祺瑞、周学熙等人只是表示消极，严修、张一麐等人也只是私下规劝，政界重要人物几乎没有公开反对的。梁启超此时表现出过人的勇气，愤然而起，顶着巨大的压力，立刻撰文公开反对。他在8月22日给女儿的信中说："已作一文交荷丈带入京登报，其文论国体问题也。若同人不沮，则即告希哲，并译成英文登之。吾实不忍坐视此辈鬼蜮出没，除非天夺吾笔，使不复能属文耳。"②

梁启超后来说："筹安会发起后一星期，余乃著一文，题曰'异哉所谓国体问题者'。其时亦不望此文之发生效力，不过因举国正气销亡，对于此大事无一人敢发正论，则人心将死尽，故不顾利害死生，为全国人代宣其心中所欲言之隐耳。当吾文草成，尚未发印，袁氏已有所闻，托人贿我以二十万元，令勿印行。余婉谢之，且将该文录寄袁氏。未几，袁复遣人来以危词胁喝，谓：'君亡命已十余年，此种况味亦既饱尝，何必更自苦？'余笑曰：'余诚老于亡命之经验家也，余宁乐此，不愿苟活于此浊恶空气中也。'来者语塞而退。"③

梁启超在另一次回忆又说："袁世凯总算一位有眼力的人，他看定了

①《王廷桢函》(1915年8月24日)，《大树堂来鸿集》，载《近代史资料》，总第50号，1982。
②丁文江、赵丰田编：《梁启超年谱长编》，720—721页。
③梁启超：《国体战争躬历谈》(1916年10月)，云南省社会科学院历史研究所、贵州省社会科学院历史研究所编：《护国文献》(上)，299页。

当时最难缠最可怕的,就是我和蔡公师弟两个。当我那文章还没有发表以前,有一天他打发人送了十万块钱一张票子和几件礼物来,说是送给我们老太爷的寿礼。他太看不起人了,以为什么人都是拿臭铜钱买得来。我当时大怒,几乎当面就向来人发作。后来一想,我们还要做实事,只好忍着气婉辞谢却,把十万块钱璧回,别的礼物收他两件。同时却把那篇作成未印的稿子给来人看,请他告诉袁世凯采纳我的忠告。那人便垂头丧气去了。"①

　　梁启超的两次回忆大致接近,一次说是二十万元,一次说是十万元加几件礼物,大概那几件礼物估值十万元。这两次回忆可能有简化和夸张之处,有学者曾提出质疑,认为当时袁世凯本人并未公开支持帝制,因帝制问题贿赂或威胁梁启超不合逻辑。②这里需要解释一下,出面贿赂梁启超的人只会说代表袁克定送礼,出面威胁梁启超的人应该就是杨度,以老朋友的身份提出"善意规劝"。张一麐对此有记载:"二十八日,佛苏来言,晳子往津,劝梁任公毁其《异哉所谓国体问题筹安会者》一文。任公面斥之,晳子面赤而退。"③贿赂的人和劝诫的人都不会直接说出代表袁世凯,但袁克定是袁世凯的长子,杨度与袁克定过从甚密,梁启超者当然知道他们背后是谁。梁启超在年初袁克定宴请时已经明确反对帝制,此时袁克定、杨度等已经不指望梁的支持,但还是希望梁启超消极接受,至少不要公开反对。在精英阶层的行为模式中,无论贿赂还是威胁都是很含蓄的,贿赂只会说是送给老太爷的寿礼,威胁也只是老朋友的善意提醒,梁启超后来回忆的时候直接把这层虚伪包装揭掉了,总体还是讲得通的。

　　梁启超在民国初年与袁世凯合作期间,收了袁氏以各种名义送的很多钱,这次拒绝实际上就是中止合作的表示。不过梁启超还是收下了几件不值钱的礼物,把重金退回,这说明虽然合作中止,但尚未完全决裂。

　　① 梁启超:《护国之役回顾谈》(1922年12月25日为南京学界全体公开讲演),云南省社会科学院历史研究所、贵州省社会科学院历史研究所编:《护国文献》(上),306页。
　　② 李永胜:《梁启超劝阻帝制与袁世凯之回应》,载《民国档案》2016(1)。
　　③ 张一麐:《记筹安会始末》,《大风半月刊》,第六十三期,1922。

关于这次贿赂的数目,梁启超可能有所夸张。袁世凯的政治收买活动主要由统率办事处总务厅以军需处特别费的名目来执行,主管此事的总务厅厅长唐在礼说:"这种支付很频繁,有大数,有小数,一般总是一次付清的居多。每笔一万、两万的寻常得很,这类数目一般是给各军队的师长、旅长等高级军官的较多。四万、五万的也不少,并不算什么大数目,这是给一般的都督(将军)、民政长(巡按使)一流人物的。八万、十万的,是数目较大的一类,这是给各省军政大员的。更特大的,至少十万,多到二三十万乃至四五十万的,这是支给清室重要人物、南方有特别关系的人或属秘密行动等费。"袁世凯对此事非常重视,特别叮嘱唐在礼:"本处所需经费,必须事先拨足储备,不得临时拮据误事。"唐在礼说,梁启超"是由梁士诒拉拢的。袁见他的时候少,袁克定却同梁启超走得很近。我知道克定请梁吃过饭,支过特别费也由克定经手。"收买梁启超的特别费是属于"中等数目的",大致在五万元左右。①但袁克定的经费来源应该不止是唐在礼主管的总务厅,因此也不能据此否定梁启超所说的数目。

梁启超在袁世凯巨大权势的威压之下,保持了知识分子的气节,毅然写下《异哉所谓国体问题者》这篇名文,公开发表于9月3日《京报》中文版。此文立论坚实,情绪饱满,辨析锋利,无论从其内容还是影响来讲,都堪称梁启超平生政论的巅峰之作。他的核心观点非常清晰,即"不问国体,只问政体",国体无所谓好坏,只要政体是法治宪政,就是好的政治制度。因此,国体变来变去没有任何意义,只会造成破坏。这是他一贯的观点,所以他在清末反对共和革命,在民初反对复辟帝制。梁启超说:"国体本无绝对之美。""鄙人平生持论,无论何种国体,皆非所反对,惟在现行国体之下,而思以鼓吹他种国体,则无论何时皆反对之。""旧国体一经破坏,而新国体未为人民所安习","其危险苦痛将不可思议,不幸则亡国恒于斯。""吾请有心人试取甲辰、乙巳两年《新民丛报》中的拙著一覆观之。凡

---

① 唐在礼:《辛亥以后的袁世凯》,《文史资料选辑合订本》第十八卷第五十三辑,166、172—173页。

辛亥迄今数年间,全国民所受之苦痛,何一不经吾当时层层道破,其恶现象循环迭生之程序,岂有一焉能出吾当时预言之外!""呜呼!天下重器也,可静而不可动也,岂其可以翻覆尝试废置如弈棋。"①

梁启超没有回避袁世凯在民初政局中的关键作用,甚至没有完全排除帝制的可能。实际是暗示,袁世凯在"二十一条"谈判中刚屈服于日本,使国家遭受奇耻大辱,还不配做中国的拿破仑,这也算是对袁世凯的善意规劝。梁启超承认帝制派最有力的论据是总统变更时容易动乱,但是认为:"新颁之大总统选举法,事实上已成为终身总统制。"如果袁世凯寿命不长,"则中国唯有糜烂而已,虽百变其国体,夫安有幸?是故将来中国乱与不乱,全视乎大总统之寿命与其御宇期内之所设施,而国体无论为君主为共和,其结果殊无择也。"梁启超没有完全否定袁世凯称帝的可能,但提出了极高的条件:"大总统内治修明之后,百废俱兴,家给人足,整军经武,尝胆卧薪,遇有机缘,对外一战而霸,功德巍巍,亿兆敦迫,受兹大宝,传诸无穷。"而当时的中国与这个条件相差太远,"大难甫平,喘息未定,强邻胁迫,吞声定盟,水旱疬蝗,灾区遍国,嗷鸿在泽,伏莽在林。""果未熟而摘之,实伤其根,孕未满而催之,实戕其母。吾畴昔所言中国前途一线之希望,万一以非时之故,而从兹一蹶,则倡论之人,虽九死何以谢天下?"②这说明梁启超并不反对帝制本身,他一贯承认君主制的价值,甚至也并不完全反对由共和制变为君主制,也就是所谓变更国体,而是认为袁世凯还没有做皇帝的资格,当时反对帝制的人如章太炎、张一麐、朱尔典等多少都有类似的想法。

梁启超以强烈的义愤对帝制派代表人物进行了直接的抨击。他认为美国古德诺博士的观点非常粗浅,根本不值得重视,"若对于共和君主之得失为抽象之比较,若论国体须与国情相适,若历举中美、南美、墨、葡之

① 梁启超:《异哉所谓国体问题者》(1915年9月),汤志钧、汤仁泽编:《梁启超全集》第九集,379—381页。

② 梁启超:《异哉所谓国体问题者》(1915年9月),汤志钧、汤仁泽编:《梁启超全集》第九集,384、387页。

覆辙,凡此诸义,本极普通直可谓与我十年旧论同其牙慧,特其透辟精悍尚不及我十分之一、百分之一耳。""独惜吾睛不蓝,吾鬓不赤,故吾之论宜不为国人所倾听耳。"梁启超认为最重要的是政体,愤怒斥责杨度等人违法乱纪,破坏法治宪政:"公等曾否读约法?曾否读暂行刑律?曾否读结社集会法?曾否读一年来大总统关于淆乱国体惩儆之各申令?公等又曾否知为国民者应有恪遵宪典法令之义务?乃公然在辇毂之下,号召徒众,煽动革命。凡谋变更国体,则谓之革命,此政治学之通义也。执法者惮其贵近,莫敢谁何,而公等乃益白昼横行,无复忌惮。公等所筹将来之治安如何,吾不敢知,而目前之纪纲,则既被公等破坏尽矣。"①据看过此文初稿的吴贯因说,原稿比发表稿更为激烈,有"就令全国四万万人中三万万九千九百九十九万九千九百九十九人赞成,而梁某一人断不能赞成也"。后来有朋友说袁世凯还没有公开支持帝制活动,初次商量政见,不必如此激烈,还是应该留有余地,"乃将此段删去,其余各段比原稿亦改就和平。"②

在文章发表的同时,梁启超还接受了《京报》记者的采访,对反对复辟帝制的思想做了更为通俗的解释。记者问道:"既云只论政体,不论国体,则国体无论为共和为君主,应无反对,且先生于数年前不尝著论力主君主立宪乎?"梁启超答道:"吾所为只论政体,不论国体者,常欲在现行国体之下,求政体之改革,故当前清末叶共和革命论极盛之时,吾独坚持君宪说,与革命党笔战,累十数万言。""吾以为国体与政体本绝不相蒙,能行宪政,则无论为君主为共和,皆可也。不能行宪政,则无论为君主为共和,皆不可也。两者既无所择,则毋宁仍现在之基础,而徐图建设理想的政体于其上,此吾十余年来持论之一贯精神也。夫天下重器也,置器而屡迁之,其伤实多,吾滋惧焉,故一面常欲促进理想的政体,一面常欲尊重现在的

① 梁启超:《异哉所谓国体问题者》(1915年9月),汤志钧、汤仁泽编:《梁启超全集》第九集,388页。

② 丁文江、赵丰田编:《梁启超年谱长编》,721页。

国体。"①

《异哉所谓国体问题者》发表之后,帝制派在舆论上感到被动,希望严复出面撰文反击。但严复没有答应,他甚至对梁启超颇多同情,在9月23日信中说:"反对者,以汪衮甫、梁任甫为最有力,然两家宗旨,皆非绝对主张共和,反抗君宪,而皆谓变体时机为未熟。而任甫更谓:'吾国宪政障碍,非君宪所能扫除,障碍不去,则君宪终虚。'此其言自为无弊,而鄙人则谓:大总统宣誓就职之后,以法律言,于约法有必守之义务,不独自变君主不可法,且宜反抗。余人之变,堂堂正正,则必俟通国民意之要求。顾民意之于吾国,乃至难出现之一物,使不如是,则共和最高国体,亦无所谓不宜者矣。即今参政院所收廿二省五民族请愿之书,虽一至再至,而外间旁论,皆不指为得其真。"②

可以看出,严复虽然理论上认为君主制更符合中国国情,但认为袁世凯不是合适的新君主,而且丧权辱国之后称帝,时机也并不合适。这是他和杨度的分歧,也是他与梁启超的相通之处。严复除了认为袁世凯已经宣誓忠于共和,不能言而无信外,还认为袁世凯的水平不够。他在6月19日信中说过:"大总统固为一时之杰,然极其能事,不过旧帝制时一才督抚耳!欲与列强相抗衡,则太乏科哲知识,太无世界眼光,又过欲以人从己,不欲以己从人,其用人行政,使人不满意处甚多,望其转移风俗,奠固邦基,呜呼!非其选尔。"③

《异哉所谓国体问题者》犹如重磅炸弹,一经发表就引起舆论界巨大震动,沉重打击了帝制派的气焰。《神州日报》记录了当时北京争相传阅的盛况:"英文《京报》汉文部之报纸即日售罄无余。而茶馆、旅馆因无可买得,只可向人辗转抄读。又有多人接踵至该报请求再版。后因物色为难,竟售至三角,而购者仍以不能普及为憾。及次日《国民公报》转录,始少见

---

① 丁文江、赵丰田编:《梁启超年谱长编》,721—722页。
② 严复:《与熊纯如书》(1915年9月23日),王栻编:《严复集》第三册,627页。
③ 严复:《与熊纯如书》(1915年6月19日),王栻编:《严复集》第三册,624页。

松动……《国民公报》销路畅旺，为向来北京报纸所未有。"①几天之内，上海《大中华》《申报》《时事新报》《神州日报》等纷纷转载，很快传遍了全国。②9月8日上海《新闻报》评论生动反映了当时的人心向背："梁任公与杨度声望略相等者也。杨度著《君宪救国论》数万言，梁著《异哉所谓国体问题者》一文亦数万言，在理宜俱为世人所重。然杨度之文四处散布，而读者寥寥，即勉强一阅，亦不终卷而辄复弃置。梁氏之文则一纸甫刊，争先寓目，莫不慨然称道。一念之殊，轩轾遂至如是，文人之出处言谕，可不慎哉。"③蔡锷后来赞叹道："帝制议兴，九宇晦盲，吾师新会先生居虎口中，直道危言，大声疾呼，于是已死之人心，乃振荡而昭苏。先生所言，全国人人所欲言，全国人人所不敢言，抑非先生言之，固不足以动天下也。"④

值得注意的是，梁启超在《异哉所谓国体问题者》中抛出了一个似是而非的"革命"概念，把革命等同于任何形式的国体变更。于是，护国运动中的革命对象袁世凯反而成了"革命者"，真可谓用心良苦。梁启超说："常在现行国体基础之上，而谋政体现象之改进，此即政治家唯一之天职也，苟于此范围外越雷池一步，则是革命家之所为，非堂堂正正之政治家所当有事也。""凡谋变更国体则谓之革命，此政治学之通义也。""鄙人则无论何时皆反对革命，今日反对公等之君主革命论与前此反对公等之共和革命论同斯职志也。"⑤他在接受《京报》记者采访时又说："盖以政体之变迁，其现象常为进化的，而国体之变更其现象常为革命的，谓革命可以求国利民福，吾未之前闻。是故吾自始未尝反对共和，吾自始未尝反对君

①《国体声中之见见闻闻》，载《神州日报》1915年9月11日。转引自曾业英《云南护国起义的酝酿与发动》，载《历史研究》1986(2)。
②李德芳：《梁启超〈异哉〉一文的公开发表问题》，载《近代史研究》1998(3)。
③载《新闻报》1915年9月8日。
④蔡锷：《〈盾鼻集〉序》(1916年9月9日)，曾业英编：《蔡松坡集》，1225页，上海人民出版社，1984。
⑤梁启超：《异哉所谓国体问题者》(1915年9月)，汤志钧、汤仁泽编：《梁启超全集》第九集，380、388页。

主,虽然吾无论何时皆反对革命,谓国家之大不幸莫过于革命也。"①

事实上,尧舜禅让不是革命,武王伐纣才是革命,梁启超在清末与革命派激烈论战期间,其"革命"的概念是很清楚的,即所谓"以兵力向于中央政府者也"。②当时论战双方对于"革命"有着基本一致的理解,也与我们通常的理解差不多,即革命是以大规模暴力行动推翻政府的政治运动。这里面有两个要素,推翻政府是目的,大规模暴力行动是手段。甚至规模较小的暴力行动即使推翻了政府,也仅仅被称为"政变",而梁启超是从来不反对"政变"而且对"政变"很有些偏爱的,因其代价较小。其实,梁启超改良派和革命派的根本政治目的是一致的,即建立现代政治制度。梁启超反对革命的实质是反对革命的手段,即"大规模的暴力行动",他认为大规模暴力将给国家和社会带来难以控制的巨大灾难。

袁世凯称帝虽然是以暴力胁迫,但从没有想以大规模战争手段来达到目的,甚至如果他能够预见大规模武装反抗的发生,未必有胆量推行帝制。主动发动护国战争以推翻袁世凯政府的,正是以梁启超为主要领导人之一的反袁势力。但就是这样一场得到国内外广泛支持的革命战争,梁启超还是不愿承认其革命的性质。这深刻地揭示出改良派在现实政治环境中的两难处境:既害怕革命,有时又不得不革命。

梁启超在《异哉所谓国体问题者》中故意偷换了"革命"的概念,从"革命"的内涵中抽去了"革命的手段",即"大规模暴力行动",而这本来是他反对革命的根本原因。护国运动中发动暴力战争的是梁启超一派,从理论的一致性出发,他应该坚决反对的正是他自己。面对自相矛盾的尴尬,梁启超所能做的也只有偷换概念了。通过偷换概念,任何形式的改朝换代都被称作"革命",袁世凯的洪宪帝制也成了对于民国的革命,而梁启超参与发起的暴力战争倒成了反对"革命"的行动。

在当时环境之下,梁启超这样做主要基于两点:第一,为了保持其作

---

① 丁文江、赵丰田编:《梁启超年谱长编》,722页。

② 梁启超:《中国历史上革命之研究》(1904年2月14日),李华兴、吴嘉勋编:《梁启超选集》,420页,上海人民出版社,1984。

为改良派政治态度的前后一致性。护国运动无论其暴力的发端，还是开启十年军阀混战的动乱后果，都正是梁启超当年与革命派论战中所坚决反对的。自己一贯反对的，一旦为之，其自相矛盾之处，自不待言。梁启超本人是不情愿明白承认的，并且要以他的生花妙笔加以粉饰。第二，为了迎合当时国际国内的保守势力。革命思想在辛亥前后曾经风靡一时，但由于民初政坛纷扰，民心逐渐厌乱，在华的外国势力也不支持反抗中央政府，这是二次革命失败的重要原因，梁启超自然不愿重蹈覆辙。护国军起义后两个多月陷入孤军苦战的困境，香港的英国当局和越南的法国殖民政府给梁启超进入广西设置了很大障碍，也反映了他的担心不无根据。1927年大革命特别是1949年之后，"革命"一词日渐尊贵，学界轻易不肯把"革命"尊号加之梁启超这样的改良派。殊不知在1915—1916年，梁启超对此尊号避之唯恐不及，生怕得罪了列强在华势力和国内保守厌乱势力，世事变迁真是难以逆料。

梁启超作为改良派思想家自相矛盾到了不得不偷换概念的地步，这既是他的尴尬，也是他的光荣。他从此突破了改良派的局限，开启了领导革命的辉煌一页。但是从改良派首领到革命领导者，这样巨大的转变必然要经历一个不断发展的过程，这是从希望到绝望的痛苦过程。辛亥革命以后，梁启超始终支持袁世凯，打击革命派。二次革命失败以后，他出任熊希龄内阁的司法总长，实际上是熊内阁的灵魂，甚至在熊内阁下台之后，还担任币制局总裁、参政院参政等职。但是就在梁启超献计献策、积极参加袁世凯政府的过程中，却处处碰壁，一事无成。他逐渐认清了袁世凯独裁专制的野蛮政治，明白了在袁氏统治之下，即使温和民主派的开明专制思想也没有实现的可能，从而陷入了深深的绝望之中，似乎除了反袁之外真是无路可走了，这正是梁启超和改良派发动护国战争的思想基础。

第二章

袁世凯复辟帝制,梁启超、蔡锷密谋起兵

第一节　袁世凯公开表态与梁启超的B方案

一、袁世凯的公开表态

在筹安会引发舆论激荡之际,袁政府外交部8月30日致电各驻外领事馆,这封电报堪称一篇颠倒黑白的奇文,支持帝制的态度非常明确:"近日北京杨度、孙毓筠等发生筹安会,研究君主民主国体二者以何适于中国。""辛亥革命以'共和'二字推翻满清,一时以种族之见定为国体,迨后国人以其不适国情,日生厌恶,近两年来各省有实力之人主张君主国体者愈见其多,袁大总统随时设法压制,严词拒绝,但人之心理所趋,势不可遏。""凡中国有实力者,几乎全体一致,如一味压制到底,恐秘密结合愈力,意外之暴动不知何时即可发生。""以上各节,外人探询时,希随时宣述。"此电基本重复了《筹安会宣言》的论点,表面上仍说"政府对待此等研究,并无成见",实际上政府对筹安会的支持昭然若揭。①

9月6日,袁世凯又派政事堂左丞杨士琦代表他到参政院发表宣言:"近见各省国民,纷纷向代行立法院请愿改革国体,于本大总统现居之地位,似难相容。然大总统之地位,本为国民所公举,自应仍听之国民,且代行立法院为独立机关,向不受外界之牵掣,本大总统固不当向国民有所主张,亦不当向立法机关有所表示。惟改革国体,于行政上有甚大之关系。本大总统为行政首领,亦何敢畏避嫌疑,缄默不言。以本大总统所见,改革国体,经纬万端,极应审慎,如急遽轻举,恐多窒碍。本大总统有保持大局之责,认为不合事宜。至国民请愿,要不外乎巩固国基,振兴国势,如征

---

①《发驻外使领馆电》(1915年8月30日),台湾"中央研究院"近代史研究所藏《外交档案》03-13-032-01-001,转引自唐启华《洪宪帝制外交》,55页。

求多数国民之公意,自必有妥善之上法。"①

这是袁世凯对帝制活动的公开表态,表面上似乎是说"不合事宜",但实际倾向已经非常明显,重点在"征求多数国民之公意"。当时中国并没有表达多数国民公意的可能,明眼人当然能看出来,袁世凯支持筹安会的帝制活动,实际上是在暗示更稳妥的推戴办法。袁世凯的亲信唐在礼等在9月7日致外地军官的密电中说得明白:"各报载大总统派员到参政院发表意见,所言各节,别有用意,请勿误会,我辈主张君主宗旨,仍照旧以力进行,万勿松懈。"②

北洋派内部对袁世凯的暗示心领神会,大多数人至少表面上都是争相拥护。冯国璋虽有东日来电(应该是9月1日)表示支持,但因曾有忠于清朝的历史,已经引起了猜疑。恽宝惠曾任禁卫军秘书处长,是冯国璋的亲信,经常往来于南京与北京之间。他在9月7日给冯的信中说:"昨日极峰派杨杏城左丞代表至代行立法院发表意见,词意赞成改革,实已昭然若揭。""此事肇议之初,虽由于下面之鼓动,亦实因上峰已暗示主张。故一经发布,即有沛然莫御之势。其公府中不以为然者,仅张仲仁一二人,岂能隳已成之局,挠众人之策。前因江苏军帅省长主持,态度不甚明了,要津诸人甚以为虑。惠到京即已切为解说。嗣得钧座东日来电,方始释然。""惠窃思此事,既已不能挽回,则无宁直捷发布己意,极表赞成,已祛疑虑。我师与极峰之感情实无迟回审顾之余地。""如能师母大人进京一行,将内容曲折面为密达,则所裨益尤非浅鲜。"③

二、梁启超的激进思想与反袁B方案

袁世凯公开表态之后,反对的声音很快趋于沉寂。严修等人也知道

---

①《特派政事堂左丞杨士琦代表莅参政院代行立法院发表宣言书》(1915年9月6日),骆宝善、刘路生主编:《袁世凯全集》第三二卷,527页,河南大学出版社,2013。

②《唐在礼等表示将加紧推行帝制活动密电》(1915年9月7日),中国第二历史档案馆、云南省档案馆编:《护国运动》,127页。

③《恽宝惠函》(1915年9月7日),《大树堂来鸿集》,《近代史资料》,总第50号,1982。

规劝无效,不再说话,甚嚣尘上的是一片歌功颂德、请愿推戴之声。梁启超一方面希望通过公开反对形成舆论压力,阻止复辟帝制,这是破坏性比较小的A方案;但另一方面,他也不得不做最坏的准备,如果袁世凯不听劝阻,执意称帝,那就只好发动战争,由蔡锷从云南起兵反袁,这是暗中进行的B方案。这个方案破坏性比较大,对于长期主张改良的梁启超来说,是迫不得已的选择。

梁启超的B方案无疑是一场暴力革命,似乎与他一贯的立场相反。但实际上,改良派是站在激进派和保守派之间的中间派,试图在激进和保守之间保持平衡,有时趋于保守,有时也会趋于激进。梁启超本人的政治思想复杂包容,往往能把相互矛盾的倾向融于其中,并不偏执于一端。梁氏的"善变"正是根源于其思想的包容性。梁启超的政治思想中包含有明显的革命性成分。他在1898年戊戌变法失败、六君子殉难后亡命日本,对慈禧太后政府深恶痛绝。当时他和唐才常租了"一间两丈来宽一楼一底的日本房子",和追随而来的蔡锷等十几个学生住在一起讲学。他后来说"我们那时候天天摩拳擦掌要革命",1900年,唐才常带着十几个人回国去实行革命,结果唐才常等多数人殉难,蔡锷侥幸逃脱。[1]

1899年,梁启超写了极具革命精神的《破坏主义》一文,认为:"历观近世各国之兴,未有不先以破坏时代者。此一定之阶级,无可逃避者也。有所顾恋,有所爱惜,终不能成。破坏主义何以可贵? 曰:凡人之情,莫不恋旧,而此恋旧之性质,实阻阏进步之一大根源也。""此性质者,可以堵其源,阁其机,而使之经数十年、数百年不能进一步,盖其可畏可恨至于如此也。快刀斩乱麻,一拳碎黄鹤,使百千万亿蠕蠕恋旧之徒,瞠目结舌,一旦尽丧其根据之地,虽欲恋旧而无可恋,然后驱之以上进步之途,与天下万国驰骤于大剧场,其庶乎其可也。"[2]1902年,他在《新民说》中又说:"盖当夫破坏之运之相迫也,破坏亦破坏,不破坏亦破坏。破坏既终不可免,早

<hr>

[1] 梁启超:《护国之役回顾谈》(1922年12月25日为南京学界全体公开讲演),云南省社会科学院历史研究所、贵州省社会科学院历史研究所编:《护国文献》(上),304页。

[2] 梁启超:《破坏主义》(1899年10月15日),李华兴、吴嘉勋编:《梁启超选集》,98页。

一日则受一日之福,迟一日则重一日之害。早破坏者,其所破坏可以较少,而所保全者自多;迟破坏者,其所破坏不得不益甚,而所保全者弥寡。"①

1908年慈禧太后死后,梁启超一度对摄政王载沣政府抱有很大希望,但皇室亲贵的集权倾向再次让他大失所望。到辛亥革命前夕,他对清政府再次深恶痛绝,其激烈情绪已经接近革命派。1911年5月,梁启超在评论黄花岗起义的《粤乱感言》中,把革命派和改良派的主张并列在一起,甚至认为革命派更有道理,充分表现了其政治思想的复杂性和包容性:"革命暴动之举,吾党所素不赞成也。盖以历史之通则言之,革命本属不祥之事。无论何国,苟经一次大革命后,其元气恒阅十年或数十年而不能恢复。""虽然,革命党则亦有辞矣,曰:今者五千年之国命与四万万之民命,皆悬于现政府之手,而现政府更有何望者?多存留一日,则元气多斫丧一分。凋瘵以死与服毒以死,死等耳,其又奚择?况乎毒药虽可杀人,有时亦可治病,毅然投之,尚可以于万死中求一生,与其坐以待死期之至也。以此难非革命论者,而非革命论者无以应也。""要之,在今日之中国而持革命论者,诚不能自完其说;在今日之中国而持非革命论者,其不能自完其说抑更甚。政府日日以制造革命党为事,日日供给革命党以发荣滋长之资料,则导全国人心理尽趋于革命亦宜。""革命党之萌芽畅茂,正未有已时,野火烧不尽,春风吹又生,其不至驱全国人尽化革命党焉不止。"②

梁启超的这种激进倾向,恰恰是严复最为不满的,他甚至认为清朝不是亡于孙中山,而是亡于梁启超。严复1916年4月致熊纯如信中对梁启超的批评,深刻表现了严氏思想的保守,也从反面揭示了梁氏思想的激进:"至于任公,妙才下笔,自不能休","至于主暗杀、主破坏,其笔端又有魔力,足以动人。主暗杀,则人因之而倜然暗杀矣;主破坏,则人又群然争

---

① 梁启超:《新民说》(1902—1903年),李华兴、吴嘉勋编:《梁启超选集》,239页。
② 梁启超:《粤乱感言》(1911年5月19日),李华兴、吴嘉勋编:《梁启超选集》,585—586页。

为破坏矣。敢为非常可喜之论,而不知其种祸无穷。""今夫亡有清二百六十年社稷者,非他,康、梁也。何以言之?德宗固有意向之人君,向使无康、梁,其母子固未必生衅,西太后天年易尽,俟其百年,政权独揽",光绪皇帝当然可以大有作为。但是康、梁"卤莽灭裂,轻易猖狂,驯至于幽其君而杀其友。""至于任公,则自窜身海外以来,常以摧剥征伐政府,为惟一之能事。""今夫中国立基四千余年,含育四五百兆,是故天下重器,不可妄动,动则积尸成山,流血为渠。""任公理想中人,欲以无过律一切之政法,而一往不回,常行于最险直线者也。故其立言多可悔,迨悔而天下之灾已不可救矣!""海内之巨子,一词一令,依然左右群伦,而有清之社已屋矣,中国已革命而共和矣。"袁世凯固然有很多缺点,但"国民程度如此,人才消乏,而物力单微,又益之以外患,但以目前只利害存亡言,力去袁氏,则与前之力亡满清正同,将又铸一大错耳"。①

　　清末民初保守主义者对激进主义多有批评,其沉痛无过于严复这寥寥数语。严复认为梁启超在戊戌变法、辛亥革命、护国运动中三次走向激进,三次都造成了巨大灾难。但笔者认为,严复对梁启超在戊戌变法中急躁冒进的批评有一定的道理,但对梁氏辛亥革命和护国反袁立场的批评都未免脱离实际,也夸大了梁启超一支笔的魔力。严复似乎认为,无论统治者有多少缺点,考虑到中国民智未开、内忧外患的国情,都不得不忍耐,否则只能带来动乱和灾难。这种保守主义思想在学理上未必不能成立,但实际上背离了多数人的心理状态。理智与情感是人性的两个固有部分,理智完全压制情感,只有少数冷静的思想家可以做到,并不符合正常的群众心理。梁启超一支笔之所以有巨大的魔力,是因为他说出了"全国人人所欲言,全国人人所不敢言"。②社会潮流并不是一支笔所能制造出来的,梁启超只不过是社会潮流的代言人,是时代巨浪中翻到最上面的浪花。梁启超与严复的差别在于:严复是杰出的启蒙思想家,是孤独冷静的

　　① 严复:《与熊纯如书》(1916年4月4日),王栻编:《严复集》第三册,632—633页。
　　② 蔡锷:《〈盾鼻集〉序》(1916年9月9日),曾业英编:《蔡松坡集》,1225页。

深刻思想者;而梁启超不仅是杰出的启蒙思想家,还是富于激情的政治活动家,而且比严复年轻十九岁,因此他更能贴近时代,更能把握时代的脉搏,成为社会潮流最热情最有力的代言人。

梁启超之所以三次走向激进,归根结底因为他是坚定的民主主义者,他的政治理想是在中国建立现代民主制度。虽然他也认为中国民智未开,建立民主制度不能太着急,只能循序渐进,先实行开明专制作为过渡期,但是开明专制一方面要依靠专制维持稳定,另一方面也要通过开明政策推动国家和人民的进步。如果政府仅仅专制而不开明,国家和人民无法进步,则只有死路一条,此时通过革命推翻恶政府,就成为一种合理的选择。梁启超在戊戌变法后对慈禧太后政府绝望,一度表现出革命倾向,清政府实行新政后又转向改良。他在辛亥革命前夕对载沣政府绝望,又表现出革命倾向,到民国成立后又转向改良。到1915年袁世凯复辟帝制,国家不但不能进步,甚至维持现状都不可能,走上了复古倒退的方向。这就再次挑战了梁启超的底线,让他对袁世凯政府彻底绝望,进而再次激发出他的革命倾向。而且这次与前两次不同,前两次他最多算是革命的同情者和赞助者,这次梁启超则要拼死一搏,亲手发动和领导一场推翻袁世凯的暴力革命。

三、专制下的"无知之境"与梁启超、蔡锷的反袁密谋

在袁世凯个人独裁的专制淫威之下,当时公开反对帝制的人屈指可数,有实权的军政大员表面上都踊跃拥戴。但实际上,其中很多人是敢怒不敢言,内心里对袁世凯非常不满。这造成了一种迷茫混沌的"无知之境",在大多数人不敢说真话的情况下,没有人知道到底哪些人是真心拥戴,哪些人只是表面应付,还有哪些人心怀不满,甚至伺机反抗。美国驻华公使芮恩施说,袁世凯在去世前的最后两年半中,"只离开过他的宫殿两次",[1]独裁者的孤独封闭状态使他难以看到真相。这种"无知之境"反

---

[1] [美]保罗·S.芮恩施:《一个美国外交官使华记》,13页,商务印书馆,1982。

过来也误导了袁世凯,他只能听到歌功颂德的假话,听不到人们的真实声音。这导致他错误地判断了形势,走上身败名裂的危险道路,最后在极度痛悔中悲惨死去。

在这种沉闷压抑的"无知之境"中,人们都小心地隐藏自己的真实想法,只有对最亲密的朋友才敢说真话。反袁的火种就这样在一次次密谈中燃烧起来,最初只是星星点点,然后逐渐连接起来,直至蔓延成燎原大火,而梁启超与蔡锷的密谈无疑是其中最重要的火种。筹安会发布宣言以后,蔡锷立刻赶到天津,与梁启超、汤觉顿、陈国祥(一说蹇念益)等人讨论政治形势。梁启超在长沙时务学堂任教时,年仅十几岁的蔡锷是他最欣赏的学生之一。蔡锷家境贫寒,差一点要回家去当铁匠,在梁启超的帮助下才得以继续学业。梁启超亡命日本后,蔡锷也到日本继续追随求学,可以说梁启超是决定了蔡锷命运的老师。两人不仅私人感情深厚,而且在政治思想上也志同道合,在清末民初的各个关键节点上政治立场都很一致。他们之间相互完全信任,可以无话不谈,性命相托。

梁启超后来说:"我们四个人商量了一夜,觉得我们若不把讨贼的责任自己背在身上,恐怕中华民国从此就完了。因为那时旧国民党的人,都已逃亡海外,在国内的许多军人文人都被袁世凯收买得干干净净。蔡公说:眼看着不久便是盈千累万的人颂王莽功德,上劝进表,袁世凯便安然登其大宝,叫世界看着中国人是什么东西呢。国内怀着义愤的人,虽然很多,但没有凭借,或者地位不宜,也难发手。我们明知力量有限,未必抗他得过,但为四万万人争人格起见,非拼着命去干这一回不可。"①当时甚至有人提出,蔡锷面见袁世凯的机会很多,可以趁机刺杀,但蔡锷"为人光明磊落,不愿作此行险侥幸之事"。②

梁启超和蔡锷等商定:一方面要公开反对帝制,这是希望袁世凯知难而退的 A 方案;但另一方面,袁世凯既然纵容筹安会,劝阻发生效果的机

① 梁启超:《护国之役回顾谈》(1922 年 12 月 25 日为南京学界全体公开讲演),云南省社会科学院历史研究所、贵州省社会科学院历史研究所编:《护国文献》(上),305 页。

② 雷飚:《蔡松坡先生事略》,《辛亥革命回忆录》第三集,414 页,文史资料出版社,1981。

会不大,也要做好最坏的打算,准备起兵反袁的B方案。两人经过几次讨论后做了明确分工,梁启超对蔡锷说:"余之责任在言论,故余必须立刻作文,堂堂正正以反对之,君则军界有大力之人也,宜深自韬晦,勿为所忌,乃可以密图匡复。"①梁启超立刻撰写发表了《异哉所谓国体问题者》,舆论震动,好比一场大风,把各地反对帝制的火种煽成燃烧旺盛的火苗。

但梁启超和蔡锷商定分工有一个过程,并不是第一次讨论就决定了。筹安会发起后最初几天,袁世凯的意思还不明显,蔡锷并没有"深自韬晦",甚至尝试推动云南、贵州、广东、广西、四川等省的地方军政大员反对帝制。他在8月20日致贵州刘显治的密电中说:"京中近组织筹安会,研究国体问题,欲以觇舆情而定国是。此事关系国家前途甚巨。弟意欧战未终、东邻伺隙、党人思逞之时,掀揭此议,颇属危险。执事能早日来京尤盼。"②8月23日,蔡锷又密电云南唐继尧、贵州刘显世、广东龙济光、广西陆荣廷、四川刘存厚、山西孔庚等,虽然电文更加含蓄,但反对帝制的意思仍然明显:"京中现有筹安会研究国体问题,其宣言书当已达览。此事关系国家前途甚巨。际兹强邻伺隙、党人思逞之时,台端处事持议,务望静稳,以靖地方,而裨大局。"③

8月24日,段芝贵等发起军警大会签名支持帝制,蔡锷意识到背后必定有袁世凯的授意,身为军人而公开反对已不明智,必须"深自韬晦"了。于是蔡锷25日也发起高级军官联名赞成帝制,亲笔写下"主张中国国体宜用君主制者署名于后 八月二十五日",然后自己率先签名,签名者包括:昭威将军蔡锷,宣威将军蒋尊簋,义威将军孙武,参谋部次长唐在礼,陆军部次长蒋作宾,陆军中将陆锦、覃师范、张士钰,陆军少将张一爵、姚鸿法、蒋方震、陈仪等。④不仅如此,蔡锷26日复刘显世电也忽然变为拥

---

① 梁启超:《国体战争躬历谈》,汤志钧、汤仁泽编:《梁启超全集》第九集,422页。

② 《致贵阳刘希陶电》(1915年8月20日),《云南文史资料选辑》第十辑,2页,云南人民出版社,1989。

③ 《致云南唐将军等电》(1915年8月23日),《云南文史资料选辑》第十辑,2页。

④ 《关于帝制问题的签名》(1915年8月25日),曾业英编:《蔡松坡集》,813页。

护帝制："筹安会发起后,京外多主张赞同,军界重要诸人亦皆预闻其事。此事关系国家大计,势在必行。该会即有电相嘱,仍以推举代表为宜。"① 他在28日致唐继尧、刘显世的电报中再次强调："筹安会各省代表均将派齐,尊处希早日指派为要。"②蔡锷听说自己的亲信黄永社在昆明发表激烈言论,连忙于30日发电警告："言出其位,明哲所戒。一切希慎重。至公事,容徐图之。"③很明显,此时蔡锷不仅自己要"深自韬晦",而且提醒唐继尧、刘显世、黄永社等也要"深自韬晦"。

　　蔡锷在虎穴中与袁世凯周旋,必须万分小心。他要与云贵军界秘密联络,做军事上的布置,但是顾虑电报和书信都不够机密,只能把最信任的人招到北京来密谈。9月3日,蔡锷密电曾任贵州巡按使的好友戴戡："以势测之,为期不远。执事能早来京甚佳。"④戴戡到北京后,与蔡锷当面密商云贵起兵大计。其间蔡锷经常到天津面见梁启超,表面上是去劝说老师不要做书呆子反对帝制,实际是密谋反袁。梁启超与蔡锷、戴戡等在天津数次商量定下的大致计划是:如果袁世凯悍然称帝,则云南首先公开独立反袁,贵州尽快响应,然后以云贵的兵力进攻四川,因为四川革命的潜势力很大,可望得到响应。后来梁启超在1916年1月8日给蔡锷的第一封信中特别强调："全力规复三川,自是滇军第一责任川军。""宜结合,北军宜诛讨,在津已曾商及,联合之效,比复如何? 亟愿有闻。"⑤

　　梁启超、蔡锷等人频繁在天津见面,自然会引起袁世凯的怀疑,他们不得不以聚会打麻将为掩护。梁启超后来说："我们在这几个月里头,天天和袁世凯钩心斗角,把我们一群心直口直的书生,也弄成很深的城府。侦探是常常二三十个跟着我们,我们却不能不常常会面。蔡公总是每礼

　　①《复贵阳刘护军使电》(1915年8月26日),《云南文史资料选辑》第十辑,2页。

　　②《致云南唐将军、贵阳刘护军使电》(1915年8月28日),《云南文史资料选辑》第十辑,3页。

　　③《致黄永社电》(1915年8月30日),曾业英编:《蔡松坡集》,819页。

　　④《致贵阳戴循若电》(1915年9月3日),《云南文史资料选辑》第十辑,4页。

　　⑤梁启超:《致蔡锷第一书》(1916年1月8日),丁文江、赵丰田编:《梁启超年谱长编》,739—740页。

拜跑一趟天津,因为要避袁党注意起见,我们在一块便打牌吃花酒,做成极腐败的样子。"①梁启超等的"腐败"名声远扬,严修听说后,误以为梁启超意气消沉,玩物丧志,担心给年轻人带来坏影响。他11月6日写信严词责备道:"十年来,赌之流毒遍中国,命令不能禁,法语不能改。知文章志节如先生者,亦复为之,后生小子将何惮而不为耶?""先生即不暇救国,宁不当修己;先生即不能改革政治,宁不欲变易风俗;先生即不欲造就国民,宁不肯防闲子弟。今也行其庭而金声竹声相应也,反诸己不可谓美德,施诸世不可谓美化,型诸家不可谓义方,此理甚明,人所易晓,岂有智如先生而不能自察,勇如先生而不能自克之理耶?"②由此可见,梁启超等人的障眼法效果还不错,11月正是梁启超和蔡锷准备出逃的最紧张时期,竟把严修完全蒙在鼓里,也算是护国运动中的一段趣事。

第二节　北洋集团的组织方式与袁世凯复辟帝制

一、袁世凯的人情网与北洋集团的组织方式

袁世凯悍然复辟帝制,主要依靠他长期经营的北洋集团。但是北洋集团没有经受住复辟帝制带来的冲击,走上了分崩离析的道路,这里就需要对北洋集团的组织方式做一点深入探究。对于袁世凯,严复的评价很有意思:"大总统雄姿盖世,国人殆无其俦,顾吾所心憾不足者,特其人忒多情,而不能以理法自胜耳。"③他大概是说,乱世需用重典,应该尊崇法家的严刑厉法,而袁世凯人情味太重,执法仍然不够严厉。严复这个评价无意中揭示出袁世凯的重要特点,他特别注重人情往来,以此苦心经营私

---

① 梁启超:《护国之役回顾谈》(1922年12月25日为南京学界全体公开讲演),云南省社会科学院历史研究所、贵州省社会科学院历史研究所:《护国文献》(上),307页。

② 严修:《致梁任公信》(1916年11月6日),严修自订,高凌雯补,严仁智增编:《严修年谱》,347页。

③ 严复:《与熊纯如书》(1915年3月31日),王栻编:《严复集》第三册,620页。

人关系。北洋集团的组织方式就是建立在这种私人关系上,甚至可以说北洋集团的组织肌理就是袁世凯的人情网。北洋派走向崩解,大致说明这种没有共同理念的传统组织,难以适应思想纷杂的现代社会,而中国空间尺度巨大,又增加了其走向分崩离析的机会。

袁世凯确实是经营私人关系的天才,初次见面的人往往对其诚挚和蔼、谦虚有礼的态度留下深刻印象,感受到袁氏独特的魔力。关于袁世凯的容貌,美国公使芮恩施写道:"他身材矮胖;但脸部表情丰富,举止敏捷,粗脖子,圆脑袋,看起来精力非常充沛。他的两只眼睛长得优雅而明亮,敏感而灵活,经常带着机警的神情。他锐利地盯着来访的客人,但并不显露敌意,而老是那样充满强烈的兴趣。"[1]机要秘书张一麐也认为,明亮的眼睛是袁世凯的突出特点:"两目奕奕有神,凡未见者俱以为异,与人言煦煦和易,人人皆如其意而去。"[2]列名筹安会发起人的胡瑛本是革命党人,他刚到北京与袁见面,袁世凯就亲切问道:"经武,你的头痛病好了吗?"胡瑛大惑不解,又十分感动。因为两人以前从无交往,也未通信,袁世凯却好像很了解他,很看重他。胡瑛认为:"彼或以人才尊我,暗中关怀我之健康,以此袁氏竟成为我之真知己。"[3]二次革命失败后,胡瑛逃亡日本,但终于应袁世凯之召回国,甚至列名筹安会发起人,成为复辟帝制的支持者,可见袁氏魔力之大。

1912年10月,梁启超从海外归国,袁世凯最初准备了军警公所作为他在北京的行馆,后来听说梁启超偶然提到曾国藩、李鸿章在北京住贤良寺,立刻重新在贤良寺准备梁的住所,并且月赠三千元。梁启超在家信中颇为受用地感叹道:"此公之联络人,真无所不用其极也。"[4]蔡锷进京后第一次见袁,回来非常高兴,晚上和陈宧、邓汉祥等人一起吃饭时兴奋地

① 〔美〕保罗·S.芮恩施:《一个美国外交官使华记》,9页。
② 张一麐:《古红梅阁笔记》,43页,上海书店出版社,1998。
③ 章士钊:《欧事研究会拾遗》,《文史资料选辑合订本》第七卷第二十四辑,235页。
④ 丁文江、赵丰田编:《梁启超年谱长编》,653页。

说:"项城今天称呼我为松坡先生,是出我意想之外的。"①袁世凯贵为大总统,年纪也比蔡锷大二十多岁,却对他如此尊重,蔡锷自然会高兴感动。当然仅仅礼貌是不够的,还要有实惠。袁世凯的亲信王锡彤在日记中提道:"蔡之觯云南都督来京也,大总统委任甚重,身兼数差,每月薪水在两三千元。"②民国初年,普通工人月薪只有十元左右,大学教授月薪两三百元已经很高,可以雇好几个仆人。蔡锷的收入相当于十个大学教授,所以他与袁世凯决裂以后还说:"主峰待锷,礼遇良厚,感念私情,雅不愿其凶国害家之举。"③

袁世凯这套经营私人关系的方法是长期发展出来的,虽然根植于中国文化注重人情关系的传统,但袁世凯在传统之中又极富创造精神,常有出人意料的惊人之举,效果自然也非比寻常。袁世凯任直隶总督兼北洋大臣的时候,最高统治者是慈禧太后,太后身边的太监自然是用得着的人。本来太监的身份比较卑贱,但袁世凯不惜与总管太监李莲英结拜为盟兄弟。张勋负责守卫颐和园的时候,袁世凯又通过张勋与另一宠信太监马宾廷结拜。有人看到,袁世凯见到马宾廷的时候,竟然"先跪单腿向马请安",时人评价:"照例,大臣没有先给太监请安的,袁为了逢迎宠监,就不惜卑躬屈节。"④袁世凯在拉拢私人关系上敢于突破先例,以超格礼遇给人带来感动,然后进一步给以实惠,在此基础上建立牢固的个人关系。

民国初年,袁世凯当上大总统,他努力把私人关系网扩展到全国,对各省年轻新派人才很花心思,希望把这些人吸收进他的北洋集团。1912年,陕西第二师师长张钫不过二十六岁,他虽属陕军将领,却是河南人,算是袁的小同乡。张钫进京见袁,留下了非常深刻的印象。张后来说:"袁

---

① 邓汉祥:《护国讨袁前后的蔡锷》,《护国讨袁亲历记》,115页,文史资料出版社,1985。

② 王锡彤著,郑永福、吕美颐点注:《抑斋自述》,213页。

③ 蔡锷:《复统率办事处电》(1915年12月),曾业英编:《蔡松坡集》,864页。

④ 张达骧:《袁世凯与徐世昌》,吴长翼编:《八十三天皇帝梦》,202—203页,文史资料出版社,1985。

接见我时,表现得很和气,并不先问公事",而是先拉家常。袁世凯显然事先做足了功课,对张钫的家乡、亲族都问得很细,张不禁"心中暗想,他日理万机,怎么对我家的琐细事都知道得这样清楚!"一席话谈下来,张钫对袁世凯的印象是"温和、洒脱、很有魔力"。第二天,袁世凯又派人送来五千元,说是给张在北京的零用钱,这在当时是一笔巨款了。不仅如此,过几天袁世凯还专门请张钫吃饭,陪客都是河南人,特别介绍他认识赵秉钧。北洋老将姜桂题也请张钫吃饭,陪客三十多人,包括江朝宗、陆建章、曹锟、王占元、张怀芝、雷振春、陆锦等北洋派重要人物,后来姜桂题和王揖唐甚至不顾年龄差距,非要和张钫结拜兄弟。①显然,张钫虽然是革命派的年轻将领,但由于是北方人,被当成了重点拉拢对象,而且出面的不仅有袁世凯,还有北洋集团作为整体要吸收他加入。

袁世凯对拉拢新人都如此用心,对作为左膀右臂的北洋老部下,更是嘘寒问暖,无微不至,亲切如同家人。段祺瑞的夫人去世之后,袁世凯把自己的义女张佩蘅嫁给段,这样就真成为家人了。张夫人与袁氏夫妇关系很好,"一口一个爸爸、妈妈,非常亲热",总统府门禁森严,但张夫人"一打电话,就可以坐着马车从福华门进去,通行无阻,真像是姑奶奶回娘家一般"。即使是在段祺瑞反对帝制、称病请假期间,袁世凯也是"不断派人往公馆里送东西。什么鸡汁呀、参汤呀,差不多见天就有人送过来。段的病假是请一回,续一回。袁世凯的吃食是送一次,又一次"。②冯国璋的待遇与段祺瑞一样,袁世凯的女儿袁静雪一向把冯叫"四哥"。冯国璋的夫人去世后,经袁世凯介绍,把袁家女儿们的家庭教师周砥嫁给了冯。袁世凯不仅置办了女方嫁妆,还把袁静雪的保姆作为陪嫁老妈送到南京。袁静雪说:"结婚以后,周老师有时回到北京来,还是把我家当娘家走动,我们也都改了称呼,叫她'四姐'。"③1915年6至7月冯国璋进京期间,袁

　　① 张钫:《我在反袁护国期间的经历》,《文史资料选辑合订本》第十七卷四十八辑,58—62页。
　　② 王楚卿:《段祺瑞公馆见闻》,《文史资料选辑合订本》第十四卷四十一辑,216、219页。
　　③ 袁静雪:《我的父亲袁世凯》,吴长翼编:《八十三天皇帝梦》,28页。

对冯更是"优礼备至"。袁世凯看到早餐有奶酪，就"令差官电问冯上将军早起否，将这碗牛奶酪送去，说是冯上将军爱吃的，总统今早上正吃，便想起上将军，特地送来"。又有一天，袁世凯吃午饭，看到有"大碗红烧猪膀"，又说"这是华甫爱吃的"，让差官"电告冯上将军等等吃饭，总统就送菜来，佐以大馒首四个，说今日午饭，知道这菜上将军爱吃，所以送来"。袁家还送给周夫人很多礼物。①西周初年，周公曾自谓："一沐三捉发，一饭三吐哺，起以待士，犹恐失天下之贤人。"②袁世凯对冯国璋，真有点周公起以待士的姿态了。

袁世凯栽培人才的眼光很长远，即使对不到二十岁的年轻人，也很愿意花心思笼络。张镇芳是受袁世凯重用的少数同乡亲族之一，被袁的儿子称为五舅，曾任河南都督。1915年新年，他的儿子张伯驹十八岁，去给袁世凯拜年。张伯驹是晚辈，行跪拜礼，袁世凯身为大总统，又是长辈，仍谦和地亲手把他扶起。袁世凯见张伯驹一表人才，就问他愿不愿意到总统府工作。张答自己正在模范团上学，袁于是邀他毕业就来总统府。张伯驹告辞回到家里，发现袁世凯送的礼物已经先到家了，包括："金丝猴皮褥两付，狐皮紫羔皮衣各一袭，书籍四部，食物等四色。"袁世凯以大总统之尊，对一个刚成年的小伙子竟如此殷勤。张伯驹十分感动，他后来说："时余正少年，向不服人，经此一事，英气全消，不觉受牵笼矣。"③

甚至对于政治上的死敌，袁世凯也不放弃任何化敌为友的机会。1907年丁未政潮中，四川总督岑春煊是袁世凯的主要政敌，当时有"南岑北袁"之称。岑春煊因为庚子护驾深得慈禧太后信任，他借进京之机向太后说了奕劻和袁世凯很多坏话，对袁造成极大危险。袁世凯在当时给端方的密信中曾说："大谋（岑春煊）发端，群伏响应，大老（奕劻）被困，情形

---

①夏寿田：《谈袁世凯与段祺瑞、冯国璋》，见张国淦《北洋述闻》，83页，上海书店出版社，1998。

②司马迁：《史记·鲁周公世家》，206页，中华书局，2006。

③张伯驹：《续洪宪纪事诗补注》，《近代史资料》第五十三册，90页，知识产权出版社，2006。

甚险。"①庆亲王奕劻是袁世凯在皇室亲贵中最重要的政治盟友，如果奕劻倒台，袁氏很难自保。但是后来岑春煊南下路过天津时，袁世凯竟不计前嫌，放低身份，主动请岑吃饭。岑春煊一度担心袁会下毒害他，但是"又不愿示弱不去，饭后居然平安无事，算是冒了一次险"。席间袁世凯对岑春煊非常推崇，说天津没人有资格陪岑吃饭，因此没有陪客，暗示"天下英雄，惟使君与操耳"，这让岑春煊颇为受用。②虽然事后岑春煊并未放弃反袁立场，但从这件事可以看出，袁世凯经营私人关系的胸襟气度远超常人。

梁启超在《袁世凯之剖析》中承认"袁氏事无大小，必欲躬亲"，"其精力过人，而勤于察事，吾固不得不敬而服之。"③但要成就一番大事业，一个人的精力终究有限，需要很多有才干的帮手，所以袁世凯每发现有用的人才，都会非常珍惜，热心栽培拉拢。张一麐这样评价袁世凯的用人："各方人才奔走其门者如过江之鲫，然所用无私人，族戚来求食者悉以己俸给月廪，不假事权。"④张华腾也认为，袁世凯的特点是"惟才是举"，悉心笼络全国各领域的优秀人才，并不特别照顾亲友。"袁氏家族很庞大，袁世凯兄弟就有六人，其子侄辈有三四十人"，袁世凯基本没有提拔过他们，这种情况在袁世凯以前和以后的政治人物中是很少见的。曾国藩湘军集团中湖南人占54.1%，李鸿章淮军集团中安徽人竟占到77.4%，而袁世凯北洋集团中河南人只占7.8%。⑤虽然由于统计口径的模糊，这些定量研究未必十分精确，但也可以大致反映出袁世凯招揽人才的眼界很宽，因此后来北洋派分裂为直系和皖系，却没有"豫系"。由于地缘关系的特点，北洋集团成长于北方，难免以北方人居多，但唐绍仪、梁士诒是广东人，照样很受重用。袁世凯常常以曹操自比，他在事业心和爱才这两点上确实与曹操

① 袁世凯：《复端方密函》(1907年5月30日)，骆宝善：《骆宝善评点袁世凯函牍》，180页。
② 王辅宜：《护国军起义时期与日本密探借款购械的内幕》，《护国讨袁亲历记》，103页。
③ 梁启超：《袁世凯之剖析》(1916年)，汤志钧、汤仁泽编：《梁启超全集》第九集，516页。
④ 张一麐：《古红梅阁笔记》，43页。
⑤ 张华腾：《洪宪帝制——袁氏皇帝梦破灭记》，79页，中华书局，2007。

类似,很有点"周公吐哺,天下归心"的气度。①

　　袁世凯花费几十年心血建立起北洋集团,如果放在中国古代的乱世,确实有机会像李渊、赵匡胤那样建立一个新王朝。但是这种以私人关系为纽带的传统军政集团,在现代社会遇到了更为复杂的局势,面临更为强大的挑战,最终分崩离析,让位给拥有更强大意识形态和组织能力的现代政党。袁世凯贸然发动洪宪帝制,自己主动制造了更为复杂的局面,暴露了北洋集团的弱点,激发了强大的反对力量,最终加速了北洋派的崩解。北洋集团崩解的基本原因大致分为两个方面:

　　一方面,现代政治思想的复杂多样造成了不同成员之间的离心力。中国古代自秦始皇建立大一统和汉武帝"罢黜百家,独尊儒术"之后,政治思想就实现了统一,古代军事集团中基本不存在政治思想分歧。但是现代政治思想更为纷繁多样,北洋集团以私人关系结合,内部思想并不统一,难免因政治思想分歧走向分裂。在北洋集团中,既有徐世昌、冯国璋这样的怀念清朝的保守派,又有段祺瑞、周学熙、严修这样的中间派,还有冯玉祥这样的激进派。在洪宪帝制中,他们出于各自不同的思想,都反对帝制,与袁世凯的私人关系只是让他们反对程度有所减弱,并不足以让他们放弃自己的独立思想。而像张钫这样有操守的革命派,无论袁世凯下了多少功夫拉拢他加入北洋集团,他在袁氏称帝后还是想回河南起兵反袁,袁世凯又不得不把他抓进军政执法处。而且,即使是冯玉祥这样的北洋派高级军官,也并没有机会与袁世凯建立直接私人关系,他个人效忠的对象是陆建章。虽然陆建章与袁世凯私人关系深厚,但冯玉祥与袁世凯中间隔了一层,效忠程度就大打折扣。这说明,个人的精力和感情毕竟有限,只能在有限程度上笼络少数高层人物,牢固控制基层只能靠强大的意识形态和组织能力,这是北洋集团不具备的。

　　另一方面,中国巨大的空间尺度造成了中央与地方之间的离心力。1913年二次革命失败之后,北洋军扩张到长江中下游,出征的高级将领

---

① 曹操:《短歌行》,余冠英选注:《汉魏六朝诗选》,95页,人民文学出版社,1997。

成为拥有自己地盘的地方实力派,逐渐对加强中央集权的袁世凯产生不满。徐世昌说:"冯久驻南京,俨然藩镇,渐渐不如当年之绝对服从。"①胡春惠认为:袁世凯镇压二次革命,本来就是要加强中央集权,但是"那些在二次革命中,因建功坐大的北洋系将军们,逐渐又形成了新的地方势力,为了排除这些'中央集权'的新障碍,袁氏必须进一步继续削藩不可"。"但是他这种只准自己有权,不允他人有权的做法,自然引起一些反动。其中反应最快的还是与袁世凯共江山的北洋系将军,袁氏废督废省政策执行后,北洋系多数将领对袁氏的拥护热情,也就大打折扣了。"②在这种矛盾冲突之中,袁世凯对北洋军队的信任自然也同样会大打折扣。于是他先设统率办事处集中军事权,又设模范团训练新军官,显然有替换老军官、加强军队控制之意,并让儿子袁克定担任第二期模范团团长。这些举措无疑更加深了各地北洋将领与袁世凯之间的裂痕,洪宪帝制让这些裂痕最终发展成一场大崩解。缺少统一意识形态的军人集团,维系小国的统一并推动现代化还有可能,土耳其和韩国的军人集团都取得相当成功,但中国巨大的空间尺度带来更大的中央与地方之间的离心力,最后是依靠思想和组织力更强的现代政党才完成统一。

二、袁世凯伪造民意,悍然复辟帝制

9月袁世凯暗示了自己的态度之后,社会上及北洋派内部劝阻帝制的声音日趋沉寂,国内反对帝制的计划仍处于暗中酝酿阶段,帝制活动在一片歌功颂德的喧嚣中迅速推进。在袁世凯收到的众多劝进书中,陆军总长王士珍领衔的9月21日军界呈文最为重要。呈文以陆军总长王士珍、将军府主管段祺瑞、海军总长刘冠雄、侍从武官长荫昌、海军上将萨镇冰、昭威将军蔡锷、参谋次长唐在礼、统率办事处总务厅长张士钰八人的名义提出,实际是代表整个军界。其中明确主张:"共和之制,不适国情,

---

① 张国淦:《北洋述闻》,75页。
② 胡春惠:《民初的地方主义与联省自治》,91、95页,中国社会科学出版社,2001。

改为君主立宪,实属最善。"文中引用了张勋、汤芗铭、孟恩远、张作霖的劝进电,其中张作霖的电报最为凶悍:"敢有持异议者,作霖以一身当之。"①

呈文最重要的部分是附录两份赞成帝制的高级军官名单:在京各中央军事机关赞成帝制军官名单和各省赞成帝制军官名单。在京军官身家性命都在袁世凯控制之下,当然没有反对的余地。最具决定性的是第二份名单,这些高级军官掌握着驻守全国各地的军队,有左右政局的实力,大致如下(见表1):

表1　各省高级军官来电主张君主制名单②

省份	高级军官名单
江苏	江苏将军冯国璋、定武上将军张勋、上海镇守使郑汝成、第四师师长杨善德、苏军第二师师长朱熙、苏军第十九师师长杨春普、江宁镇守使王廷桢、徐海镇守使张文生、通海镇守使管云臣、淮扬镇守使刘询、第七十四混成旅旅长赵俊卿、第七十五混成旅旅长方更生、第七十六混成旅旅长张仁奎
热河	昭武上将军姜桂题
直隶、北京	第七师师长张敬尧(近畿)、第八师师长李长泰(保定)、第十师师长卢永祥(近畿)、冀南镇守使王怀庆、天津镇守使商德全、蓟榆镇守使范书田
奉天	奉天将军段芝贵、第二十师师长范国璋、第二十七师师长张作霖、旅长汤玉麟、第二十八师师长冯德麟、旅长汲金纯、旅长张海鹏、洮辽镇守使吴俊升、东边镇守使马龙潭
湖北	湖北将军张锡銮(未到任)、湖北督军王占元、鄂军第一师师长石星川、汉口镇守使杜锡钧、襄郧镇守使黎天才、第六混成旅旅长王金镜、第三旅旅长卢金山、第二师旅长石振声、王懋赏
广东	广东将军龙济光、广惠镇守使龙觐光、高雷镇守使王纯良、琼崖镇守使胡令宣、肇罗阳镇守使李耀汉、南韶连镇守使朱福全、钦廉镇守使隆世储、潮海镇守使马存发、第一混成旅旅长段尔弼、第二混成旅旅长纳顺洪、第一旅旅长陈宏萼、第二旅旅长郑开文、旅长李文富
广西	广西将军陆荣廷、桂林镇守使陈炳焜、龙州镇守使谭浩明、桂平镇守使莫荣新
吉林	吉林将军孟恩远、吉长镇守使裴其勋、延珲镇守使高凤城
黑龙江	黑龙江将军朱庆澜、黑军第一师师长许兰洲、宁阿兰镇守使徐世扬、骑兵第四旅旅长英顺

---

①《王士珍等呈文》(1915年9月21日),章伯锋、李宗一主编,闻黎明、李学通编:《北洋军阀》第二卷,1095—1097页,武汉出版社,1990。

②《王士珍等呈文》(1915年9月21日),章伯锋、李宗一主编,闻黎明、李学通编:《北洋军阀》第二卷,1097—1099页。

省份	高级军官名单
河南	河南将军赵倜、南阳镇守使吴庆桐、归德镇守使宝德全、豫北镇守使方有田、第七混成旅旅长唐天喜、第八混成旅旅长徐占凤、第二混成旅旅长刘跃龙、第一混成旅旅长成慎、混成旅旅长柴得贵
山东	山东将军靳云鹏、第五师师长张树元、烟台镇守使聂宪藩、曹州镇守使方玉普、兖州镇守使施从滨、第四十七旅旅长马良
山西	山西将军阎锡山、晋南镇守使董崇仁、晋北镇守使孔庚、第十二混成旅旅长黄国梁
陕西	陕西将军陆建章、陕南镇守使陈树藩、第十五混成旅旅长贾耀德、第一旅旅长陆承武
浙江	浙江将军朱瑞、浙军第六师师长叶颂清、嘉湖镇守使吕公望、台州镇守使张载阳、第四十九混成旅旅长周凤岐
江西	江西将军李纯、第六师师长马继增、赣南镇守使吴鸿昌、赣西镇守使洪自成、赣北镇守使吴金彪、第九混成旅旅长丁效兰
安徽	安徽将军倪嗣冲、皖北镇守使倪毓棻
湖南	湖南将军汤芗铭、第三师师长曹锟、湘南镇守使汪学谦、湘西镇守使田应诏、常澧镇守使王正雅、零陵镇守使望云亭、第一旅旅长胡叔麒
四川	四川将军陈宧、川军第二师师长刘存厚、重庆镇守使周骏、川边镇守使刘锐恒、第一混成旅旅长李炳之、第二混成旅旅长钟体道、第四混成旅旅长伍祥祯
云南	云南将军唐继尧、滇军第一师师长张子贞
福建	福建护军使李厚基、第十混成旅旅长唐国谟、第十一混成旅旅长王麒
贵州	贵州护军使刘显世
宁夏	宁夏护军使马福祥
甘肃	甘肃督军张广建、提督马安良
新疆	新疆督军杨增新、喀什提督杨得胜、伊犁镇守使杨飞霞、旅长蒋松林
绥远	绥远都统潘矩楹、混成旅旅长徐廷荣
察哈尔	察哈尔都统张怀芝、第一师师长蔡成勋、多伦镇守使萧良臣

各省将军统领全省军队，省内各镇守使一般是师长级别的，也有一些是旅长，他们在省城之外独立镇守一个地区。这份赞成帝制名单反映了各地驻军实力，包括了大多数师长和混成旅旅长以上高级军官，在一定程度上误导了袁世凯对形势的判断。他据此认为既然绝大多数高级军官都赞成帝制，称帝就很有把握，梁启超等少数文人即使反对，也完全没有力量去动摇大局。

但从后来的历史进程看来，这些高级军官大多口是心非。名单中的唐继尧、陆荣廷、刘显世、刘存厚、吕公望等公然起兵对抗。南方军队除了龙济光部,多数怀有异心。即使是北洋嫡系中的冯国璋、李纯、王占元、靳云鹏等也不肯为帝制出力。护国战争爆发后,驻守南方的北洋军力量不够,袁世凯不得不把拱卫北京的精锐部队悉数派出,张敬尧第七师和李长泰第八师增援四川,卢永祥第十师增援上海。另外,奉天范国璋第二十师增援湖南,皖北镇守使倪毓棻、唐天喜第七混成旅也增援湖南。上述名单中师旅数量庞大,但后来去前线对抗护国军的其实只有几个师,真正卖力打仗的只有张敬尧、曹锟、龙济光、周骏、李炳之等部而已。值得一提的是,陈宦带入四川的三个混成旅北洋军,李炳之和伍祥祯两个旅长都在名单里,唯独冯玉祥没有参加劝进,这在当时确实算是特立独行了。

梁士诒本来并不赞成复辟帝制,但交通系正受到五路大参案打击,他试图抓住机会,把帝制活动当作摆脱困境的出路。既然袁世凯暗示在民意上做文章,梁士诒便发起组织各种请愿团。交通系有雄厚的资金和人脉,活动能量远远超过书生为主的筹安会。美国驻华公使芮恩施甚至说:长期担任总统府秘书长的梁士诒"声望仅次于袁世凯,是北京最能干、最有势力的人"。[1]徐世昌也认为,自从梁士诒带领交通系"参加帝制活动后,立即积极进行,如在京以沈云霈出名发起全国请愿联合会,所有筹安会预定包办之请愿推戴种种,几全面转移于梁。梁亦参政,此时更挟其特殊势力在院内操纵,而参政院代行立法,遂供其利用。且梁曾任府秘书长有年,对于各省军民长官,常以私电往来,发生效力。故克定之倚重梁,远过于杨"。[2]

9月中下旬,各种请愿团纷纷涌现,然后由沈云霈、那彦图、张锦芳等组织全国请愿联合会,向参政院要求变更国体,恢复君主制。参政院收到八十三件请愿书后,于9月下旬讨论通过决议,召集国民会议解决国体问题。参政院咨文称:"国体为宪法上重要问题,解决之权,应在国民会议,本院建议政府,请提前于年内召集国民会议,国民会议复选举定于十一月

① [美]保罗·S.芮恩施:《一个美国外交官使华记》,79页。
② 张国淦:《北洋述闻》,78页。

二十日举行。"①

但是帝制派认为这个方案太过迟缓,又推动参政院10月6日重新讨论通过新决议,把国民会议改为国民代表大会,新方案大大加快了帝制活动进程。参政院咨文称:"国民会议开会迟缓,且属决定宪法机关,国体未先决定,宪法何自发生?""本院尊重民意,重付院议,佥谓兹事重大,自未便拘常法以求解决。""国体之解决,实为最上之主权,即应本之国民之全体,兹议定名为国民代表大会,即以国民会议初选当选人为基础,选出国民代表决定国体。"国民代表大会组织法于10月8日由大总统告令正式公布。②

10月9日,办理国会事务局密电各地方长官,确认国民代表选举和国体问题投票都在地方举行,不必到北京,这当然大大加快了进度,而且明确要求不允许有一张反对票。密电称:"选举投票及将来决定投票,各省各特别行政区域,均于各地方举行,即以各地方最高长官会同监督。""将来投票决定国体问题,必有全体一致之精神,方可以震动中外之耳目。欲收此良果,必先于当选之人,悉心考究,确信其能受长官指挥,方入此选,并宜多派干员莅场监视,庶几就我范围。"③

从这封密电可以清楚看出,要选的不是"国民代表",而是"长官代表",而且这些专制社会中成长的官员并不懂民意是什么,所以伪造民意的手法十分拙劣。不同的人会有不同的想法,不可能完全一致,这是现代社会的常识,保留几张反对票会让假选举多几分欺骗性。但袁世凯的手下完全不能理解这一点,定要伪造出全体一致的荒谬投票结果。袁世凯这样的吃相确实太难看,11月梁启超在给籍忠寅等的信中辛辣讽刺道:"此人比来不解何故,百凡举措,皆失其常,如彼弈棋,专下乱著。揣其昏

---

① 《政事堂为大总统著迅速筹备国民会议交片》(1915年9月27日),中国第二历史档案馆、云南省档案馆编:《护国运动》,71—72页。

② 《大总统为公布国民代表大会组织法告令》(1915年10月8日),中国第二历史档案馆、云南省档案馆编:《护国运动》,77—78页。

③ 《办理国民会议事务局胪陈国民代表投票办法意见密电稿》(1915年10月9日),中国第二历史档案馆、云南省档案馆编:《护国运动》,78—79页。

57

督,殆近死期。即如此次僭号之举,生吞活剥,倒行逆施,以彼巧人,有此笨笔,非天夺其魄,何以及兹?"①

由于几千年的专制传统以及袁世凯的独裁权威,各地方长官不管自己内心对帝制态度如何,对10月8日的大总统告令和10月9日办理国会事务局密电都不敢怠慢。整个选举和投票完全由北京方面操控,甚至推戴书的具体措辞都出自北京。10月23日,朱启钤、周自齐等密电各省:"国体投票解决后,应用之国民推戴书文内,有必须照叙字样,曰:国民代表等,'谨以国民公意恭戴今大总统袁世凯为中华帝国皇帝,并以国家最上完全主权奉之于皇帝,承天建极,传之万世'。此四十五字,万勿丝毫更改为要。再,此种推戴书,在国体未解决之前,希万分秘密。"②

帝制活动加快进行后,北洋派高层的裂痕逐渐加深。北洋集团是在清朝官方形式下发展起来的,袁世凯和徐世昌、段祺瑞、冯国璋等一样,首先都是清朝的臣子。他们与清朝皇帝的关系都是君臣主奴关系,他们之间则是臣子之间的上下级关系。他们的地位作为臣子是比较平等的,而且是可能变化的,原来的下级如果得到皇帝破格提拔,完全有可能变成上级。后来徐世昌出任东三省总督、兵部尚书、军机大臣,实际上已经与袁世凯平起平坐,段祺瑞、冯国璋也各有升迁,而袁世凯被开缺回籍,成了老百姓。

袁世凯在民国初年当上大总统,但民国的主权属于全体人民,各级官员虽有官阶高低的差别,但并无君臣主奴的名分。袁世凯称帝,实际上是把他们之间原来比较平等的关系,变成本质不同的、极不平等的君臣主奴关系,这毫无疑问是一种贬低和侮辱。袁世凯自己也觉得不好意思,提出所谓"嵩山四友"的名目,试图安抚徐世昌、张謇、赵尔巽、李经羲四位老友。但这只能安抚区区四个人的自尊心而已,不足以掩盖称帝就是重建君臣主

---

① 梁启超:《致籍亮侪、陈幼苏、熊铁厓、刘希陶书》(1915年11月18日),汤志钧、汤仁泽编:《梁启超全集》第九集,335页。
②《朱启钤等致各省将军巡按使通电》(1915年10月23日),李希泌、曾业英、徐辉琪编:《护国运动资料选编》(上),13页。

奴关系,是对所有中国人的人格侮辱。段祺瑞早已于5月请病假住到了北京西山,10月徐世昌也请病假辞职,后来又住到天津,实际上就是表示与帝制活动划清界限。徐世昌后来对曹汝霖说:"那时我在京时,未尝不遇机讽劝,芝泉亦一再示意,何如忠言逆耳,终不听从。"①段祺瑞、徐世昌态度如此,冯国璋反对帝制早已见报,北洋集团的高层核心自此走向分裂。

10月28日,帝制活动在外交上遭遇重大打击。日本公使小幡西吉联合英国公使朱尔典及俄国公使库朋斯齐一起提出三国劝告,要求袁世凯暂缓复辟帝制。小幡西吉口述了日本政府的训令:"欧洲大战尚未平定,一般之不安尤多。""今观各地之情势,外观虽似各地对于帝制之实现反对不甚激烈,实则反对之感情广为酝酿,不安之形势弥漫于各地。""今大总统如有突建帝制之举,则上述反对之形势或将立成,惹起意外之扰乱。""劝告大总统善顾大局,延缓其变更国体之计划,以防祸未然。"②

三大强国的正式表态给袁世凯造成很大压力,但帝制活动已经骑虎难下。袁世凯自信军警密布全国,反对者实力有限,掀不起大浪。11月4日,他通过外交部指示地方官员与各地外国领事沟通:"日内正当解决国体之时,外人极为注意,希密饬各地方官及特派交涉员,随时与驻领接洽,将人民推戴出于至诚,及地方人心安谧,军警保护周密,解决国体之时,决无事变发生各等情,于无意中告知各驻领,使外人钦服,并安其心。"③

帝制活动仍按袁世凯的部署积极进行。从10月底开始,国民代表投票一致拥戴袁世凯的电报从各地发出。冯国璋反对帝制的态度已经广为流传,为了避免袁世凯的猜忌,他在伪造民意的帝制投票中表现得比较积极。10月30日,冯国璋、齐耀琳通电全国:"苏省国民代表定额六十人,于本月二十八日依法选举足额,三十日齐集军署,举行决定国体投票,国璋、耀琳亲临监督。开票后,全场六十票,一致赞成君主立宪,并由全体代表

---

① 曹汝霖:《曹汝霖一生之回忆》,165页。
② 王芸生编著:《六十年来中国与日本》第七卷,6—7页,生活·读书·新知三联书店,1981。
③《云南巡按使署转达外交部关于国体问题卅一密电饬》(1915年11月4日),中国第二历史档案馆、云南省档案馆编:《护国运动》,69—70页。

恭戴大总统袁世凯为中华帝国皇帝。"①11月1日,龙济光通电报告广东代表投票结果,11月2日朱瑞通电报告浙江代表投票结果,11月5日赵倜通电报告河南代表投票结果,11月20日陆荣廷通电报告广西代表投票结果。至11月21日各省代表投票全部完成,12月10日中央代表投票完成。结果当然不出所料,全国一千九百九十三名所谓"国民代表"一致拥戴袁世凯为中华帝国皇帝。参政院代行立法院据此于12月11日上推戴书。

袁世凯收到推戴书后,忸怩作态地表演了一番。12月11日,他在申令中首先承认了复辟帝制:"民国之主权本于国民之全体,既经国民代表大会全体表决改用君主立宪,本大总统自无讨论之余地。"然后他又假惺惺地表示:"本大总统曾向参议院宣誓,愿竭能力发扬共和,今若帝制自为,则是背弃誓词,尚望国民代表大会总代表等熟筹审虑,另行推戴。"②参政院自然会按剧本再次上推戴书,大肆歌功颂德,袁世凯12月12日发出第二个申令,这次不再提"背弃誓词",厚着脸皮含糊接受了帝位:"天下兴亡,匹夫有责,予之爱国,讵在人后。""国民责备愈严,期望愈切,竟使予无以自解,并无可诿避。"③接下来,袁世凯12月13日发出第三个申令,正式接受帝位:"改定国体,官吏将士同此恫忱,举国一心,势不可遏。""各省区国民代表一致赞成君主立宪,我国主权本于国民全体,予又何敢执己见而拂民心。"④

12月13日,袁世凯在居仁堂举行了朝贺仪式。参加者有各部总长、次长、局长,以及内史监、政治讨论会、平政院、肃政院全体人员,总共百余人。袁世凯站在宝座前,群臣向上三鞠躬。袁世凯答礼,然后虚伪地说自

---

①《冯国璋等关于江苏拥戴袁世凯为中华帝国皇帝电》(1915年10月30日),中国第二历史档案馆、云南省档案馆编:《护国运动》,87页。

②《大总统申令》(1915年12月11日),中国第二历史档案馆编:《政府公报》影印版(1915年12月12日),第75册,43—44页,上海书店,1988。

③《大总统申令》(1915年12月12日),中国第二历史档案馆编:《政府公报》影印版(1915年12月13日),第75册,99页。

④《大总统申令》(1915年12月13日),中国第二历史档案馆编:《政府公报》影印版(1915年12月14日),第75册,139页。

己是迫不得已接受推戴,"今称皇帝,不过名号上关系从古,仪文概从减省,唯望诸位协力襄赞,措中国于安全,庶不负代表国民推戴之本意。"①语毕袁世凯先一鞠躬,然后群臣鞠躬而退。至此,袁世凯的皇帝梦似乎顺利实现了。

袁世凯接受帝位,成了名副其实的窃国大盗,但毕竟做贼心虚。他当然知道所谓一致推戴的民意是伪造的,急忙指示各地烧毁作伪证据。12月21日,筹备国民代表大会事务局密电各省大员:"国体问题一应文件,除法律规定应行存案外,无论中央、各地方所来公私文电,一律查明,督同焚毁。如有行文各地方官吏者,亦饬令缴还,一同焚毁,并将焚毁件报局查核。"②1916年1月6日,湖南将军汤芗铭回电报告:"此次办理国民代表大会公私文电、信函,间有法律范围外文字,值此列强环窥,人心浮动,一有泄漏,关系匪轻,自应以烧毁为唯一办法。但关于署内文件,办理较易,至曾经行知各团体暨各地方官吏者,一时查明,饬令缴还,其中颇费手续。"③1月7日,四川将军陈宧也回电报告,他详细列出了焚毁的文电名目:"国民会议事务局来电十四件,朱启钤等来电十三件,段芝贵等来电九件,范绩熙(编者注:应为范熙绩)、郑万瞻来电六件,唐在礼等来电五件,顾鳌、雷寿荣、孙毓筠、李振、刘显世等来电各二件,陆建章、龙建章、田承斌、陆荣廷、董康、陈绍唐、屈映光、蒋作宾、统率办事处、筹安会代表、交通部等处来电各一件,共计六十八件,于元年一月七日亲自焚毁。"④

但云南唐继尧等1915年12月宣布起义之后,当然不会遵命焚毁证据,反而于1916年2月把这些密电编印为《民意征实录》,寄送上海各中外报刊披露,向全世界揭穿了袁世凯伪造民意的假面。3月,梁启超在《袁

<hr />

① 恽毓鼎:《恽毓鼎澄斋日记》(1915年12月13日),752页。
②《陈宧为焚毁筹备帝制有关文件情形电》(1916年1月7日),中国第二历中档案馆、云南省档案馆编:《护国运动》,125页。
③《汤芗铭等陈述焚毁筹备帝制文件办法密电》(1916年1月6日),中国第二历史档案馆、云南省档案馆编:《护国运动》,124页。
④《陈宧为焚毁筹备帝制有关文件情形电》(1916年1月7日),中国第二历史档案馆、云南省档案馆编:《护国运动》,125页。

政府伪造民意密电书后》一文中酣畅淋漓地讽刺道："国体问题发生以来，所谓'讨论'者，皆袁氏自讨自论；所谓'赞成'者，皆袁氏自赞自成；所谓'请愿'者，皆袁氏自请自愿；所谓'表决'者，皆袁氏自表自决；所谓'推戴'者，皆袁氏自推自戴。举凡国内国外明眼人，其谁不知者？然而袁氏方以为天下皆易欺，狡不自承，以至今日。今北京政府致各省将军、巡按密电之全文既暴露矣，其电皆有姓名，有月日，有印据，原纸经军政府拍照印布。袁氏及其党人，纵有万手，当莫能掩；纵有万喙，当莫能赖。""此果何等妖孽，何等罪业，而乃容其横行于光天化日之下而莫或过问也。"①

这场伪造民意的闹剧实在做得太假了，连严复这个帝制同情者都看不下去。他在1916年初的信中抱怨道："国体之议初起，时谓当弃共和而取君宪，虽步伐过骤，尚未大差。不幸有三四纤儿，必欲自矜手腕，做到一致赞成，弊端遂复百出，而为中外所持，及今悔之，固已晚矣。窃谓当时，假使政府绝无函电致诸省，选政彼此一听民意自由，将赞成者，必亦过半，然后光明正大，择期登极。彼反对者，既无所借口，东西邻国亦将何以责言。释此不图，岂非大错。谚云：'弄巧成拙。'孔子曰：'欲速不达。'彼自矜敏腕者，可以稍悟矣。"严复胆子比较小，特别嘱咐收信人保密："感相知之私，聊为吐露云耳，不必以示人也。"但他没好意思去参加12月13日的朝贺，"庆贺朝宴，均未入场。"②

严复在讨论梁启超《异哉所谓国体问题者》时，曾说"顾民意之于吾国，乃至难出现之一物"，③此时又说"一听民意自由，将赞成者，必亦过半"，明显陷入了自相矛盾。实际上，严复当然知道支持帝制的所谓"民意"是伪造的，但他又希望多数人内心像他一样支持君主制，或者至少像他一样谨慎胆小，不要激烈反对。可惜这位冷静的思想家太脱离实际了，很多人与他的想法并不相同，孙中山、梁启超、蔡锷等人不但坚决反对复辟帝制，而且有热情和勇气，不惜冒生命危险，奋起反抗强权，一场席卷全

① 《袁政府伪造民意密电书后》，载上海《民信日报》1916年3月26日。
② 严复：《与熊纯如书》(1916年1月12日)，王栻编：《严复集》第三册，629页。
③ 严复：《与熊纯如书》(1915年9月23日)，王栻编：《严复集》第三册，627页。

国的反袁巨浪正在兴起。

第三节　反袁活动渐兴，蔡梁虎口脱身

一、蔡锷逃离虎口，海内外反袁活动日益活跃

全国有志之士目睹这场伪造民意的丑剧，愤怒情绪越积越高，就像一座将要爆发的火山。随着帝制活动的急速推进，蔡锷知道劝阻已经不可能，只有实施武装反袁的B方案了。反袁只能从西南起兵，他先邀戴戡10月到北京来参与谋划，自己也开始秘密实施脱身之计。蔡锷虽然在8月25日发起高级将领签名支持帝制，但他在8月23日密电中反对帝制的意思是明显的，而且收电人中有龙济光、陈宧这样的人，他们有可能报告袁世凯。再加上蔡锷与梁启超的亲密关系，袁世凯不可能对他真正放心。梁启超等人打麻将聚赌的障眼法骗得过忠厚老实的严修，却未必骗得过老奸巨猾的袁世凯。10月14日，北京军警忽然闯入蔡锷的住宅，翻箱倒柜搜查，虽然没有找到什么，而且袁世凯事后还枪决了涉事者，但蔡锷知道袁世凯已经起了疑心，必须尽快脱离虎口。

关于蔡锷脱险的过程，有很多近乎传奇的故事。周善培是当时参与密谋的人，他的说法可信度较高。生活向来简朴的蔡锷开始"逛窑子，由吃酒打牌进一步日夜都在窑子里。逛了一个月，袁果然根据监视人的报告，认为松坡堕落了，无大志了，就减少了两名侦探"。这时蔡锷确实生病了，10月底请假住进了日本人开的医院，又"通过病院写张证明书"，说明天津的日本医院"才有这种医疗的设备"。于是蔡锷向袁世凯请病假，离开北京住进了天津的日本医院。[①]

---

① 周善培:《谈梁任公》,《文史资料选辑合订本》第一卷第三辑,125页。

蔡锷11月11日住进天津日本共立医院后,继续向袁世凯上书申请延长假期,并于11月18日秘密离开天津去日本。①他不断寄上呈文向袁世凯请假,并进一步请求在日本治疗,都得到了袁世凯的批准。袁世凯在11月18日批示"准予续假七日"。②11月22日,蔡锷呈文称自己"感受秋燥,虚火上炎,以致喉痛失音,发热盗汗,诸症并作",医生认为"宜择一气候温和之处,静息数月",据此请求"准予续假三月,俾得迁地疗养"。袁世凯批示:"给假两月。"蔡锷11月下旬呈文称"日本天气温和,山水清旷",请求去日本治疗。袁世凯批示同意,"呈悉。一俟调治就愈,仍望早日回国,销假任事,用副倚任。"③

　　双方暗中已经剑拔弩张,但表面功夫都算做到家了,蔡锷赴日本治病形式上也得到了袁世凯的批准。究其原因,一方面,袁世凯意图制造全国一致拥戴的虚假祥和气氛,不希望发生不和谐的意外事件;另一方面,袁世凯低估了蔡锷等人反对帝制的决心,也低估了他们的反对力量,认为他们即使心怀不满,也无能为力。在专制下的"无知之境"中,高高在上的独裁者困居深宫,满耳只能听到歌功颂德,常常是被假象蒙蔽最深的。实际上,蔡锷出走在京城政坛引起了不小的震动,冯国璋的亲信蒋雁行在11月27日给冯的信中报告了蔡锷出走的过程,并且提道:"风闻云南人云,有重要人物致密电该省,唆使人民反对帝制。经详细调查,据电报局云,数十日之前,曾有人用经界局关防发一密电往滇云云。"④袁世凯的亲信王锡彤也在11月30日的日记中写道:"到总统府销假,闻蔡锷已出京。"⑤

　　蔡锷离开天津之前,已经提前派殷承瓛到日本,找到张孝准、石陶钧等人,请他们准备秘密接应,特别强调要避开日本记者和袁世凯的密

---

　　① 参见曾业英《蔡锷与小凤仙——兼谈史料辨伪与史事考证问题》,载《近代史研究》2009(1)。
　　② 骆宝善、刘路生主编:《袁世凯全集》第三二卷,423页。
　　③ 曾业英编:《蔡松坡集》,844—845页。
　　④《蒋雁行致冯国璋》(1915年11月27日),吉迪整理:《大树堂来鸿集》,载《近代史资料》1982(4)。
　　⑤ 王锡彤著,郑永福、吕美颐点注:《抑斋自述》,213页。

探。①蔡锷在天津住院期间，张孝准冒险回国，与蔡锷当面商定了出走计划。蔡锷11月18日乘日本船离开天津，张孝准、石陶钧、杨源濬等在日本门司山东丸船上迎接蔡锷。黄一欧说，蔡锷将预先写好的几封信交给张孝准，"都是寄给和袁世凯最亲近的高级军官的，报告在日游山玩水的行踪，托张旅行日本几个地方，每到一地就投寄一封，表示他仍在日本各地游历。其实，在到神户的当晚，松坡先生就上了另一艘日本轮船，经过上海，南下香港、河内，秘密直奔云南去了。"②蔡锷在香港受到了革命派林虎、钮永建等的接待，他们托张南生密电唐继尧，为蔡锷进入云南铺平道路。③蔡锷逃离京津后，脱离了沉闷压抑的政治环境，秘密会见了革命派和改良派的朋友，感受到大家一致强烈的反袁情绪，信心大受鼓舞。他在12月21日致刘显治电中兴奋地说："出京以后，所闻消息，多为始愿所不及。豫揣成功之速，必不下辛亥之役。"④

在日本、香港接应蔡锷的这些人大多属于欧事研究会。他们是接近黄兴的革命派高级将领，反感按手模效忠的入党形式，拒绝加入孙中山的中华革命党。李根源积极联络众人，以研究欧洲大战为名，成立了松散的革命团体。在1915年春季袁世凯与日本谈判"二十一条"的时候，欧事研究会曾主张暂停反袁，支持政府对抗日本。5月9日，袁世凯在日本最后通牒威胁之下屈辱接受。黄兴等5月21日通电批评袁世凯独裁卖国，再次走上反袁的道路。通电的署名大致反映了欧事研究会的阵容：黄兴、陈炯明、李烈钧、钮永建、柏文蔚、林虎、熊克武、冷遹、张孝准、耿毅、章梓、程子楷、陈强、龚振鹏、赵正平、程潜、李根源。⑤他们都是南方军政界有影响的人物，后来在护国战争中发挥了重要作用。

① 石陶钧：《六十年的我》，《湖南历史资料》（总第十四辑），32页，湖南人民出版社，1981(2)。

② 黄一欧：《护国运动见闻杂忆》，《湖南文史资料选辑》修订合订本第4集，93—94页，湖南人民出版社，1982。

③ 林虎：《我与陆荣廷联系讨袁护国的经过》，《护国讨袁亲历记》，249页。

④ 蔡锷：《致刘显治电》(1915年12月21日)，曾业英编：《蔡松坡集》，847页。

⑤《黄兴等联名反袁通电》(1915年5月21日)，云南省社会科学院历史研究所、贵州省社会科学院历史研究所编：《护国文献》（上），20页。

袁世凯的倒行逆施在留日学生中激起了极大愤怒,他们积极加入各反袁政治派别,并且自己组织起来公开发表反袁宣言。驻日公使陆宗舆感受到革命党、留学生、日本各界中强大的反袁潮流,曾于1915年9月1日发电报告北京,试图劝阻帝制活动:"革党煽动学生开全体大会反对帝制,纷扰殊甚。日报于筹安会情形日有登载,讹诼百出。彼政界某某要人颇有忠告,一谓欧战期内中国不能自生枝节;一谓中国正当有为之总统以图治,不宜无为之君主以误国。""俄、英、法求日联盟,无非以东方问题为交换,我国上下恐惧修省,犹虞不保,尚祈恳劝政客及实力诸公,以爱国爱大总统为前提,稍审实际,无以学理空言贻国家无穷之祸,幸甚!万死上言,乞求代达。"①从此电可以看出,陆宗舆算是当时头脑比较清醒的外交官,直率地发出了警告,但这样的人在政府官员中实在太少。

日本各校中国留学生联合发表了反对帝制宣言:"青岛战役之余波,竟以二十一条之要索,演成五月九日之奇辱。""大创之后,犹不知深自引咎。口血未干,妄念又炽。夫以国势之阽危,至于此极。就令痛自奋发,尝胆卧薪,小心翼翼,以应险象环生、方兴未艾之世变,犹虑强敌伺机,不许我以自全之道,何忍自启祸端,内伤国民之心,外授他人以柄。""回望神州,怒焉如捣。用是再四声告,吾侪认倾覆共和、恢复帝制者为叛国,决意反对。"②袁政府发现很多反袁印刷品从日本流入国内,非常惊恐,连忙于11月4日通电各省将军:"乱党借口国体问题,由日本散寄函件,如假托留日学生界侨商宣言书,及共和立宪同志会布告之类,意图煽惑、挑拨,除饬局禁递外,希即饬属注意,饬属查禁,勿任传播。"③

日本政界消息颇为灵通,他们发现旅日华人和中国南方激烈的反袁情绪,认为有机可乘,试图通过反对帝制谋求在东亚的优势地位。日本首

---

①《陆宗舆电》(1915年9月1日),章伯锋、李宗一主编,闻黎明、李学通编:《北洋军阀》第二卷,1060页。

②《留日各校学生联合筹备会警告国内外同胞书》(1915年),辽宁省档案馆编:《奉系军阀密电》第一册,156—157页,中华书局,1984。

③《统率办事处致各省将军等电》(1915年11月4日),辽宁省档案馆编:《奉系军阀密电》第一册,153页。

相大隈重信在1915年9月初曾对新闻界发表讲话,表示支持袁世凯的帝制活动。但是日本军政界的态度并不一致,政界中同情革命派的人不少,军方对袁世凯的敌意也很深。日本政府发现南方反袁活动增强之后,改变了原来的态度,10月28日由日本公使联合英国、俄国公使提出正式三国劝告。12月15日,日本联合英国、俄国、法国、意大利再次提出五国劝告。但袁世凯已经于12日接受帝位,只能硬撑下去。日本决定支持反袁活动,军方尤其积极,特别派出老牌中国通青木宣纯少将到上海负责联络中国反袁各派。

孙中山领导的中华革命党反袁最为坚决勇猛,他们率先发起了行动。孙中山向上海、广东、广西、江苏、云南、湖南、湖北、河南等省派出了很多使者,尝试策反军队、发动会党,实施反袁暴动。湖北将军王占元11月3日向袁世凯报告:"逆首孙文等借国体问题欲肆大举,且尤注意鄂省。""上月据探报:党首曾耀廷受孙文委任为中华革命军鄂西伪招讨使,在应城组织机关,用白布盖就伪印信符三千六百余张,暗派党匪周洪恩、刘文甫、余子林等分往京山、应山、天门、汉川等县,广收党羽四千余人,并运动军队。"①

11月10日,陈其美派王晓峰、王铭山等人刺杀了上海镇守使郑汝成。郑汝成是袁世凯非常倚重的一员大将,袁甚至认为"异日代冯国璋者,舍郑汝成莫属。而郑之才,非华甫能敌",②因此派郑去镇守反袁势力强大的上海。袁世凯接到郑汝成遇刺身亡的电报后,心理上受到很大打击,头上冷汗直流,伤感不已,对曹汝霖说:"这人勇谋兼全,我寄以东南重任,今竟遇难,淞沪没有镇得住的人,东南半壁,从此多事了,真是断了我的一臂。"③

12月5日,陈其美、杨虎等人又发动夺取海军肇和舰。中华革命党通告称:"上海之役,为第三次革命海陆军突起之一大霹雳,又为各地讨袁军

---

① 《署理湖北军务王占元呈袁世凯电》(1915年11月3日),李希泌、曾业英、徐辉琪编:《护国运动资料选编》(上),56页。

② 袁克文:《辛丙秘苑》,25页,山西古籍出版社、山西教育出版社,1999。

③ 曹汝霖:《曹汝霖一生之回忆》,154页。

最强有力之导火线,此各地报纸所宣传,亦世人所公认者也。"①当日约两百多革命党人在肇和舰官兵的接应下夺取了军舰,并在陆上进攻江南制造局,但在优势敌军反攻下失败。陈其美并不气馁,认为虽然此役"党员被拘去四十余人,伤七十余人,失去枪支百余",但"陆上势力,仍可一用","又闻西南各省,已全成熟,不日即可发动。北方成绩亦佳,袁氏灭亡之期,当不在远矣。"②《中华革命党第十九号通告》豪迈地说:"失败者成功之母,革命事业不畏百次之失败,终图一次之成功。"③

二、梁启超与袁世凯的决裂——公开发表的最后一封信

梁启超有时会显露出革命倾向,但多数时候还是改良主义者。在各派积极酝酿起兵反袁B方案的同时,他仍没有完全放弃和平劝阻的A方案。军事反袁代价巨大,虽然梁启超知道袁世凯很难改变心意,但只要有一线希望,他还是会努力尝试。梁启超后来说:"其时余尚有数函致袁氏,苦词力谏,袁遂不听。但袁方欲收揽人心,不肯兴大狱,余亦居天津租界中,未一次入京,故袁亦无从加害于余,然侦探固日日包围于吾侧也。"④

梁启超在《异哉所谓国体问题者》发表之前,就曾于9月1日致书袁世凯,劝袁谨慎从事:"近顷变更国体之论,沸腾中外,启超愚戆之见,以为滋事本已极危疑,时机尤最宜审择。今之谬倡异论者,徒见其利,未计其害,轻于发难,实恐摇及大局。窃不敢有所瞻忌,辄为一文,拟登各报相与商榷匡救,谨先录写,敬承钧览。"⑤同月,梁启超又写信给总统府机要局局长张一麐与袁世凯沟通,解释《异哉所谓国体问题者》一文是反对筹安会,

---

①《中华革命党本部通告肇和起义失败经过》(1915年12月15日),云南省社会科学院历史研究所、贵州省社会科学院历史研究所编:《护国文献》(上),60页。

②《陈其美致邓泽如报告刺郑汝成及肇和失败情形函》(1915年12月25日),云南省社会科学院历史研究所、贵州省社会科学院历史研究所编:《护国文献》(上),64页。

③《中华革命党第十九号通告》,李希泌、曾业英、徐辉琪编:《护国运动资料选编》(上),60页。

④梁启超:《国体战争躬历谈》,汤志钧、汤仁泽编:《梁启超全集》第九集,422页。

⑤梁启超:《上大总统书》(1915年9月1日),汤志钧、汤仁泽编:《梁启超全集》第二十集,344页。

并非反对袁世凯:"弟前所为文,实深不慊于筹安会之所为,且揆诸古文以道事上之义,不能自安缄默,主座知我深而爱我挚,当不以为罪耳。"①袁世凯对梁启超这两封信似乎都未予回应。

10月7日,梁启超再次致书袁世凯,此时已经是组织国民代表大会告令公布的前夕。梁启超知道袁世凯在一片歌功颂德中自我感觉良好,很难改变态度,这封信写得非常委婉,但劝阻帝制的意思很清楚。他再次解释《异哉所谓国体问题者》一文是针对筹安会:"启超前作此文,本为对筹安会而发。该会既以讨论利害相号召,心所谓危,岂得自安缄默。且我大总统之意向,始终未有所表示,而该会贸然发难,鼓动风潮,使我大总统增应付之艰,尤私心所极痛。深惑不揣绵薄,思以笔舌救万一,区区愚忠,实在于是。"接下来,梁启超表示不再公开反对帝制活动:"默查一月以来,潮流所趋,已在成事不说之列,亦雅不欲止沸扬汤,愈淆民听,行将囊笔,不复有所论列矣。"但是他劝阻帝制的态度并未改变:"窃以为国本之安危不系于国体,而系于政象。今之政象,其不能使人民踌躇满志,固无庸讳言。"最后,梁启超劝袁世凯要倾听逆耳忠言,不要偏信歌功颂德:"外观事变,内查舆情,忧心如焚,几发狂易。颇欲胪列忧危,有所靖献,特以举朝方作颂声,故添笔辄生疑沮。伏唯我大总统虚怀察迩,渊量容众,略能许以不讳,俾得竭其狂瞽,更思援焚谏草之例,为格君心之言。"②

梁启超这封信真是苦口婆心,仁至义尽了。袁世凯对梁启超不再公开反对帝制的表态比较满意,给他写了回信,假惺惺地表示自己是被迫认可帝制活动:"此项问题关于下走,利害关系最大,乃中外交迫,几不容我置喙,惟盼国民大会或有以拯我于危难。"袁世凯把自己的责任推得一干二净,明确拒绝了梁启超的劝诫,下面的话就显得更加虚伪:"尚望时惠箴言,

---

① 梁启超:《致张仲仁》(1915年9月),汤志钧、汤仁泽编:《梁启超全集》第十九集,627页。
② 梁启超:《上大总统书》(1915年10月7日),汤志钧、汤仁泽编:《梁启超全集》第十九集,559—560页。

匦我不逮。如有不便行诸纸笔者，可嘱觉顿转告。"①至此，梁启超对于和平劝阻袁世凯称帝的A方案无法再抱任何幻想，只有与蔡锷一起秘密实行南下武力反袁的B方案，梁启超与袁世凯的关系也再次走向了决裂。

11月18日，即蔡锷离开天津的当天，梁启超给籍忠寅、陈国祥等进步党骨干写了一封空前激烈的信，把对袁政权的决绝态度表达得淋漓尽致，标志梁袁关系走到了最后决裂："一年以来，假面既扬，丑形暴露，凡百政象，众目具瞻，无俟覙举，就令无今兹叛国之举，而听其浸淫腐削，亦终必率全国士夫皆为禽兽，剥全国之氓庶尽成枯腊，长夜漫漫，亦复何望。""吾党夙昔持论，厌畏破坏，常欲维持现状，以图修养，今以四年来试验之结果，此现状多维持一日，则元气多斫丧一分，吾辈掷此聪明才力，助人养痈，于心何安，于义何取。""吾侪自命稳健派者，失败之迹，历历可指也，曾无尺寸根据之地，唯张空拳以代人呐喊，故无往而不为人劫持，无时而不为人利用。今根基未覆尽者，只余此区区片土，而人方日觊觎于其旁。当此普天同愤之时，我若不自树立，恐将有煽而用之假以张义声者，我为牛后，何以自存。幸免于此，而为独夫勠力，杯酒释兵之事，数月后行且立见，傫然为一匹夫，以坐待刲割，噬脐何及。"②

回顾历史，梁启超与袁世凯的关系确实曲折复杂。戊戌维新其间，袁世凯一度支持变法，与康梁有过合作，以至于谭嗣同相信袁有可能为解救光绪皇帝，发兵围颐和园，劫持慈禧太后。但袁世凯告发了围园密谋，导致六君子遇难，梁启超在日本公使掩护下才幸免于难，他自然对袁世凯深恶痛绝。1908年11月，光绪皇帝和慈禧太后先后去世，1909年初摄政王载沣令袁世凯开缺回籍。梁启超得到消息后非常高兴，特别致书肃亲王善耆，一方面表示"元恶已去，人心大快"，另一方面还觉得太便宜了袁世凯，建议"明诏宣其罪状"，"此人罪状之多，实擢发难数"，"彼贼诬君误国

① 袁世凯：《致梁启超书》（1915年10月），王宜恭等总编：《北洋军阀史料·袁世凯卷》(1)，468—470页，天津古籍出版社，1992。
② 梁启超：《致籍亮侪、陈幼苏、熊铁厓、刘希陶书》（1915年11月18日），汤志钧、汤仁泽编：《梁启超全集》第九集，334—335页。

之罪,虽明正刑典,殊不为过","最轻亦宜加以革职、交地方官严加管束。"①可见,梁启超真是恨透了袁世凯,试图鼓动皇室亲贵杀袁世凯,为好友谭嗣同等报仇。

从1912年到1915年,梁启超与袁世凯有三年的政治合作。袁世凯极善于培养私人关系,不仅在态度上对梁启超极为尊重,而且在利益上也给了很多实惠,两人的私交大有改善。梁启超南下反袁后写的《袁世凯之解剖》中还说:"吾与袁氏近数年来,私交尚称亲善,袁氏至今犹费苦心欲引我与彼共事,吾于袁氏历年常尽友谊以相扶相助相匡救,直至一月以前,犹未改此度。"②但是随着袁世凯复辟帝制活动的进行,梁启超对这种奴役人民的倒行逆施无法容忍,公开反对之后又几次私下写信劝阻,结果都归于无效。在1915年12月袁世凯承认帝制之际,梁启超毅然南下反袁,再次与袁世凯决裂。

在军事反袁的B方案中,蔡锷的作用显然更为重要,梁启超必须等蔡锷脱险之后,自己才能离开天津。梁启超后来说:"我为什么一向守在天津不走动呢?头一件,因为办事秘密机关在我家里,我不能走开。第二件,因为我一走动,怕袁世凯加意防范蔡公,蔡公便到不了云南。""我们约定扣准日子,蔡公到云南的时候,我便到上海。我们分手的时候,约定两句话:成功呢,什么地位都不要,回头做我们的学问。失败呢,就死,无论如何不跑租界,不跑外国。"③

12月9日,梁启超估计蔡锷已经安全脱险,也搭船离开天津,计划经大连到上海。京津一带是袁世凯严密控制的区域,梁启超和蔡锷在几个月的密谋中极为谨慎,只有汤觉顿、陈国祥、戴戡、蹇念益、蒋百里等几个最亲密的朋友知情,连家人都没有告诉,小凤仙掩护蔡锷出逃的故事就更

①梁启超:《致肃王善耆》(1909年1月),汤志钧、汤仁泽编:《梁启超全集》第十九集,379、381页。

②梁启超:《袁世凯之解剖》(1916年),汤志钧、汤仁泽编:《梁启超全集》第九集,510页。

③梁启超:《护国之役回顾谈》(1922年12月25日为南京学界全体公开讲演),云南省社会科学院历史研究所、贵州省社会科学院历史研究所编:《护国文献》(上),307页。

不可信了。①梁启超说:"蔡公走了,他家里人完全不知情,天天打电话来问我要人,我只好拿别的话支吾过去。我临走前一点钟,去和我夫人作别,把事情大概告诉她。我夫人说:'我早已看出来了,因为你不讲,我当然也不问你。'她拿许多壮烈的话鼓励我勇气。我出远门,夫人向来没有送过我。这回是晚上三点,她送我到大门口,很像有后会无期的感想。"②梁夫人面临家破人亡的险境,仍能如此镇定从容,令人肃然起敬。

梁启超12月11日到大连后停留了三天,12日给袁世凯写了最后一封信,这一天正好是袁世凯接受帝位的日子。梁启超将此信寄给汤觉顿,托他转交袁世凯,15日再次启程,18日到达上海。梁启超到上海后,得知袁世凯已经接受帝位,仍立即把此信副本交给报纸发表,这是他与袁世凯正式决裂的标志,也意味着梁启超公开打出了反袁的旗帜。22日,上海《中华新报》以《梁任公对于袁氏最后之忠言》为题全文刊发此信,同日上海《申报》也以《梁任公途次上总统书》为题全文刊发。24日天津《大公报》全文转发此信,29日北京《顺天时报》也全文转发此信。

此信保留了士大夫的含蓄风格,但反对帝制的态度非常坚定,而且这次不是针对筹安会,而是直接针对袁世凯本人。梁启超首先批评袁世凯背弃了忠于民国的誓言:"《传》不云乎:与国人交止于信,信立于上,民自乎之。一度背信,而他日更欲有以自结于民,其难犹登天也。明誓数四,口血未干,一旦而所行尽反于其所言,后此将何以号令天下?"接下来,梁启超分析复辟帝制的危险性,劝袁世凯在最后关头悬崖勒马:"内则敌党蓄力待时,外则强邻狡焉思启。我大总统何苦以千金之躯,为众矢之鹄,舍磐石之安,就虎尾之危。""启超诚愿我大总统以一身开中国将来新英雄之纪元,不愿我大总统以一身作中国旧奸雄之结局。"最后,梁启超坚持了民主主义思想家的立场,对袁世凯的专制独裁做出深刻批评:"立国于今

---

① 参见曾业英《蔡锷与小凤仙——兼谈史料辨伪与史事考证问题》,载《近代史研究》2009(1)。
② 梁启超:《护国之役回顾谈》(1922年12月25日为南京学界全体公开讲演),云南省社会科学院历史研究所、贵州省社会科学院历史研究所编:《护国文献》(上),307页。

世,自有今世所以生存之道,逆世界潮流以自封,其究必归于淘汰。""法者上下所共信守,而后能相维于不敝者也。""愿大总统常能以法自绳,毋导吏民以舞文之路。参政权与爱国心关系至密切,国民不能容喙于政治,而欲其与国家同体休戚,其道无由。愿大总统建设真实之民意机关,涵养自由发抒之舆论。"①袁世凯接受帝位几天之后,梁启超就毅然决然公开发表此信,完全是割席绝交的态度,这在当时是需要巨大勇气的。

三、梁启超《上大总统书》写作时间、地点考辨

梁启超1915年12月南下反袁之际写下《上大总统书》,这是护国运动中一份重要的文献,也是梁氏一生饱满酣畅的名文之一。此文鲜明地表达了梁启超对袁世凯复辟帝制和复古倒退的强烈反对,同时也揭示了梁启超对君主制本身和袁世凯本人的复杂态度。这封信当年在上海、天津、北京各大报纸全文刊载,传诵一时,影响巨大。很多关于梁启超和护国运动的论著都以相当大的篇幅引用了这封信,在学界也流传很广。但是关于这封信的写作时间,学界却长期存在着1915年4月和1915年12月两种说法,可惜都未做详细考证,写作地点则多认为南下动身前写于天津。笔者通过深入考辨,确证《上大总统书》写于1915年12月12日,而且并非写于天津,而是写于大连。

1958年,台湾世界书局出版了丁文江、赵丰田编,胡适作序的《梁任公先生年谱长编初稿》,其中将《上大总统书》系于1915年4月,②经过增修、流传最广的1983年上海人民出版社的《梁启超年谱长编》对此也未作修正。③《梁启超年谱长编》是根据原件或抄件编成的关于梁启超的基本史料,且编校质量较高,具有相当大的权威性。很多著述往往稍加辨析

---

① 梁启超:《上大总统书》,汤志钧、汤仁泽编:《梁启超全集》第九集,328—329页。
② 林志钧编,1936年中华书局出版的《饮冰室合集》专集之三十三和文集之三十四两处收录了《上大总统书》,但都没有标明写作时间。
③ 丁文江去世的第二年即1936年,赵丰田完成了《梁启超年谱长编初稿》,仅油印了50部,为征求意见之用,流传不广,1958年台湾世界书局版即根据此稿印成,所以仍称"初稿"。1983年上海人民出版社请赵丰田做了较多的增修,去掉了"初稿"字样。

(仅据信中"省亲南下"四字)甚至不加辨析就沿用此说,比如董方奎《梁启超与护国战争》(1986)、耿云志和崔志海《梁启超》(1994)、陈其泰《梁启超评传》(1996)、董四礼《梁启超》(1996)、董方奎《旷世奇才梁启超》(1997)等。值得注意的是,二十世纪九十年代后期"四月说"似乎更流行了,甚至一些很新的著作比如杨友麒、吴荔明《杨度与梁启超:我们的祖父和外祖父》(2017),李恭忠、苟晨曦《戴戡与护国运动》(2018),吴天任《梁启超年谱》(2018),解玺璋《梁启超传》(2018)仍在沿用这个错误的说法,因此这一问题确有考辨的必要。

1978年,张朋园对"四月说"提出了质疑:"此信在丁编《梁谱》(452—454页)中,谓四月下旬所撰,编者误。按原信又见《中华新报》十二月二十一日,《时报》十二月二十三日。此信当成于十二月十六日前后,及任公抵上海,各报始揭载之。"[1]以后一些学者在提及此信时也采用了1915年12月的说法,如孟祥才《梁启超传》(1980),李华兴、吴嘉勋编《梁启超选集》(1984),李喜所、元青《梁启超传》(1993),杨天宏《新民之梦——梁启超传》(1995)。汤志钧、汤仁泽编辑的《梁启超全集》(2018)是最新的权威史料集,其中三次收录了此信(第九集328页和505页、第十九集560页),但第一次未标日期,第二次错标为1916年,第三次才标为1915年12月中旬,但都未加详细辨析,可见关于这个问题的混乱状态仍在延续,必须加以解决。

(一)内证:信中涉及史实发生在4月以后12月中旬以前

笔者对该信中涉及的多处史实经过辨析,与1915年4月以后12月中旬以前,特别是11月至12月发生的事件一一对应,证实了该信不可能写于4月第一次南下,而只能是写于1915年12月第二次南下之时。

1."友邦责言"

在该信的开头,谈到国体问题的阻力时,首先提到的就是"友邦责

---

[1] 张朋园:《梁启超与民国政治》,85页,台湾汉生出版社,1992。

74

言",这与1915年10月28日英国、日本、俄国三国驻华公使正式向袁政府提出劝告,反对帝制相应。考虑到当时列强在华势力强大,以及袁政府对列强的依赖性,三国劝告无论在袁世凯心中还是在梁启超心中,都具有极大的重要性。梁启超在以后的一些重要文稿中对于三国劝告的提法与这封信是一致的,比如,《云南致北京警告电 代撰》一开始就说:"自国体问题发生,群情惶骇;重以列强干涉,民气亦复骚然。"①又如《云贵致各省通电 代撰》:"自为帝制,卒召外侮。警告迭来,干涉之形既成,保护之局将定。"②因此这封信中所指"友邦责言"应该就是1915年10月底的三国劝告。

反过来说,假如此信是写于4月,则当时正是中日"二十一条"谈判进行到最紧张的时候,帝制活动的暗中进行尚且暂时终止,更没有什么公开的表示,当然更谈不到针对国体问题的"友邦责言"了,所以此说不通。

2."党人构难"

信中提到的与"友邦责言"并列的帝制阻力就是"党人构难"。"党人"一词在民初专指革命党,这当然是指革命党的起事,与1915年12月5日轰动一时的上海"肇和之役"完全相应。12月初"国民代表大会"的国体投票已经接近完成,竟然发生了由著名革命党人陈其美、杨虎等策划的肇和舰起义,而且是发生在中外视听所聚的上海,对帝制的打击之大可想而知。当时全国各大报纸如上海《申报》《神州日报》《中华新报》、天津《大公报》、北京《顺天时报》等都用很大版面加以报道和评论,连篇累牍,逐日深入,一时成为舆论关注的焦点,此后湖北、湖南、广东、安徽等地党人行将起事的传闻几乎无日不有。孙中山先生写道:"上海发难而后,云、贵踵起,竖讨袁义旗,作共和之保障。"③十分恰当地把"肇和之役"称为云贵起

---

① 梁启超:《云南致北京警告电 代撰》(1915年12月),林志钧编:《饮冰室合集·专集》之三十三,1页,中华书局,1936。

② 梁启超:《云贵致各省通电 代撰》(1915年12月),林志钧编:《饮冰室合集·专集》之三十三,3页。

③ 孙中山:《致直鲁晋省革命同志函》(1916年3月13日),《孙中山全集》第三卷,247页,中华书局,1984。

义的先声。梁启超在事件发生几天之后醒目地提到这件事,是非常合理的。

而在4月以前,革命党并无有影响的起义,更不用说是针对帝制的了,中华革命军的组织到1915年夏末才成立,军事活动到下半年才真正展开,所以"党人构难"的提法在4月是写不出来的。

3."全国一致拥戴"

信中尖锐揭露"全国一致拥戴"是弄虚作假,这当然是实有所指。1915年11月下旬,全国各地所谓国民代表解决国体问题投票陆续完成,全部赞成帝制。一千九百九十三名国民代表只差中央代表一百三十四名尚未投票,中央代表由袁世凯直接控制,当然更无问题。一时间劝进的文电如雪片般从各省飞来,全国各地官方舆论充斥着这种如醉如狂的无耻气氛,不满于帝制的地方大吏也不得不屈服于这种压力。比如后来护国军重要领袖广西将军陆荣廷11月24日也发出劝进通电:"各省国民代表大会依法组织,全体一致赞成君宪,并推戴我大总统为中华帝国皇帝,可见人心所趋,天命攸归。名位一日不正,则民志一日不安,时不可失,机贵立断。应恳我皇帝陛下早登大宝,以顺舆情,以维国本。"①不属于北洋系的浙江将军朱瑞11月29日也通电劝进:"近见各省、各特别行政区域投票,罔不赞成君宪,且罔不推举陛下为中华帝国之主,尤征心同意同,不谋而合。"②其他的数以千计,大多类似,就不必一一列举了。

1915年8月份筹安会才成立,才有公开的帝制活动,才有各种请愿团。9月份才有国民会议的说法,10至11月才有国民代表的选举和国体问题的投票,11月下旬才有各省一致赞成帝制的投票结果。4月份国体问题还没有公开,哪里谈得到"一致拥戴"呢。

4.其他的文意证据

信中有"瞻对之期,不能预计"及"去阙日远,趋觐无期"二句,梁启超

---

①中国第二历史档案馆、云南省档案馆编:《护国运动》,131页。
②中国第二历史档案馆、云南省档案馆编:《护国运动》,132页。

4月底南下本是临时的省亲祝寿,从没说过不回京津。他5月3日给女儿梁思顺的信中,不断提到北归的事,而且还要向当局,也就是向袁世凯有所陈述:"吾离粤后,或在沪不甚淹滞,拟速归京,有所陈述也。"①6月下旬,梁启超果然和冯国璋一起北上面见袁世凯,并确实有所陈述,力图遏止逐渐显露的帝制初澜。所以这一句与4月底的情况全不相应,倒是和12月梁南下反袁,生死难料的情景相应。信中还有"国体问题已类骑虎"一句,与4月帝制活动还没有公开的情况全不相符,与12月从各界请愿、各省劝进到全国投票接近完成的情况相应。

此信语气之严厉,措辞之决绝,远远超过写于8月下旬的名文《异哉所谓国体问题者》、9月1日的《致袁世凯函》②和10月7日《致袁世凯函》③。有些话已经是不留一点情面,比如"明誓数四,口血未干,一旦而所行尽反于其所言,后此将何以号令天下?"又如"不愿我大总统一身作中国过去旧奸雄之结局",又如"不愿中国之历数随我大总统而斩"。梁启超不可能在4月帝制活动未公开时写出这样决绝的信之后,又在8月、9月、10月帝制活动公开之后反而写出语气较和缓的文字,这封信只能是12月最后决裂之际写的。

(二)外证:标有"12月12日"的原函抄件、汤觉顿信和各报刊登情况

1.原函抄件和12月19日汤觉顿信互证

袁世凯的档案《洹上存牍》(中国社会科学院近代史研究所抄件)中存有一份梁启超《上大总统书》的抄件,信尾标有写作时间"十二月十二日",这是关于此信写作时间的最直接证据。④

天津市历史博物馆馆藏袁世凯档案中有一封1915年12月19日汤觉

---

① 丁文江、赵丰田编:《梁启超年谱长编》,712页。
② 李希泌、曾业英、徐辉琪编:《护国运动资料选编》(上),74页。
③ 章伯锋、李宗一主编,闻黎明、李学通编:《北洋军阀》第二卷,1028页。
④ 章伯锋、李宗一主编,闻黎明、李学通编:《北洋军阀》第二卷,1029—1031页。

77

顿致袁世凯的短信原件："顷得梁参政启超途中寄来上钩座一书,本拟捧呈,适偶感风寒,头目昏眩,未能恭诣阁下,皇悚莫名,近日时局顷刻万变,梁参政翩然海上,未悉近情,所陈多在成事不说之列,然惓惓孤忠,赤心可谅。叡亦素荷知遇,苟有补时艰,何敢壅于上听,用特由邮递呈,伏愿万几之暇,辄取披览,大局幸甚。"①从此信可以看出,梁启超离开天津后在途中将《上大总统书》寄给汤觉顿,托其代递。汤觉顿是梁启超的密友,时任中国银行总裁,在1915年梁移居天津之后,一直是梁和袁世凯之间的联络人。10月袁致梁的亲笔信中还提道:"因未作复,仅托觉顿代达,尚望时惠箴言,医我不逮,如有不便行诸纸笔者,可嘱觉顿转告。"②但是汤觉顿鉴于12月12日袁世凯已经正式接受帝位,政治形势异常险恶,自己也准备南下参加反袁,所以并未将此信面交,而是托病附上一封短信将其寄给袁。

汤书存于袁世凯档案,说明袁确实收到了梁的信。梁书原件做何处理不得而知,但可以大大加强上引袁世凯档案《洹上存牍》中标有"十二月十二日"抄件的可信性。汤书的时间、提到梁书的内容、梁的行程及当时政治形势,都与1915年12月的实际情形完全吻合。

2. 各报刊登时间皆在12月下旬

上海《中华新报》1915年12月22日以《梁任公对于袁氏最后之忠言》为题全文刊发了这封信(张朋园说是21日,有误),同日上海《申报》也以《梁任公途次上总统书》为题全文刊发此信,两天以后即24日天津《大公报》全文发表此信,七天以后即29日北京《顺天时报》全文发表此信。

可以清楚地看出,梁启超12月18日到上海后托人把《上大总统书》交给上海各大报,同时刊出,然后再逐渐传到天津,再传到北京。《申报》还略加介绍:"梁任公在津养疴日久,昨忽呈请赴美调摄,不俟批出即束装首途各节曾志各报,兹闻任公于赴美途次犹有一书寄上总统,其惓惓不忘故国

① 王宜恭等总编:《北洋军阀史料·袁世凯卷》(1),476页。
② 王宜恭等总编:《北洋军阀史料·袁世凯卷》(1),469页。

之情,盖犹有'庶几改之,予日望之'之微意焉。"①各报均把该信当作12月份刚刚写成的,而不是4月份的旧稿。

(三)"省亲南下"四字可以存疑

仅仅"省亲南下"四个字作为"四月说"的根据是不充足的,但依据现有的材料,确实也无法解释完满,可以存疑。

上海《中华新报》12月18日即刊登了《梁任公赴美养疴之呈报》全文,②梁启超12月18日到达上海,此文17日排印时梁还在船上。此文真伪尚待旁证,但可以说明梁到上海之前,将赴美养病的消息就已传开。北京《顺天时报》12月21日发表《汤化龙驾言出游》一则消息,中有"预拟来岁樱花节后,偕梁任公同赴美洲考察政治云云",③可见赴美的说法可能是梁在津、沪两地的朋友策划的。上引12月22日《申报》也说是赴美养病,12月31日《申报》又发表《梁启超不日出洋》的消息,说"袁总统仍促任公入京界以重任,而任公因急于赴美就医,并往美洲游历,故坚辞不就,不日即须乘轮出洋"。12月28日梁启超派人到特派交涉员公署要求发给游美执照,④编梁年谱的材料里有一份外交部特派交涉员公署兼上海道周某所发护照一张,日期为1916年1月17日。⑤

综上,梁启超在上海公开宣称的离津南下理由是赴美养病和游历,这当然是用来迷惑袁世凯的。可以认为,从梁在《上大总统书》里写下"省亲南下"到"赴美就医"喧腾于报端,中间是有些曲折变化的,或者梁在秘密离津躲在大连写《上大总统书》时,尚不知道朋友们策划的"赴美养病"宣传,到上海后则顺水推舟地承认已经造成的宣传效果。关于具体过程的史料不足,只好存疑,但这不足以动摇此信写于1915年12月而不是4月

① 载《申报》1915年12月22日。
② 《梁任公赴美养疴之呈报》,载《中华新报》1915年12月18日。
③ 《汤化龙驾言出游》,载《顺天时报》1915年12月21日。
④ 载《中华新报》1915年12月31日。
⑤ 丁文江、赵丰田编:《梁启超年谱长编》,728页。

的判断。

（四）《上大总统书》写作地点在大连而非天津

《梁启超年谱长编》说梁启超1915年12月16日乘中国新济轮离开天津，两日后到达上海，[1]诸家著述提到此处基本沿用这一说法。张朋园或者就是据此判断此信写于12月16日前后，但实际上梁启超是12月9日离开天津的。

《梁启超未刊书信手迹》第183号《致梁思顺书》提道："登舟安睡，逾午乃起，船在沽淹留，明晨六时始行，吾决暂留大连，或一游青岛，所至必有信归，勿劳远念。书房卧房中各物速一收拾，免使散乱。余续闻。九日晚寄。"此信编者系日在9月9日，但影印原件信尾只标明日期，未标明月份。[2]

接下来第184号《致梁思顺书》也说："昨日风浪之恶乃为数年来航海之所未经，并吾亦不能起而就食，今已入吴淞口矣，越三时便当登陆，登陆后当即以电闻一切，容续报。十八日神户丸舟中。"此信是用钢笔而不是通常的毛笔写在印有"DAIREN SHANGHAI LINER"的信笺上（DAIREN是"大连"的旧英文拼法），显然是梁启超用"神户丸号"大连——上海班轮客舱中常备纸笔写的，说明梁这次到达上海是从大连起航的。此信编者系日在9月18日，但影印原件信尾也只标明日期，未标月份。[3]

紧接上述两信的第185号就是系日12月19日的《致梁思顺书》："抵沪甚安，现暂寓理查客店。"[4]可以看出，第183、184号信编者系日有误，2018年出版的《梁启超全集》又延续了这个错误。实际上，梁启超1915年离津南下只有4月和12月两次，9月并未出航，梁启超在回忆中很清楚地

---

① 丁文江、赵丰田编：《梁启超年谱长编》，725页。
② 中华书局编辑部：《梁启超未刊书信手迹》，391页，中华书局，1994。
③ 中华书局编辑部：《梁启超未刊书信手迹》，392页。
④ 中华书局编辑部：《梁启超未刊书信手迹》，393页。

80

说自己在谋划反袁期间"一向守在天津不走动"，①所以第183号信述登舟离开天津日期应是12月9日，第184号信述抵达上海日期应是12月18日，这与《国体战争躬历谈》中"余到上海实十二月十八日也"吻合，②且有《申报》广告栏中"神户丸"18日到达上海的消息可资印证。③

12月9日信中"吾决暂留大连"语，证之12月18日信笺印有"DAI-REN SHANGHAI LINER"（大连——上海班轮）、《申报》"神户丸号"18日到港消息，以及梁启超1922年12月25日为南京学界演讲："蔡公走了十日后，我也悄悄地搭船往大连，由大连转上海。"④可知梁12月9日从天津出发赴大连，在大连稍做停留，再从大连出发，12月18日到达上海。

梁启超由大连到上海所乘的"神户丸号"，是日本南满铁路公司租于日本邮船会社的定期班轮，⑤每周往返于大连至上海之间，每星期三正午定时从大连出发，直航上海。⑥18日这一周的星期三是15日，可知梁启超是12月15日正午从大连起程赴上海。轮船15日到18日从大连直航上海，梁启超无法中途寄信，而18日到上海以后再寄，汤觉顿又不可能在19日以前就收到，所以此信一定是15日以前在大连写成并寄出的。天津至大连的航程（218海里）不到大连至上海航程（552海里）⑦的一半，大连到

① 梁启超：《护国之役回顾谈》（1922年12月25日为南京学界全体公开讲演），云南省社会科学院历史研究所、贵州省社会科学院历史研究所编：《护国文献》（上），307页。

② 梁启超：《国体战争躬历谈》（1916年10月），云南省社会科学院历史研究所、贵州省社会科学院历史研究所编：《护国文献》（上），300页。

③ 载《申报》1915年12月19日。另外，《梁启超年谱长编》中提到的"新济轮"确实是同日到达的，可惜梁启超并不在这艘船上。查"新济轮"属于中国轮船招商局，一直航行于"天津——烟台——上海"航线，编者以梁氏从天津出发到达上海，而将梁误系于此船，不过这条航线至少需3天，16日出发18日到达是不可能的。

④ 梁启超：《护国之役回顾谈》（1922年12月25日为南京学界全体公开讲演），云南省社会科学院历史研究所、贵州省社会科学院历史研究所编：《护国文献》（上），307页。

⑤ 郑孝胥：《郑孝胥日记》第三册，1227页，中华书局，1993。所以大连《满洲日日新闻》将"神户丸"列于"满铁定期船"广告，而《申报》到达消息将它列入日本邮船会社。

⑥ 大连《满洲日日新闻》（日文）1915年12月每天都有此广告。

⑦ 《中华人民共和国地形图》，中国地图出版社，1997。

上海一般需要两天,①则天津到大连只需一天左右。②因此梁启超12月
10日早6时从塘沽(或大沽)起航,11日肯定可以到达大连。

　　综合上述材料,我们可以大致重建当时的情景,1915年12月9日凌
晨3时,梁启超在天津家门口与夫人告别,上船后睡下。船行至塘沽(或
大沽)停泊,③直到10日早6时才起航开往大连,11日到达大连。12—14
日三天,梁启超停留在大连,并在12日写成《上大总统书》,寄给汤觉顿请
其转交袁世凯,15日正午从大连乘船出发,18日到达上海。此信写于
1915年南下之前没有疑义,而1915年梁启超南下共有4月和12月两次。
综上所述,信中多处内容与4月的情形完全不符,而与12月的情形相符,
并且有信尾标有“十二月十二日”的原函抄件、汤觉顿致袁世凯的短信和
12月下旬上海、天津、北京各大报发表情况作为有力的证据,虽然信中有
“省亲”二字成为疑点,但作为向袁世凯编造的理由,其落笔本有相当的随
意性,无法推翻由多种证据形成的大局。因此此信写于12月12日是大致
可信的,当日梁启超在大连停留,故此信应是1915年12月12日写于
大连。

　　在袁世凯称帝之际,梁启超和蔡锷拥有很高的地位,过着优渥富裕的
生活,也受到袁氏的很高礼遇。在中国当时的精英阶层,对复辟帝制不满
的人很多,但敢于走出舒适区,拼着身家性命,毅然南下与袁世凯做殊死
搏斗的却很罕见,他们是极少数真正的勇者。春秋战国以前,中国的精英
阶层与英国传统贵族类似,是有独立军队和封地的诸侯,也崇尚勇气和责
任,“二桃杀三士”这个故事生动表现了当年中国精英的刚烈气质。当然,

---

　　① “大连至上海”航线一般只需两天,以1915年12月《满洲日日新闻》与《申报》出发和到港
消息对照,当月“神户丸”8日—10日、22日—24日两次航程都只用两天,唯独梁氏的15日—18日
航程用了三天,与前引梁信中“昨日风浪之恶乃为数年来航海之所未经”相证,可知应该是由恶
劣天气造成的。

　　② 郑孝胥在日记中记载1910年10月19日到20日乘船用一天时间从大连到天津,可作参
证,见《郑孝胥日记》第三册,1283页。

　　③ 当时乘船常常是前一天晚上登船,次日起航,从天津出海的轮船一般都要在塘沽停船装
煤,郑孝胥日记中有多处记载,见《郑孝胥日记》第三册,1258、1281、1287、1329、1352、1431页;当
然“在沽淹留”也可能是在大沽口停船待潮或避风。

这也同样导致了战乱不止,但中国解决战乱问题的方法与西方不同,而是走向了简单的大一统。春秋几百个小国打到战国变成七个大国,最后秦国灭六国一统天下,不再分封拥有军队和领地的贵族,而是建立了中央集权的郡县制帝国。

皇帝一个人集中了一切权力,但是无法一个人治理,于是逐渐发展出通过科举选拔建立的文官系统,也就由此产生了一个新的精英阶层。这个新的精英阶层没有自己的军队和领地,也没有尚武精神,他们完全依附于皇权,实际上是皇帝的高级奴才。虽然他们也拥有一定的地位和财产,但是随时都可能被拥有绝对主权的皇帝剥夺。因此在传统社会的"士农工商"中,"士"虽然是四民之首,但仍然是臣民,不是统治者,是奴才,不是主人。他们当然不可能挑战皇权,制造动乱,这是一个文弱的奴性的精英阶层。

中国文弱的精英阶层在近代民主思想的激励之下,也在努力转化为有独立精神的现代知识分子。梁启超一直羡慕英国和日本出身贵族武士的有勇气、有担当的中坚阶层,他在丧权辱国的"二十一条"签订之后,写下《痛定罪言》这篇伤心之语。其中写道:中国"一般国民,皆最善良之国民,以校他邦,略无愧色"。"大多数最低微之人民,什九皆其善良者也,少数地位优越之人民,什九皆其不善良者也。""官僚蠹国,众所疾首也。谁为官僚,士大夫也。党人病国,众所切齿也。谁为党人,士大夫也。国家何为设官?位置士大夫而已。国家何为费财?豢养士大夫而已。士大夫学无专长,事无专业,无一知而无一不知,无一能而无一不能。""劝百姓以爱国者士大夫也,而视国家之危难漠然无所动于中者,即此士大夫也。"①

梁启超写下这篇尖锐批评本阶级的文章,是希望中国精英阶级痛定思痛,鼓起勇气,承担救国的责任。他在洪宪帝制兴起之后,愤然抛弃温和的改良主义,与拥有可怕权势的袁世凯做鱼死网破的一搏,就是要为中

---

① 梁启超:《痛定罪言》(1915 年 6 月 20 日),汤志钧、汤仁泽编:《梁启超全集》第九集,266 页。

国士大夫争最后一点尊严。士大夫为皇帝当了两千年的奴才,好不容易推翻清王朝,建立了共和国,国家成为天下公器。如果再把国家奉献给袁世凯家族作私产,回去为袁氏王朝当奴才,还有什么脸面立于天地之间,所以梁启超和蔡锷在天津临别相约,如果反袁失败则必赴死,决不亡命海外,决不苟活于人世。

第三章

梁启超上海联络,护国军血战川南

第一节　梁启超在上海联络各派反袁势力

一、初到上海时的紧张状态

1915年12月18日,梁启超到达上海。在上海的七十多天里,他实际上成了护国运动的联络中枢。这不仅由于他反对帝制旗帜鲜明,也不仅由于他自晚清以来积累的巨大声望,还在于他具有复杂包容的政治思想,与从保守到激进的各派反袁势力都有一定交集,都有一定历史联系。

当时国内外反对帝制的势力大致可以分为六派:一是革命派。梁启超在戊戌政变后流亡日本,一度与孙中山思想接近,曾有过合作。虽然后来双方发生激烈论辩,但到辛亥革命前后,梁启超的思想又趋于激进,再次与革命派接近。双方都试图推动中国现代化,有合作的思想基础。二是改良派。从晚清到民国初年,梁启超都是这个派别的主要领袖,这是他最主要的政治基础。三是宣统复辟派。如肃亲王善耆、康有为、郑孝胥、胡嗣瑗等,他们是最保守的忠于清朝的一派。梁启超是科举出身,戊戌变法时期见过光绪皇帝,在海外建立过保皇会。与这些人有一定历史渊源。四是北洋集团内部反对派。梁启超在民初参加政府,担任司法总长,与北洋派内部反对帝制的段祺瑞、冯国璋等都有交往。五是地方实力派,如唐继尧、陆荣廷等。梁启超在思想舆论上影响巨大,在各省都有很多仰慕者,此时他反对袁世凯中央集权,符合地方实力派的利益,双方有合作基础。六是日本反袁势力。梁启超在日本住过十几年,在日本政界高层中也有很多人脉。

梁启超到上海时,袁世凯已经接受帝位,中华革命党也已经在上海发动武装暴动,局势极为紧张。他此时南下,目的不言而喻,自然成为全国瞩目的焦点。梁启超把给袁世凯的最后一封信交各大报发表,继续公开反对帝制,这标志着他在政治上与袁世凯决裂,完全称得上旗帜鲜明。此时中华革命党的上海暴动刚刚失败,其他各派的反袁活动仍在暗中酝酿之中,袁世凯的势力在国内仍是一手遮天,军警暗探密布全国。各派反袁势力在秘密联络的过程中,初期只能信任最亲近的人,不敢向态度暧昧的人表明真实立场。梁启超是公开反对帝制的代表人物,各派都可以信任他态度坚决,至少不会向袁世凯出卖盟友。在"无知之境"的昏暗迷雾中,梁启超相当于一座闪光的灯塔,吸引各派反袁力量聚集在他周围。

袁世凯当然也知道梁启超的重要作用,始终试图派暗探追踪,这给他带来迫在眉睫的人身威胁。但袁世凯并没有专业的特务组织,暗探的人数和效能都有限,先是跟丢了蔡锷,然后又跟丢了梁启超。12月22日,统率办事处密电各省大员,要求追查梁启超的行踪:"梁启超向来主张君主立宪,民国初成,反对共和甚烈。自为阁员,视事太易,似有野心。近又反对君宪,先后两歧。托词而去,不知所之。人谓伊与日相大隈交称莫逆,又与正金银行小田切有师生关系,专为日人鼓吹政策等语。考近日举动,不无可疑,昨闻其分遣党徒赴各省,任意造谣,惑人听闻。""请随时注意,依法查禁。梁启超所到之处及如何举动,请随时示知。"①

在独裁者袁世凯的嫉恨之下,梁启超自然十分紧张。他在12月19日家信中说:"此间之危险,又过于津。""大约惟有一步不出,一杂客不见,免使亲爱之人多增悬念而已。"在12月29日给女儿的信中,他又提到幽居的苦况:"日来所过日于甚可笑,家中既未开爨,每日由远邻送饭两次来,电灯自来水皆未开,吾每日起甚早,起后阅两点钟,乃有水洗面。""房子甚大,居者仅有三人,每日茶水之矜贵殆如甘露,然吾颇觉此境甚乐也。吾一步不出门(不下楼),见客仅限十人以内,然外间消息甚灵通也。""汝两弟宜严禁之,勿使出学校一步,津寓亦宜通知意领,特别保护。"②

周善培在上海接应梁启超,对这时的紧张状态有细致描述,"我同黄溯初(名群)到船上接他",陪同到预定的白渡桥礼查饭店二楼住下。为应

---

① 何智霖编注:《阎锡山档案:要电存录》第一册,186页,台北"国史馆",2003。
② 丁文江、赵丰田编:《梁启超年谱长编》,726—727页。

对袁世凯侦探的威胁,"我就买了两只手枪","随时有几个我以前办广东将弁学堂的学生带起手枪跟着保护我,接任公这一天,也带他们去的。"梁启超在饭店一楼吃过饭,刚要上楼,忽然有人报告特别情况。周善培先上楼查看,"见一个北方大汉穿着呢外套,背着楼口,面盯着任公的房间。"周善培立刻下楼,拉着梁启超走出饭店,"每走三四条马路,就换一次洋车。换了七次,才到极司非尔路我家里住下,一共住了八天,除了日本领事秘密来过一次之外,谢绝一切宾客。到了六天以后,我门口的北方大汉又不断来探望了,我家也不能再住了,于是,替任公租了一所房子在静安路、赫德路口。任公住了几天……""又发现一个北方大汉穿着呢外套,眼盯着任公住的房子。""此次任公到上海,本不想叫英捕房知道,现在危急了,不能不通知它。于是我就到英捕房去,请他们派遣两名巡捕来日夜轮流看门。"①

梁启超之所以不想让英国方面知道,却见了日本领事,是因为袁世凯一向亲英,甚至在英国购置房产,英国公使朱尔典与袁世凯也有深厚私交。英国对袁世凯比较支持,敌视反袁势力,而日本则支持反袁势力。但在袁世凯的威胁之下,梁启超却不得不住进英国租界,请求英国巡捕的保护。梁启超天津的家在意大利租界,他在家信中也特别提到要通知意大利领事,请其派人保护。

二、一封不实电报,触发云南提前起义

梁启超在上海联络的最重要方面当然是云南。蔡锷、李烈钧等已到云南,与唐继尧等滇军将领一致决定起兵反袁。蔡锷的计划是等军队推进到四川后,再由云贵两省宣言公开讨袁。这样袁世凯就来不及调集军队增援,在四川军民的响应之下,护国军很可能一举拿下四川。四川的人口和资源远超过云南、贵州,合云贵川三省之力,护国军就有了强大的实力基础。

但是梁启超刚到上海,冯国璋方面就传来消息。冯被任命为参谋总

---

① 周善培:《谈梁任公》,《文史资料选辑合订本》第一卷第三辑,125—126页。

长,可能调离南京,自身地位危险,希望云南方面尽快发动,南京可以立即响应。同时,袁世凯政府也在外交上积极努力,洪宪帝制有望得到各国的承认。于是梁启超12月20日通过南京将军府发电到云南,催促提前发动反袁。云南方面看到电报从南京将军府发出,认为冯国璋已经决心反袁,不必再等待,于是12月23日发出了震动全国的反袁通电。但梁启超后来发现,这很可能是冯国璋的幕僚胡嗣瑗和潘若海自作主张,并不是冯国璋的真实意思,冯并没有立即响应。不过冯国璋确实与张勋等直捣昆明的激烈主张明显不同,他在1916年1月1日密电各省主张和平解决:"滇省险阻异常,用兵颇难制胜,揆之国中情势,此时尤不可轻启战端。国璋昕夕焦思,总期和平解决,倘设法消弭,则保全不仅一隅。"①袁世凯方面似乎也觉察到了胡嗣瑗在南京的危险作用,1916年1月10通过政事堂发令,免除了他在南京的职务,"调京交内务部酌量任用"。②梁启超失去了通过将军府发电报的渠道,邮局审查更严,他与云南联系的快速通道至此中断,只能让最信任的人千里迢迢带信去云南。

梁启超在1916年1月8日给蔡锷的第一封信中,首先就表示歉意:"吾今所首宜请罪于诸公者,则在前托宁代发之咢电。其时大树将军方有参谋总长之命,自危甚至,适吾方至,彼以人来言,盼滇速起,彼当立应。""吾为东南大局计,故徇其请。电发后,旋派溯初两次往与接洽,见其衷心,虽甚愤懑,然殊持重。且徐州(徐铦其可厌)似尚未有所决,以故至今不敢发。此公虽知大义,而极寡断,吾恐其为曹爽也。以东南大势论之,大约非俟西南更得数省响应后(都中有变当别论),不能有所动作。固由彼等所处地位较险艰,不足深责,抑其国家观念亦自有不能尽与吾辈从同之处也。缘此亦可见西南责任之重大,国家存亡,系此一片土而已。二十一日尊电言,二十日内揭晓。其改早之故,想是因吾咢电,不审曾缘改早而生军事计划之支障否?(此书方写成适得日本来书,言滇若缓发一星期,

---

① 何智霖编注:《阎锡山档案:要电存录》第一册,269页。

② 《胡嗣瑗调京任用令》(1916年1月10日),骆宝善、刘路生主编:《袁世凯全集》第三四卷,83页。

则对日交涉已妥协,然则速发终是幸事也。)果尔,则吾罪真末由自赎。"①

此信中"大树将军"是指冯国璋,他受袁世凯多年恩惠,要他像梁启超和蔡锷一样即刻起兵反袁,未免脱离实际。何况如信中所说,他的国家观念也与梁启超等有很大差别。冯国璋、段祺瑞等人虽然反对帝制,但是受到北洋集团传统知恩图报等道德观念的约束,最多只能做到坐观成败,不为袁世凯出力而已,要他们起兵反袁,甚至很难说服他们的部下。1925年,郭松龄反奉失败也是大致同样的原因,对于缺乏现代政治思想的士兵们来说,吃老张家的饭,不能打老张家,郭松龄背叛恩主,是很不道德的行为。更何况,冯国璋手下兵力不算雄厚,北方徐州有张勋的定武军,西方安徽有倪嗣冲的安武军,东方上海有杨善德第四师和卢永祥第十师。任何一个方向的军队实力都不在冯国璋之下,冯在三面威胁之中也不敢轻举妄动。

至于提前发动到底是利还是弊,确实不容易判断。黄兴在1915年11月26日给张孝准的信中,提出的第一条意见就是:"发难须急,缓则狡猿用他种手段,去其反对势力后,更难着手。"黄兴的第二条意见仍是尽快发动的意思:"发难不必择地,即印兄所主张之滇、粤均可。因割据一二省,响应必起,袁贼财政,即生缺陷,此可制袁之死命。"黄兴还特别提醒:"冯某未尽可靠,当有先防之心。若能得彼部下同情,即急起拥戴之,彼亦无所逃。"②孙中山、陈其美领导中华革命党刺杀郑汝成,发动肇和舰起义,也都是"发难须急"的意思。

当时袁世凯称帝似乎已经大功告成,各国政府多已准备承认。美国公使芮恩施说:"俄国和法国公使已私下表示可以承认。德国和奥地利公使赶忙向袁氏表示祝贺。""大多数北京的外国代表都有意在一月一日(1916年)正式公布帝制时承认这个体制。外国人纷纷给这位已经当选但尚未登基的皇帝(已称大皇帝)发来热忱的,有时是过分赞扬的贺电或

① 丁文江、赵丰田编:《梁启超年谱长编》,737—738页。
② 黄兴:《致张孝准书》(1915年11月26日),云南省社会科学院历史研究所、贵州省社会科学院历史研究所编:《护国文献》(上),22页。

贺信。"①云南推迟发动,滇军固然可以准备更加充分,但是袁世凯的帝位同样也可能更巩固。在袁世凯称帝之初,就先声夺人,发动起义,揭穿全国一致拥戴的谎言,可以沉重打击帝制派的气焰,坚定全国反袁势力的决心。

三、联络南京冯国璋,初期并不顺利

梁启超在给蔡锷的第一封信中,特别强调反袁各派势力的大联合,认为自己的主要任务是在上海联合各派反袁势力,其中联络坐镇东南的冯国璋和日本军政界的反袁派尤为重要,所以暂时还不能去云南。梁启超说:"辛亥以还,苟非吾侪党派轧轹,意气相陵,何至两败俱伤,使夫己氏匿笑而坐大。""海上民党方努力从事于大合同,其大部分之有力分子,既有耦俱无猜之感。""窃谓凡是不从一身或一党派之利害上打算,则天下断无不可调和之意见。""承诸贤三次联电相召,恨不即飞越关山,就参帷幄,唯熟审现在情形,实不宜遽行离沪。其一,则东南诸镇,今方蓄力待时,而多与此间密通声气,仆若他行,则各方机局松弛不少。""其二,则此后外交实为国命所系,仆虽无外交才,然言论举动尚足为外人所重。""仆窃认此二者为我躬现时最重之任务,未能舍去,若至时局发展稍可抽身,自必执鞭遄征,以从诸君子之后也。"②

唐继尧在通电宣布云南独立后,也认为以冯国璋为首的东南诸镇是决定护国战争成败的关键。云南代表李宗黄到达上海,立刻找到梁启超,希望通过他与冯建立直接联系。唐继尧在1916年1月给梁启超的信中说:"方今举动一致,惟有滇、黔,陈氏在川,尚思支柱,龙、陆态度,亦未分明。此于大局,尤非重要。但长江下游,一有动摇,全局立可解决。""先生一言重于九鼎,之数子亦早已倾心,乞速定策发谋,相为声应。"③由此可见,唐继尧对通过梁启超影响冯国璋寄予很大希望。梁启超请黄群安排

① [美]保罗·S.芮恩施:《一个美国外交官使华记》,141页。
② 丁文江、赵丰田编:《梁启超年谱长编》,738—741页。
③ 《唐继尧致梁启超函》(1916年1月),李希泌、曾业英、徐辉琪编:《护国运动资料选编》(上),149页。

李宗黄认识胡嗣瑗,通过胡见到冯国璋,把唐继尧给冯的信面交。

李宗黄面见梁启超留下深刻印象:"初谒梁启超先生于其上海公共租界静安路寓邸。""梁氏举止洒脱,出语肫挚,态度极为谦和和诚恳,实在是令人既爱且敬,仿佛有一种宛如发乎他笔端的魔力。""梁启超先生与我接席长谈,畅论川滇军事,我便相机提出两个问题:第一是我将如何潜入南京,劝促冯国璋响应云南首义,讨袁护国?为此我曾向梁先生力陈冯国璋雄踞东南,举足轻重,我并强调唐将军对我的指示:'此事如能成功,不啻为护国义师,平添十万大军,成败绝续,在此一举。'梁氏方听完我的这一席话,便目光闪闪,戄然而起,神情亢奋地说道:'这件事很容易办,不但我和华甫(冯国璋的别号)太熟,而且反袁称帝,立场一致,尤其在华甫幕中,还有两位反袁最力的人物。'""我和梁先生朝夕过从,无话不谈,渐渐地使我对梁先生衷心敬佩,无以复加,因为我发现梁氏腹笥之广,学问渊博,当代几于无人可及,他是不世出的天才,智慧超人一等,而且志向远大,目光如炬。"①

但冯国璋让人失望了,在袁世凯势力威压和旧道德的约束之下,他虽然对帝制心怀不满,但不仅不敢立刻响应云南,最初连云南代表李宗黄都不敢见。梁启超在给蔡锷的第三封信中骂道:"冯华甫可谓竖子不足与谋。最近一两日间殆已失其自由,其幕下参与大计之诸贤已悉被伪政府驱逐而不能庇。恐此公为段芝泉之续不远矣。吾屡警告以当断不断反受其乱,彼不能用,是以及此。盖可信意志不强者不足与共大事。惜乎此公质美未能闻道也。今东南大势视数月前正剧变,同人应变之方约分三派:急进派主张直从下起,不顾成败,但求助西面声势,使敌狼顾不敢分兵西指;慎重派主张仍酝酿不动,以待此中之变,但使华甫一日不离宁,则终有可以利用之一日;折衷派则拟由彼军队拥协使起,若办不到,则仍勿动。吾颇袒后说。""张勋最猾险可恶。尊处发与南京、徐州、南昌、南宁四镇之

①李宗黄:《李宗黄回忆录——八十三年奋斗史》(二),132—134页,中国地方自治学会,1972。

密电,三镇皆秘守;惟张独以告密于北京。"①在1916年1月21日给蔡锷的第四封信中,梁启超重申了他的看法:"东南诸镇,真是朽骨,今惟观望成败而已,乃至桂帅亦同此态,良可浩叹。大树已成曹爽,今无复可望,江、浙间从下暴动,尚非不可能,乃胜算初无一二,吾力持不可,盖即此微微之势力,得之亦不易,何可孤注一掷。"②

四、各派反袁势力大联合

在反对袁世凯称帝的大旗之下,政治立场差别极大的几个派别实现了大联合。宣统复辟派反对洪宪帝制也非常积极,与革命派、改良派、地方实力派相比,毫不逊色。早在袁世凯正式称帝之前,大约是在1915年11月,郑孝胥就鼓动革命派扔炸弹破坏国民代表大会投票会场。前清遗老与革命志士这两种截然相反的人走向合作,颇有点诡异色彩。四川革命派将领但懋辛与郑孝胥在中国公学曾经共事,但懋辛回上海参加反袁时,有一天刚好在郑孝胥家门口遇到。但懋辛说郑孝胥把他拉进屋,问道:"方才送出去那位客人你认得否? 我答不认识。他说那是孙洪伊,才从南京回来,特向我说袁世凯急于要做皇帝,已下令各省于今年十二月前召开代表会议,以投票方式强迫赞成君主立宪。""孙洪伊说冯国璋不赞成,王士珍、段祺瑞等内心也是反对的,你们革命党是根本反对帝制的,南京不久就要开会投票,你何不联络同志,届时去扔炸弹破坏会场,俾冯国璋有所借口,劝袁终止称帝?"③12月12日袁世凯正式接受帝位,郑孝胥怒不可遏,他在12月16日的日记中恨恨地写道:"观之使人眦裂发指。"④

梁启超联络冯国璋,从南京发出给云南的电报,主要靠将军府中两个宣统复辟派人物胡嗣瑗和潘若海。他们就是梁启超对李宗黄说的冯幕中"两位反袁最力的人物",也是在给蔡锷信中提到的"其幕下参与大计之诸

---

① 丁文江、赵丰田编:《梁启超年谱长编》,745页。
② 丁文江、赵丰田编:《梁启超年谱长编》,749页。
③ 但懋辛:《护国军入川及四川招讨军司令部的设立》,《护国讨袁亲历记》,139—140页。
④ 郑孝胥:《郑孝胥日记》(1915年12月16日),1589页。

贤"。胡嗣瑗是最坚决的宣统复辟派之一,他后来在1917年张勋复辟时被任命为内阁阁丞,1924年溥仪被逐出紫禁城后仍追随左右,最后在伪满洲国任政府秘书长。梁启超派黄群三次去南京,都是通过胡嗣瑗见到冯国璋。潘若海是万木草堂弟子,算是梁启超的同学,他此时支持老师康有为的宣统复辟立场,反对袁世凯称帝,梁启超是通过潘若海才认识胡嗣瑗。在两人之中,胡嗣瑗的作用更大一些。冯国璋把这两个人放在幕府中担当重任,说明他仍保持了自辛亥革命以来忠于清朝的政治倾向。

黄群是梁启超与冯国璋之间的主要联络人,他后来在给丁文江的信中说胡嗣瑗和潘若海等"反对项城全属自动,且恐吾人或不反对,而使彼等失其助力,盖其倒袁之动机,与吾人大不相同"。黄群认为,梁启超触发了云南提前起义的那封电报,胡嗣瑗从中做了手脚:"当时任公与胡之关系,若海牵线,若海亦当时冯之幕友也。惟胡为冯之秘书长,颇有实权,其经手代任公所发之电,颇有为冯所不知者,后闻任公第一次致松坡之电,似冯未之先知,而为胡所代发者之一也。""胡之反袁,当时冯已否深知其故,虽不敢断言,然冯、胡反袁原因之大不相同,则可断言也。"①黄群的说法很有道理,联系到后来冯国璋犹豫不决的态度,云南起义他立刻响应的电报,不可能是他同意发出的。很可能是胡嗣瑗和潘若海为了宣统复辟的目标,急于催促云南起兵反袁,背着冯国璋发出的,他们甚至有可能篡改了梁启超的电报。胡嗣瑗和潘若海反对帝制的急切心情,和鼓动革命派扔炸弹的郑孝胥是一样的。

必须说明的是,划分各个派别,主要是为了叙述更有条理。实际上,历史是很复杂的,具体到每个人属于哪个派别,并不是那么清楚。以当时地位举足轻重的冯国璋为例,他既是地方实力派,又是北洋集团内部的反对派,同时又与宣统复辟派有密切联系。梁启超与冯国璋之间的联络人黄群认为,冯国璋反袁的动机是他自己的总统梦。黄群说:"弟每次见冯,必与胡先行接洽,以为进言之预备,至所言之最足以动冯者,不外总统则

---

① 丁文江、赵丰田编:《梁启超年谱长编》,754—755页。

终有一日可以及,彼若为帝制,则彼终为人下而已。""总之,冯之所以肯为任公代致蔡电者,其根本原因在其自身之总统梦。"①

但事实也许并不像黄群说的那样简单,冯国璋在辛亥革命期间就对清朝非常忠诚,坚决反对清帝退位,与袁世凯产生了较大分歧,被袁调离武汉前线。袁世凯巧妙利用满洲旗人对冯的信任,让他统领禁卫军。禁卫军约一万人,绝大多数官兵都是八旗子弟。他们装备精良,驻防北京,激烈反对清帝退位,如果变生肘腋,对袁世凯来说是很危险的。冯国璋当时亲赴西苑兵营,在广场"召集全军官兵,自登高桌,向众高声宣布大清皇帝辞位之后之优待条件及优待满蒙条件,内并有禁卫军额数俸饷仍如其旧之语,云非此不能保全皇室,并任众发言质问。冯说敢以身家性命担保,尊号仍存不废,让权不让位,两宫保全,及禁卫军待遇皆担保到底;无论个人调任何职,必仍以禁卫军自随;并声明自己决不与革命党往来,倘发现有言行相违之处,准许本军之人随时枪杀"。"于是此一场大风波,乃得平安渡过。""冯直至民元八月,其所存之发辫,尚保留未剪;其时高级将领,除张勋外,固无一不去辫者。"②冯国璋后来确实遵守了诺言,他到南京时把禁卫军改编为十六师带在身边,这是他的基本部队。一个人的政治立场,常受多种因素影响,冯国璋反对袁世凯称帝,或许不仅来自他的总统梦,还来自他一贯忠于清朝的立场,大概也与他的基本部队十六师的政治倾向不无关系。

周善培是护国时期与梁启超最亲密的合作伙伴之一,他的政治倾向也很复杂,简直难以划分。这在张勋复辟时周善培与梁启超的辩论中表现得很充分,当时梁启超找他参加段祺瑞的马厂誓师,周善培拒绝说:"南海要复辟,请我参加,是错认我也遗老,而不知辛亥我替四川人争路是想维持大清延长几年寿命。清政府不以为德,反把我革了职,我是同大清情断义绝了的。""我不参加段讨复辟。""段是辛亥最后的两湖总督,该不该

---

① 丁文江、赵丰田编:《梁启超年谱长编》,755页。
② 恽宝惠:《辛亥冯国璋接统禁卫军后的活动》,《文史资料选辑合订本》第三卷第九辑,102页。

讨复辟,他还需考虑;你该不该参加他的讨复辟,你更得考虑。"梁启超反驳说:"不讨张勋复辟,我们讨袁就无意义了。"周善培说:"我们讨袁是替大清讨袁,不是替民国讨袁。革命党推翻清朝是对的,袁世凯始而利用革命党推翻清朝,已经该讨,又进一步推翻共和政体,自己作起皇帝来。""讨袁,革命党该做,我们也应当做;讨张复辟只该听革命党去做,不必我们做。"①从这段对话可以看出,周善培并不是从政治思想的角度来反袁,而是从个人恩义的角度来反袁,认为袁世凯先背叛了清朝,又背叛了民国,所以忠于清朝和忠于民国的人都该讨伐他。周善培的这种思维方式和道德观念在当时是很有代表性的,这也解释了为何袁世凯众叛亲离,成了孤家寡人。

当时在上海确实出现了各反袁势力的大联合,梁启超与新旧各派势力都有关系,实际上成了护国运动的联络中枢。但是不容否认的是,各派本来就有分歧,即使在合作之中,矛盾的阴影就已经出现。康有为在民国初年坚持宣统复辟,与梁启超已经渐行渐远,在反对洪宪帝制中,师生站在同一战线,但却未能相处融洽。梁启超刚到上海,就在12月19日第一封家信中抱怨康有为的干涉:"最纠葛者,南佛闻我至,(吾未往见,适因昨日下午彼召静生往,不得不告之。)昨日半日中三次遣人来强迫我迁往彼处(夜十一时尚遣来下严厉之训令),吾为此几与决裂,可恼亦可叹也。"②梁启超好久都没去见康有为,直到袁世凯死后,梁启超从广东返回上海,才在周善培的疏通下师生相见,但也是不欢而散。"任公叩了几个头,南海也不还礼。虽没有十分责备他,但始终是怒气未息。谈了不到一点钟,两师弟就相对无言而散。从此,康、梁就神离貌也不能合了。"③

梁启超在上海期间,与革命派也有联络。章士钊在晚清是革命派,在民初却立场比较独立,与各派都有交往,他是梁启超与革命派之间的联系人。在章士钊招待梁启超的家宴上,革命派将领程潜见到了梁。程潜表

---

① 周善培:《谈梁任公》,《文史资料选辑合订本》第一卷第三辑,128页。
② 丁文江、赵丰田编:《梁启超年谱长编》,726页。
③ 周善培:《谈梁任公》,《文史资料选辑合订本》第一卷第三辑,127页。

示对梁氏《异哉所谓国体问题者》非常佩服,但是在讨论将来的国家方向时,二人却产生了分歧。程潜认为:"倒袁是不成问题的。重要的是,倒袁之后,应该有一个主义为建设国家之准绳,对袁氏所遗留的北洋军队要迅速收拾,这倒是两个极关重要的问题。"但梁启超显然并不同意这种彻底解决北洋派的激进主张,但他也并不想在合作期间展开争论,而是回避了这个问题,说:"现在不好刻舟求剑,因为剑虽然沉沦在此地,舟是随时移动的,将来只好就事办事。"程潜见梁氏回避争论,也"不好再作深谈",好在双方在起兵反袁上志同道合,暂时搁置了分歧,这次宴会总算"宾主尽欢而散"。①

五、反袁势力与日本的联系

当时欧美强国困于欧洲大战,日本是远东最强大的势力,而且明确反对洪宪帝制。反袁势力当然希望得到日本的财政和军事援助,因此日本也是梁启超联络的重要方面。梁启超刚到上海,没有会晤其他外国领事,而是单独会晤了日本驻上海领事。在1916年1月给蔡锷的第二封信中,梁启超提到准备给日本政界重要人物大隈重信、松方正义、犬养毅等写信,并准备派范源濂或汤觉顿去日本,自己也计划抽空"亲往一行",可见他对联络日本是非常重视的。②

1916年1月初,岑春煊也到了上海。他多年来一直是袁世凯的劲敌,是各派都能接受的反袁领袖。岑春煊是清末政坛巨擘,因庚子护驾有功,深受慈禧太后信任,历任两广总督和四川总督,在广东、广西、四川等地都有很大影响。岑春煊在两广总督任上,为平定匪乱,"拔龙济光、陆荣廷于偏裨卒伍之中,皆成名将",③对广东龙济光和广西陆荣廷都有知遇之恩。他似乎没有系统的政治思想,其最突出的政治立场就是反对袁世凯,甚至可以说与袁世凯的私人恩怨就是他的动力。岑春煊自己也说:"共和、民

---

① 程潜:《护国之役前后》,《护国讨袁亲历记》,6页。
② 丁文江、赵丰田编:《梁启超年谱长编》,743页。
③ 岑春煊:《乐斋漫笔》,24页,中华书局,2007。

主、宪政，我一概不懂，只要打垮北洋，我就退隐，其余都是你们青年的责任。"①他参加了1913年的二次革命，失败后流亡到南洋。洪宪帝制发生以后，岑春煊"亟思归国，以生命与袁搏"。李根源等最初以准备未周，请他缓行，他很坚决地说："事已至此，不归何待，当以一死自誓，尚何徘徊审顾。"②在护国运动中，岑春煊以其丰富经验和深厚人脉，发挥了重要的领导作用。岑春煊秘密到上海后，由于其在国内外都有很高声望，众人商量由他带张耀曾、章士钊东渡，去日本争取财政军事援助。

梁启超自己也准备去日本，但后来因故未能成行。他在1月21日给蔡锷的第四封信中说："外交界消息极佳，日本公然拒绝卖国专使，闻三次警告，不日将提出。""日本刻意联络吾党，(青木少将特派驻沪，专与吾党通气，日内便到。)饷械皆有商榷余地。"梁启超准备1月28日动身去日本，然后转道去云南。③但是由于在上海责任重大，后来梁启超并没有动身赴日，而是于1月28日给犬养毅写了一封信，派周善培持信去日本联络。梁启超在信中写道："犹记辛亥深冬，我公冒病西渡，在神户相见，促膝密语。公极言袁氏之必毒中国，忠告南军，勿养虎以遗患。机先远瞩，令吾曹深愧斯言也。比已至图穷匕见之时，下走乃不能不更思所以自忏，乃与门人蔡君锷共谋申讨，规画数月，联络各派，筹策万全。今西南局势之进展，略如前此所预期，东南各方部署亦日益进。""贵我两国唇齿之势，在今日所期于患难相扶者。""非我公心力之雄，器识之远，其孰能与于斯。周君善培，仆之畏友，而与公有旧，特托渡谒，代陈鄙怀。"④

早在蔡锷到日本的时候，就已经给参谋本部的嘉悦大佐留了亲笔信，请杨源浚和王辅宜持信与日本军方商谈援助两师军火事宜。嘉悦大佐是蔡锷留学日本时期的同学，与蔡锷私交颇好，又曾受聘在云南讲武堂任教

---

① 王辅宜：《护国军起义时期与日本密探借款购械的内幕》，《护国讨袁亲历记》，103页。

② 李根源口述，刘寿朋笔记：《护国军始末谈》(1917年)，云南省社会科学院历史研究所、贵州省社会科学院历史研究所编：《护国文献》(下)，661页。

③ 丁文江、赵丰田编：《梁启超年谱长编》，750—751页。

④ 丁文江、赵丰田编：《梁启超年谱长编》，752页。

官,他此时是主管中国事务的参谋次长田中义一的直接下属。王辅宜等与嘉悦大佐初次接触并无结果,嘉悦收下蔡锷的信,但表示为难。云南起义之后,日本军方立刻积极起来,嘉悦主动找王辅宜等了解情况,田中义一也主动约见他们。岑春煊、张耀曾1916年1月到日本后,代表反袁方面与嘉悦开始正式谈判。日本要求以云南全省矿权做抵押,但岑春煊坚决不同意,于是双方的谈判陷入僵局。①

3月7日,日本内阁在陆军势力推动下正式做出推翻袁世凯的决策。阁议称:"帝国所执方针为在中国确立优越之势力。""袁氏在中国之权威不免为帝国达成如上目的之障碍,为遂行前述帝国方针,必须让袁氏自中国势力圈脱退,何人取代袁氏,无疑要比袁氏对日本更有利。""为使袁世凯从中国势力圈内脱退,以让中国自身做成其情势才是上策。"②日本内阁决议后,立刻加大了对反袁势力的支持,但日本官方碍于外交惯例不便直接出面,主要以私人借款方式提供资金。3月10日,孙中山、王统一、戴季陶与竹内维彦、中山说太郎签订借款合同,日方承诺提供没有明确数额的"必要资金",中方承诺给日方四川、湖南、湖北、安徽、云南五省矿山收买的优先权。③同月,肃亲王善耆与速水笃太郎签订合同,日方承诺借款一百万日元,年利率百分之七,以土地、山林、牧场、矿山、水利为担保。④3月20日,岑春煊、张耀曾与竹内维彦签订合同,日方承诺借款一百万日元,但中方成功之后需要归还,中方承诺将来日方申请在中国各种事业,给予"好意的考虑"。⑤

日本军方还特别派出青木宣纯中将到上海,负责与反袁各派势力联系。青木被认为是日军中第一位中国通,是元老级的日本驻华军事间谍,

① 王辅宜:《护国军起义时期与日本密探借款购械的内幕》,《护国讨袁亲历记》,99—104页。

②《内阁决定》(1916年3月7日),转引自唐启华《洪宪帝制外交》,304页。

③ 唐启华:《洪宪帝制外交》,306页。

④ 章伯锋译,邹念兹校:《日本与宗社党的关系》,《近代史资料》第三十五册,159页,知识出版社,2006。

⑤《岑春煊借日款之契约书》(1916年3月20日),章伯锋、李宗一主编,闻黎明、李学通编:《北洋军阀》第二卷,1309页。

后来活跃于侵华战争的著名日本特务大都受过他的培训。他先是在北京担任公使馆武官,后来参与袁世凯编练新军,与袁氏私交不错,对北洋派有很深的了解。在日俄战争期间,他还在袁世凯的帮助下去东北组织反俄游击队,与奉系的不少元老都有交往。1916年初,他却是袁世凯的危险敌人,在上海给各派反袁势力提供了很多帮助。他的助手矶谷廉介少佐是他的女婿,是日本军方中国通的后起之秀,后来在抗日战争中担任进攻台儿庄的第十师团长,又在日军占领香港期间担任总督。

云南代表李宗黄到上海的主要使命是联络坐镇南京的冯国璋。但袁世凯已经发出密令,李宗黄一出租界就有被就地正法的危险。他通过陈其美见到青木宣纯和矶谷廉介,请求帮助。2月15日,李宗黄穿上日本军装,伪装成日本军人,在矶谷廉介护送下乘日本军舰到达南京,这才终于见到冯国璋,面交了唐继尧给冯的亲笔信。冯国璋看过信后说:"唐都督、蔡总司令他们很了不起。关于大总统闹什么洪宪登基,打从头我就不大赞成,不过碍于我们都是大总统的人,不便作公开的表示。唐都督信里的意思,我已明白,至低限度,我这边的队伍是决不会开去跟护国军打仗的。这一点,你请唐都督尽管放心。"李宗黄乘机对冯国璋展开心理攻势:"唐都督一再的命我面陈大帅,大帅是军界的领袖,一方之重镇,将来护国军起义大功告成,袁大总统退位,黎副总统正位以后,出缺的副总统一席,唐都督保证联合起义各省,拥戴大帅出任。"据李宗黄说,冯国璋听到这些,"脸上掠过一层喜色。"① 云南与南京建立直接联络,是影响护国战争成败的一件大事,日本军方在其中发挥了特殊的作用。

六、上海的反袁舆论战

1915年底云南起义,贵州并未立刻响应。一个月后贵州宣布起义,但云贵两省力量仍然非常有限,护国军显得势单力薄、孤立无援。通过舆论宣传号召更多人起来反袁是成败的关键,舆论战是护国战争的另一个

---

① 李宗黄:《李宗黄回忆录——八十三年奋斗史》(二),140—143页。

重要战场。上海是反袁舆论战的主要策源地,这一方面是因为上海原本就是中国的新闻出版中心,各种资源都是其他地方无法比拟的;另一方面,上海的外国租界也为反袁媒体提供了一定程度的保护。

反袁派的主要喉舌是《时事新报》和《中华新报》。《时事新报》与改良派关系较深,主笔为黄群;《中华新报》与革命派的欧事研究会关系较深,主笔为谷钟秀、杨永泰。帝制派则创办了《亚细亚报》上海版,与反袁派展开舆论战,袁政府还通过各种军警机关查禁反袁报刊。同时,英法等西方国家大体也支持袁世凯。梁启超在1916年1月给蔡锷的第二封信中说:"此间言论极不自由,有力之报皆被贿收,外报亦然(路透电最可厌)。我军机关惟《时事新报》及《中华新报》两家,皆受压迫,未知命运能有几日。宁沪久不动,此间立足之困难可想。吾每日皆竭全力以作文,然皆未发表,稍待时局发展然后于数日间尽发之。"[①]他在1月29日给籍忠寅的信中也说:"《时事新报》为吾党唯一之言论机关,所关甚巨,前此支持本已极难,自筹安会发生后,本报首登密电,揭其阴谋,伪政府禁销内地,每月更须赔垫二千元以上,今为鼓吹主义起见,凡外邮可通之处,皆分途寄赠各机关,不收报资,所费愈浩。""意欲请冀督命富滇行长张木欣就近筹拨一二万,交溯初支用,其大部分则用以支持《时事新报》,小部分则供同人奔走资斧。"[②]

《中华新报》与欧事研究会关系密切,由张耀曾、谷钟秀、杨永泰等主办,1915年10月10日创办于上海,在护国运动的舆论宣传中发挥了重大作用。其创办时间特别选在中华民国的国庆节,也就是武昌起义纪念日,《发刊词》称:"我国自武昌起义,全国风从,颠覆四千年君主之古制,建设四百兆公器之国家,友邦观成,群黎望治,兴盛之机勃勃动矣。不谓奠基伊始,即为野心家所乘,共和政治,迄未实施,而民意机关寻扫地以尽。今则于对外丧权辱国之后,乃为一姓子孙帝王万世之谋,以二三近幸官僚之

---

① 丁文江、赵丰田编:《梁启超年谱长编》,743页。

② 丁文江、赵丰田编:《梁启超年谱长编》,753—754页。

化身,悍然冒称国民之公意。""商民输粮完税原为公众增进福利之资,决非奉一人扶植势力之具。军队服从命令以为国,岂为野心家作大皇帝之牺牲?官吏亦皆为国家服务,岂为盗国者玩弄之机械?"①

其实上海反袁媒体不止是梁启超提到的这两家,孙洪伊和云南代表李宗黄各出资一千元创办了"丙辰通讯社"。通讯社每天印刷很多通讯,免费寄送给海内外各地的报馆,而且还"直接寄到北洋军的各师、旅、团、营部"。通讯社也并非客观报道事实,"无妨专门制造是非,只登北洋军阀动态、部队调遣进退升降之类的消息,目的则在于分化北洋军,让他们互相猜疑嫉忌,互相倾轧排挤。"②其他上海报纸多数对帝制也很反感,只是迫于袁政府威压,不敢像《时事新报》和《中华新报》那样公开反袁而已。1916年1月,上海各大报纸都继续使用民国五年纪年,只有《亚细亚报》上海版改用洪宪元年,这就表明了上海舆论界的总体态度。淞沪镇守使杨善德虽然不满,但"各报馆均在租界",初时没法直接干涉。袁世凯闻此当然恼火,通过统率办事处命令内务部:"请贵部迅电沪道传知各报馆,如仍用'五年'字样,即行停止邮寄并于各地禁阅,以免淆乱。又上年《时事新报》曾经禁寄禁销,乃近来南京、武汉等处以及火车、交通各路,均有售卖此报者,并请严为申禁查出惩办为要。"③

印刷出版的报刊只是总体舆论的一部分而已,民众的街谈巷议则是更广大的舆论场。梁启超等反对帝制的文章说出了人民的心声,获得了广泛的同情和支持,这是袁世凯政府无论如何查禁也压不下去的。英国商人贝内特在1月18日给莫理循信中说:"不管是在南京、上海还是广州,我都发现极其强烈的反对袁世凯先生的情绪。总之我觉得总统登上帝位之后,要把南方压制下去,几乎不可能……我遇见的每个中国人,无论是

①《〈中华新报〉发刊词》(1915年10月10日),李希泌、曾业英、徐辉琪编:《护国运动资料选编》(上),67页。

②李宗黄:《李宗黄回忆录——八十三年奋斗史》(二),138页。

③《统率办事处、内务部函电四件》(1916年1月),章伯锋、李宗一主编,闻黎明、李学通编:《北洋军阀》第二卷,1121页。

人力车夫还是豪富商人,都极其反对北京的统治。"①

政治顾问莫理循受袁世凯委派到南方调查,他返回北京后于2月9日给袁世凯写了一份备忘录,十分直率地指出帝制非常不得人心,应该宣示撤销。莫理循说:"遵照阁下的愿望,我刚访问了汉口、长江、南京和上海。从京汉铁路南下,京浦线返回。""我遇到的每个人,一谈起这个问题,都十分痛惜中国目前的局势,并强烈非难那个酿成目前动乱的帝制政策。我遇到的每个忠于中国利益的人,谈到阁下的政府,不顾一切逆耳忠言,强制推行那项使国家陷入混乱境地的行动时,无不气愤填膺。"人们问道:"这位有权力的总统做了什么呢? 全国修了一里铁路吗? 办过任何水利事业吗?""形势之严重令人不安。我遇到的每个人,几乎都相信阁下是不可能得知国内真实情况的。""我遇见的那些人,认为轻率而不合时宜的复辟帝制运动,以及矫令推选号称'全体民意'的代表,是产生问题的根源。""在中国的每个人,久已知道那些来自各省吁请阁下登极的函电,即使不是全部,也大部系由北京的一小撮顾问准备好,发交各省,再发回北京的。当我问起冯国璋公为什么要骗总统,打电报拥戴他登基时,他故意提高声音,让所有的人都能听见,回答说:'因为我是奉命发出那张电报,是遵照政府方针办的。这是特派一位官员带到南京,然后以我的名义发电报回北京的。'外国报刊发表的各省通讯,向全世界暴露了运动的虚妄。向全世界宣告因为尊重人民的一致愿望而重建帝制,是有损阁下美名和声望的一桩笑柄。""武力可以镇压,但引起叛乱的情绪,武力却镇压不下去。""扭转险境的唯一途径,只有明白宣示放弃复辟帝制。"②

但是袁世凯此时已经骑虎难下,很难接受莫理循的建议。他当然明白,如果称帝失败,总统之位也很难保全。袁世凯只能希望在军事上迅速击败护国军,乘星星之火尚未燎原之际将其扑灭。袁世凯急调曹锟第三

---

①《阿·季·穆尔-贝内特来函》(1916年1月18日,香港),[澳]骆惠敏编:《清末民初政情内幕》(下),518页,知识出版社,1986。

②[澳]莫理循:《关于新近沿长江各地访问的备忘录》(1916年2月9日,北京),[澳]骆惠敏编:《清末民初政情内幕》(下),522—526页。

师、张敬尧第七师、李长泰第八师沿长江入川增援,又调马继增第六师、范国璋第二十师经湘西进攻贵州,同时命龙觐光部经广西进攻云南,派卢永祥第十师增援上海。袁世凯下了最大的决心,要迅速击败护国军,驻守北京附近的张敬尧、李长泰、卢永祥三个精锐师悉数出征,其中两个师被派往四川。护国军的主要战略是由蔡锷率主力护国第一军先攻下四川,再向长江中下游发展。于是护国军与北洋军在川南的主力决战,就成为整个护国战争成败的关键。

第二节　云南宣布起义,护国军血战川南

一、蔡锷到达昆明,护国军起兵讨袁

如果说梁启超是护国运动最重要的宣传家,那么蔡锷就是最有力的执行者。两人私人感情本就十分深厚,这时政治立场又完全一致。给蔡锷治病的医生李丕章说:"蔡锷是梁启超的信徒,我在上海亲见蔡对梁执弟子礼,毕恭毕敬,唯唯诺诺,梁的政治思想,对蔡的影响是根深蒂固的。"蔡锷"害喉病而深切关心的也是梁启超,梁为蔡邀请了重庆德医阿斯米,到了上海又经安置在宝隆医院,最后去日本就医。来往最多的是梁启超的门人,如蒋百里、石醉六诸人,始终为蔡病而奔走""当我们赴沪途中,到了重庆,蔡曾拍电要成都代督罗佩金筹汇三万元给梁启超办党。"①蔡锷死后,梁启超集资成立松坡图书馆永久纪念,他们的师生关系真可谓志同道合,有始有终。

1915年12月18日,就在梁启超到达上海的同日,蔡锷进入了云南,这是非常惊险的一天。当日,蔡锷在唐继虞的陪同下,从越南海防出发,

---

① 李丕章:《护国军中见闻二三事》,《云南文史资料选辑》第十辑,346—347页,云南人民出版社,1989。

乘火车沿滇越铁路北上云南。唐继尧收到密报，袁世凯已发现蔡锷行踪，密令蒙自关道尹周沆和阿迷县(今开远县)知事张一鹍半路设伏截杀。唐继尧急电驻蒙自的刘祖武师长，命他通知蔡锷和唐继虞，并设法保护。蒙自在滇越铁路支线上，刘祖武急忙带兵赶到干线上的碧色寨车站，在蔡锷乘坐的火车经停时上车通知。唐继虞等闻讯立刻命令"随行卫士枪上膛，刀出鞘"，"全部摆出备战的姿态"。①周沆带领数百人在碧色寨车站上准备截杀蔡锷，但看到随车警卫与蒙自驻军已经戒备，没敢动手。车到阿迷站已经是夜晚，蔡锷等要在阿迷县过夜。张一鹍等想借欢迎宴会下毒，但遭到拒绝，行刺计划失败。②蔡锷于12月19日乘车到达昆明。

　　蔡锷之所以敢于入滇发动反袁，主要因为他与滇军关系深厚，对唐继尧及滇军军官支持反袁很有信心。蔡锷于晚清担任滇军三十七协协统(旅长)，手下七十四标标统(团长)为罗佩金，七十四标第一营管带(营长)唐继尧、第二营管带刘存厚、第三营管带雷飚，他们和蔡锷一样，都是富有朝气的日本士官学校毕业生。蔡锷对唐继尧尤其欣赏，当时唐继尧年轻有为，管带每月一百五十两收入都用在官兵身上，自己分文不取，因此很得人心。辛亥革命后贵阳很混乱，贵州上层人物任可澄、刘显世、戴戡等请求滇军援黔，蔡锷派唐带兵出征。唐继尧恢复了贵阳秩序，担任贵州都督，显示出独当一面的能力。蔡锷去北京之前，不顾一些高级军官的反对，推荐唐继尧继任云南都督。他召集营长以上军官开会说："唐继尧活泼勇敢，名利心比较淡泊，他在贵州，还有成绩，为中央所信赖。如前清总督丁振铎在滇不得清廷信任，就一事不能办。锡良到滇为中央所信任，所以向德国购械，成立十九镇，得到中央指定专款，措置裕如。此次唐继尧调滇，对云南前途是有好处的。"③

　　早在蔡锷到达昆明之前，云南的反袁势力就已经逐渐聚集起来，尤其

　　① 李宗黄：《李宗黄回忆录——八十三年奋斗史》(二)，123页。
　　② 王印源：《护国起义前唐继尧迎护蔡锷到昆亲历记》，《云南文史资料选辑》第十辑，24—27页。
　　③ 李文汉：《护国军起义前蔡锷与唐继尧的关系》，《云南文史资料选辑》第十辑，31页。

一些团长、营长等中下级军官情绪非常激烈。他们大多是云南讲武堂出身,自晚清就深受具有新思想的教官李根源、李烈钧、方声涛等的影响,反对专制,拥护共和,在辛亥革命中积极参加云南重九起义。他们年轻气盛,在袁世凯复辟帝制之初就商议反抗。据杨如轩回忆,1915年8月,筹安会成立不久,李文汉即约他到昆明西山太华寺后面的树林,参加杨蓁等组织的秘密会议。与会者包括杨蓁、邓泰中、董鸿勋、田钟谷、林桂清、马鑫培、李文汉、杨如轩等十多人,他们大多是团长、营长,也有一两个杨如轩这样的连长。杨蓁、董鸿勋、邓泰中三位团长先后发言,激烈抨击帝制活动。杨蓁要求大家加紧教育部队官兵,"讲明国家大势,专制祸国殃民,共和才能救国救民,捍卫共和乃军人天职,务须人人枕戈待旦",准备武力反抗。①军官中的反袁秘密活动逐渐扩大,他们经过几次秘密会议,形成了四点共识:"1.于适当时期,要求唐氏表示态度。2.如唐氏反对帝制,则仍拥其为领袖。3.如中立,则将彼送往安南。4.如赞成帝制,则杀之。"在这一时期,在较大的密谋活动之内,还有更机密的活动,有些军官比如李文汉、田钟谷受革命派影响,经吕志伊介绍加入了孙中山的中华革命党。②

在云南反袁势力的早期酝酿中,中级军官杨蓁承上启下,发挥了重要的作用,邓泰中对杨的支持也非常关键。两人分别担任驻守昆明的步七团和步一团团长,是深得唐继尧信任的左膀右臂。邓泰中与唐继尧还有一层同乡亲戚关系,这两个团的编制和装备都是滇军中最好的。唐继尧的侍卫武官邹若衡认为:"无论胆量、学识、练兵、计画、作战,滇军将领中都无出杨右者。邓的长处在于认识自己,且能坦白承认,而一贯事事附和杨。"本来是邓泰中先升任团长,杨蓁是他的副团长,但邓泰中在一次作战后公开向全团官兵说:"这次全靠杨副团长才能胜利,副团长有胆识,很对,不只是大家要服从副团长,连我都将副团长看成老师,听他的话。"唐

---

① 杨如轩口述,胡彦笔记:《我知道的云南护国起义经过》,《云南文史资料选辑》第十辑,45—47页。

② 李文汉:《护国军起义前蔡锷与唐继尧的关系》,《云南文史资料选辑》第十辑,36—37页。

继尧也将杨蓁看成"有特殊能力之人",待遇与其他人不同,杨蓁可以随时面见唐。①第一梯团长刘云峰也认为:"步七、步一两团是昆明驻兵的主力,又是滇军中久经战斗、装备精良、最有力的部队。而第一团团长邓泰中、第七团团长杨蓁激烈反对帝制,积极主张讨伐袁世凯,并且邓与唐是亲戚,杨是唐的中坚将领。唐后来同意讨袁,这两个团起了主要作用,所以这两个团是发动讨袁的最原始力量。"②

　　高级军政人员中反袁态度最坚决的是罗佩金、李日垓、赵又新、黄毓成、顾品珍等,革命派方声涛、吕志伊的活动对云南起义也有重要作用。罗佩金资历很高,曾经是唐继尧的上级,他把方声涛请到昆明,藏在黄毓成家里,与革命派建立起直接联系,起义之后把十几万家产拿出来充第一军司令部军费,是推动起义的主要人物之一,李日垓称其"慷慨赴义之决心,抑亦不可及也"。③赵又新、黄毓成收到李烈钧的信后,"据李君函往叩唐将军意,并请唐将军邀罗君佩金、李君日垓共决大疑,定大计。唐将军然之,言决不愿向袁氏称臣。"④李日垓毕业于京师大学堂,文笔出众,"性极机敏,遇事当机立断,说者谓房谋杜断,李盖以一身兼之也。"⑤他后来担任护国第一军秘书长。蔡锷进军四川所倚重的左膀右臂:武为罗佩金,文为李日垓。

　　革命派对滇军军官有很深的影响,他们中很多人原来都是同盟会会员。孙中山派吕志伊到云南发动反袁,被警察厅拘捕,杨蓁、邓泰中闻讯亲自到警察厅营救。⑥吕志伊出狱后,为避袁世凯密探耳目,不敢直接去见唐继尧,而是约罗佩金、李日垓、赵又新密谈,然后由邓泰中向唐继尧报

---

　　① 邹若衡:《云南护国战役亲历记》,《云南文史资料选辑》第十辑,139—140页。
　　② 陈天贵:《护国战役亲历记》,《云南文史资料选辑》第十辑,175页。
　　③ 李日垓谈,周隐硕笔记:《云南护国军入川之战史》,云南省社会科学院历史研究所、贵州省社会科学院历史研究所编:《护国文献》(下),667页。
　　④ 吕志伊:《云南举义实录》,李希泌、曾业英、徐辉琪编:《护国运动资料选编》(上),105页。
　　⑤《滇中人物小志》,李希泌、曾业英、徐辉琪编:《护国运动资料选编》(上),95页。
　　⑥ 詹秉忠、孙天霖:《护国战役中的唐继尧及其与蔡锷的关系》,《云南文史资料选辑》第十辑,329页。

108

告。①杨蓁和邓泰中虽然是唐继尧的亲信,但有独立的政治主张,并不盲目服从。二人都秘密加入了孙中山的中华革命党,邓泰中还是中华革命党云南支部的主盟人。②他们后来更是参与1921年反唐,公开投奔孙中山。这说明中下级军官提出唐不反袁就反唐是当真的。马幼伯等致陈其美的信中说:"此次滇南举义,首领多系官僚派,惟赴前敌者,半属我党。现以秩序之故,大义所在,大局所关,势不能不服从该首领之命令。"③在整个滇军军官群体中,从高级军官到中下级军官多数反袁,革命派在其中影响很大,如果唐继尧坚持拥袁,确实有被推翻的危险。

此时唐继尧的政治立场主要是地方实力派,与厉行中央集权的袁世凯有尖锐矛盾。他在留学日本期间参加过革命派,接受了不少现代政治观念,思想上也反对复辟帝制。但同时,唐继尧又是一个既得利益者,三十三岁掌握云南全省大权,在袁世凯称帝后受封一等侯爵,要冒着失去所有荣华富贵的危险起兵反袁,他难免也有些犹豫不决。革命派方声涛等进入云南推动反袁初期,他并不是很坚决,甚至拒绝熊克武等入滇。滇军中下级军官中逐渐形成反帝制共识后,委托与唐继尧关系最亲密的杨蓁、邓泰中向他进言。唐继尧表示同意,不过又担心云南只有两师多兵力,不足以对抗北洋军。唐继尧先后召集亲信军官在9月11日、10月7日和11月3日举行过三次会议,罗佩金等高级将领和杨蓁、邓泰中等中级军官大部分激烈反对帝制,但是唐继尧顾虑较多,不敢向全国公开宣布。甚至在蔡锷到云南的前夕,他还对人说过:"杨蓁、邓泰中等几个团长都反对帝制,要讨伐袁世凯,我没有办法。"④直到蔡锷、冯国璋、段祺瑞、陆荣廷等更多实力人物反对帝制的情报陆续传来,云南中下级军官也越来越激烈,他的态度在形势的推动下才越来越坚决,迎接蔡锷、李烈钧、熊克武等

①吕志伊:《云南举义实录》,李希泌、曾业英、徐辉琪编:《护国运动资料选编》(上),107页。
②居正:《中华革命党之回忆》,《近代史资料》第六十一册,42页,知识产权出版社,2006。
③《马幼伯等致陈其美函》,李希泌、曾业英、徐辉琪编:《护国运动资料选编》(下),570—571页。
④李鸿祥:《增补云南辛亥革命回忆录》,《辛亥革命回忆录》第六集,150页,文史资料出版社,1981。

进入云南,共商反袁大计。

蔡锷在给梁启超的信中说:"滇中级军官健者如邓泰中、杨蓁、董鸿勋、黄永社等,自筹安会发生后,愤慨异常,屡进言于蓂督,并探询主张,以定进止。蓂以未得吾侪之意向所在,且于各方面情形不悉其真相,遂一意稳静。荏苒数月,莫得要领。""迄王伯群到滇,将锷在津所发一函递到(先锷五日抵滇),蓂意遂决。"蔡锷12月19日到达之后,唐继尧再次召开会议,蔡锷向大家说明全国各地的反袁势力以及北洋内部的严重分歧,唐继尧等信心大增,当即决定起兵反袁。但云南两师一旅兵力分驻全省各地,加上地形崎岖,交通不便,集中动员需要相当时间。原计划是等兵力集中开到四川边境,再公开宣布反袁,与川军合作一举拿下四川,使北洋军来不及增援,这大概需要二十天准备时间。但12月20日梁启超通过南京将军府打来电报,希望即刻宣布。于是云南23日提前宣布,但冯国璋并未响应,蔡锷在信中对梁启超抱怨道:"宣布过迟,固有妨大局;宣布早,殊于军事计划大受影响。惟冀东南各省速起响应,使贼军不能远突,则西南方面军事乃易藉手。吾师其注意是幸。"①

1915年12月23日,唐继尧等的反对帝制通电堪称石破天惊,中外震动,给刚接受帝位的袁世凯当头一棒。通电抨击袁世凯"两次即位宣誓,皆言恪遵约法,拥护共和","食言背誓,何以御民。"通电明确要求取消帝制,"将杨度、孙毓筠、严复、刘师培、李燮和、胡瑛、段芝贵、朱启钤、周自齐、梁士诒、张镇芳、袁乃宽等,即日明正典刑",并要求25日上午10点前答复,"谨率三军,翘企待命。"②袁世凯当然不可能因为云南一纸通电就放弃帝位,于是唐继尧、蔡锷等于25日通电宣布起兵反袁,称袁世凯"既为背叛民国之罪人,当然丧失元首之资格。尧等深受国恩,义不从贼,今

① 蔡锷:《致梁启超函》(1916年1月5日),曾业英编:《蔡松坡集》,879—880页。
②《唐继尧等劝袁世凯取消帝制并限时答复密电稿》(1915年12月23日),中国第二历史档案馆、云南档案馆编:《护国运动》,180—181页。

已严拒伪命,奠定滇、黔诸地,为国婴守,并檄四方,声罪致讨"。①25日通电中有贵州刘显世、戴戡列名,但当时贵州布置尚未完成,刘显世等先通电否认,一个月后才正式加入护国军。在护国战争之初,确实是云南一省在孤军奋战。

二、护国军进攻泸州失利,与北洋军激战于纳溪

云南护国军编为三个军,蔡锷任第一军总司令,率三个梯团出征川南泸州、叙府(今宜宾)方向,戴戡带领第一军第四梯团出征贵州、重庆方向。这是护国军的主力,云南原有的两师精锐基本都在第一军。李烈钧出任第二军总司令,这是新组建的部队,兵力和战力都很弱,出征广西、广东方向。唐继尧出任第三军总司令,留守云南,由于主力大部出征,第三军开始几乎没有什么部队。梁启超后来说,唐继尧把"好的兵都留在省城,蔡公所能带到前敌的只是二等以下的兵,二等以下的军械",②这显然有悖事实。究其原因,大概是由于梁启超护国运动后又回到北京,重新主张中央集权,与地方实力派唐继尧发生矛盾,所以他后来故意贬低唐对护国运动的贡献。

蔡锷带领的第一军不仅是云南建军最久的精锐主力,而且把云南扣押中国银行的二百万经费也带走了一百万。袁政府暗探赵国勋1916年1月的密报颇能反映实情:"军队则原有之两师,整编为第一军,蔡为军长,罗佩金为参谋长,全军分四梯团,每梯团一混成旅。第一梯团刘云峰已出发,由老鸭滩进攻四川叙府,第二梯团赵复祥已继续由威宁、毕节入川,第三梯团长欧阳沂、第四梯团长张开儒正由各处调集兵力,尚未就绪。""李协和为第二军军长,以昭忠祠为本部,成忱为参谋长,刻下召集士兵,毫无头绪。""经济、子弹二层,均欲得川省后始能支持。""望我军早日进攻,弟

①《唐继尧蔡锷等声讨袁世凯背叛民国帝制自为通电》(1915年12月25日),中国第二历史档案馆、云南档案馆:《护国运动》,182页。

②梁启超:《护国之役回顾谈》(1922年12月25日为南京学界全体公开讲演),云南省社会科学院历史研究所、贵州省社会科学院历史研究所编:《护国文献》(上),308页。

得乘机举动,势可一鼓而下。五华虽高,何难树我帝帜。""现下得力军队业已陆续开赴前敌,防守甚疏,迤西各属留守无几,广西方面尤乏良兵,若以一师之众,即可直捣滇垣。"①可见,唐继尧在护国战争之初确实倾尽了云南之力,他当然明白,如果护国运动失败,云南也肯定保不住。护国军只有倾力拿下四川,扩大势力范围,带动各省响应,才有成功的可能。

蔡锷本人1916年1月16日离开昆明,他亲自率领的主力右路军由第二梯团和第三梯团组成,经贵州毕节进攻四川泸州方向。蔡锷带病出征,但精神极为振奋,病势也因之有所减轻。他在家信中说:"出发后,身体较以前健适,喉病已大愈,夜间无盗汗,每日步行约二十里,余则乘马或坐轿,饮食尤增。从前间作头痛,今则毫无此症象发生,颇自慰也。""过宣威时大雪,尚不觉寒。据此间人云:今年天气较往年为佳,殆天相中国,不欲以雨雪困吾师行也。"②云南、贵州、四川之间山多路险,行军非常艰苦。"每日五点计簿,七点膳,八点走路,中间经贵州界多日高山,非常艰难。"在毕节火神庙遭遇大雪天气,"陷于苦境"。部队进入四川,连日下雨,山路狭窄,难以骑马,蔡锷等人只能在泥泞中徒步跋涉。③

1月21日,前方传来捷报,先期出发的左路军刘云峰第一梯团击败北洋军伍祥祯第四混成旅,攻占川南重镇叙府。伍祥祯是云南人,似乎并不想与家乡军队拼死作战。第一梯团的两个支队就是滇军中最精锐、反袁最坚决的杨蓁和邓泰中两团,杨蓁是实际的战场指挥。营长李文汉说:"第一梯团第一、二两支队自从行军以及作战,由于刘梯团长胆子平常,才气平常,杨支队长时常当面批评他。对于一切处置,刘不多说话,不多主张。邓支队长直率附和杨,杨实际指挥第一、二两支队作战。"④1月27日,

① 赵国勋:《赵国勋致杆臣函》(1916年1月8日),李希泌、曾业英、徐辉琪编:《护国运动资料选编》(上),125—128页。
② 蔡锷:《致潘蕙英函》(1916年1月27日),曾业英编:《蔡松坡集》,884页。
③ 石陶钧:《在上海蔡锷追悼会上的演说词》(1916年12月14日),曾业英编:《蔡松坡集》,1442—1443页。
④ 邹若衡:《云南护国战役亲历记》,《云南文史资料选辑》第十辑,151页。遗憾的是,杨蓁虽然指挥作战机智勇敢,但大局观并不好,且有些桀骜不驯,他和邓泰中后来因反对第一梯团主力增援纳溪,失去了蔡锷的信任,没有在护国战争中发挥更大作用。

贵州又传来好消息,在戴戡、王文华等推动下,刘显世等宣布贵州独立,戴戡率少量滇军和黔军共约三千人进攻重庆,王文华率黔军约三千人进攻湖南。

防守川南的川军第二师师长刘存厚毕业于日本士官学校第六期,曾加入革命派,思想比较进步,又曾在蔡锷领导的滇军任职,与滇军将领私交深厚。蔡锷到昆明不久即密电刘存厚:"滇日内首义,与袁宣战。滇决出二师,分援湘、蜀,共图中原,现已先发一旅。吾兄热忱爱国,志切同仇,谅已早具同心,望速作准备,克日发动。"①1月底,刘存厚与护国军先头部队第二梯团董鸿勋支队在毕节取得联系,商定两军假装作战,合兵共取泸州。蔡锷一度对战事相当乐观,认为夺取泸州不是问题,恶战将主要发生在进攻成都的路上。他在1月31日家信中说:"我军左纵队已占领四川之叙州、自流井、南溪、江安一带;右纵队之董团,今晚可进取永宁;旬日之间,即可会师泸州,三星期内定可抵成都矣。豫想成、泸之间,必有几场恶战,我军士气百倍,无不以一当十,逆军虽顽强,必能操胜算也。""川中军民,对余感情甚洽,昨来电有奉余为全川之主云云。"②

蔡锷未免过于乐观,当时袁世凯军力雄厚,远超护国军,双方在四川总兵力对比大致是四万多人对一万多人。袁军原来在川部队即有北洋军冯玉祥第十六混成旅、伍祥祯第四混成旅、李炳之第一混成旅以及周俊的川军第一师,增援的北洋军曹锟第三师、张敬尧第七师已经入川,李长泰第八师也已经上路。刘存厚通过诈败轻取泸州的计谋未能成功,毕节县知事刘奴截获了滇军与刘存厚联系的电报,向成都陈宧密电告发:"刘师长潜通滇军,当速做防备。"③刘存厚见机密已经泄露,2月2日在纳溪率领一个旅宣布反袁,加入护国军行列。周俊命令熊祥生旅加强泸州防务,北洋军李炳之旅一部和曹锟第三师的吴佩孚旅也从重庆紧急驰援。

① 蔡锷:《致刘存厚电》(1915年12月23日),曾业英编:《蔡松坡集》,850页。
② 蔡锷:《致潘蕙英函》(1916年1月31日),曾业英编:《蔡松坡集》,890页。
③ 董鸿铨:《护国第一军第二梯团第三支队第二营入蜀讨袁日记》,云南省社会科学院历史研究所、贵州省社会科学院历史研究所编:《护国文献》(下),580页。

2月4日，第二梯团先头部队董鸿勋支队与刘存厚部队会合。2月5日，两军联合进攻泸州外围的兰田坝。2月6日，滇军夺取兰田坝阵地，副营长董鸿铨说："我军冲锋直进，击毙敌人数十名。敌人胆寒而退，我军即夺获敌人阵地，继续追击，直攻兰田坝敌人之背。适郑营长森率七连攻到，我军一营与刘军亦同时战事得手，夺获兰田坝。北军大溃，渡江逃命，本连同敌人据岸痛击，北军溺水死者无算。"护国军在南岸月亮岩设置炮兵阵地，轰击泸州守军，由川军陈礼门第八团防守。2月8日，董鸿勋率滇军和刘存厚部范、田两营渡过长江，进攻泸州。①

2月6日上午，北洋军吴佩孚旅和李炳之旅的先头部队已经赶到，加强了泸州东南罗汉场、五峰岭的防守。②月亮岩炮兵阵地对泸州威胁极大，2月9日熊祥生组织敢死队化妆难民，渡江奇袭。川军防守不严，丢失了非常关键的月亮岩阵地和大炮，团长陈礼门愤而自杀。③2月9日，过江的护国军发动进攻，激战一天，夺取罗汉场，敌军退守小市。2月10日，北洋军增援部队大批赶到，"加入战线，火线延至四十余里。"④2月11日，吴佩孚旅"以猛烈炮火夹击"，护国军前线兵力不足，腹背受敌，有陷入包围的危险，被迫从太安场、龙溪方向乘夜撤回长江南岸。⑤2月12日，北洋军渡江反攻，刘存厚部损失惨重，滇军被迫退守纳溪。2月13日，滇军何海清支队赶到纳溪，稳住了战线。袁世凯于2月21日通令加封熊祥生二等男爵，吴佩孚、李炳之三等男爵，奖励他们防守泸州的战功。⑥

---

① 董鸿铨：《护国第一军第二梯团第三支队第二营入蜀讨袁日记》，云南省社会科学院历史研究所、贵州省社会科学院历史研究所编：《护国文献》（下），581—582页。

② 《熊祥生战报》（1916年2月12日），李希泌、曾业英、徐辉琪编：《护国运动资料选编》（上），250页。

③ 邓锡侯、田颂尧：《四川护国战役始末》，《护国讨袁亲历记》，128—129页。

④ 董鸿铨：《护国第一军第二梯团第三支队第二营入蜀讨袁日记》，云南省社会科学院历史研究所、贵州省社会科学院历史研究所编：《护国文献》（下），583页。

⑤ 《吴佩孚战报》（1916年2月11日），李希泌、曾业英、徐辉琪编：《护国运动资料选编》（上），249页。

⑥ 《封熊祥生爵位令》《封李炳之吴佩孚爵位令》（1916年2月21日），骆宝善、刘路生主编：《袁世凯全集》第三四卷，480页。

护国军第二梯团何海清支队和第三梯团朱德支队、禄国藩支队陆续赶到纳溪,叙府方面的第一梯团主力李文汉营、金汉鼎营、马鑫培营、昭通独立营等也先后来援,加上刘存厚的余部,护国军前线总兵力约九千人左右。北洋军乘火车沿京汉铁路南下,从北京到武汉只需要一两天,但从武汉乘船沿长江逆流而上,中间经过激流险滩的三峡,到达泸州需要一个多月。张敬尧第七师1月3日已经到达武汉,[①]但2月10日左右才赶到泸州,北洋军前线总兵力约一万四千人左右。由于各地反袁活动牵制了大量袁军,双方在纳溪一线兵力对比不像总体兵力对比那样悬殊。2月中下旬,双方主力激战于泸州与纳溪之间。

张敬尧部主力到达后,曾分兵从双河场绕攻纳溪之后。当时滇军主力都在纳溪城东,北洋军突然出现在纳溪城西的安福街,只隔一条永宁河即可进城,情况万分紧急。支队长何海清闻讯率队从浮桥直扑北洋军。这部北洋军是张敬尧起家的精锐部队二十五团,打仗十分勇猛,"脱衣下河,抢夺船只,子弹如雨,均所不顾。"何海清也是滇军著名猛将,"身躯短小,每战必身先士卒",即使军帽被子弹打歪,仍屹立不动指挥作战。滇军经过激烈战斗,终于击退北洋军,一直追击到双河场。[②]

双方部队都是急行军赶往战场,陆续到达投入战线,火线形势瞬息万变。朱德率第六支队2月17日到达纳溪,副营长杨如轩在日记中记载:"十六号,破晓出发。午后九时,抵祁野坝(渠坝驿)。据该地土人报告,本日对岸森林中,时见敌兵出没。午后九时,纳溪方面枪声猛烈,本营严加警戒,枕戈达旦。十七号,午前一时出发。八时抵纳溪城对岸,以双合场方面敌火猛烈,本营未遑入城,即率队溯永宁河上游前进,拟渡河攻击敌军侧面。及抵岸,敌人已有戒备。本营据对岸猛击,以分其兵力。约二小时,双合场之友军,始并力将敌击退十余里,本营遂渡河入城。后奉总参

①《张敬尧报告所部由汉口开赴宜昌密电》(1916年1月3日),中国第二历史档案馆、云南档案馆编:《护国运动》,522页。

②李日垓谈,周隐硕笔记:《云南护国军入川之战史》,云南省社会科学院历史研究所、贵州省社会科学院历史研究所编:《护国文献》(下),670页。

谋长命令:以本日棉花埂阵地,敌人新增兵力,着即增加战斗。枵腹遂行,未遑食也。然本营初到,锐气甚盛。余率七连攻击正面,冲锋前进,退敌二三里。"①

2月19—22日,蔡锷命令护国军向北洋军发起连续猛攻。第三支队于19日由棉花坡进攻菱角塘,禄国藩支队由黄土坡进攻兰土坝,何海清支队渡河进攻双河场。2月20日,第三支队与北洋军在棉花坡激烈对抗,但战事胶着,双方都没有明显战果。炮兵连长孟雄成用炮兵专用望远镜观察战场,留下了清晰的记录:"密集森林边缘之敌,据良好之地形,施坚固之工事,以顽强抵抗。我友军步兵,虽冲锋数次,距敌只二百余米达,而受敌火压迫,终未能越雷池一步。本连亦对此敌,集中火力,猛烈射击,大树枝条,倒入敌壕内者,不下五六百棵,敌受炮弹杀伤,树木压伤者,约百余人。在我阵地之观测镜中,发现甚属明瞭。""午后三时,忽发现敌约步兵二连,由我阵地右侧石包沟,向我阵地右翼包围前进。当时,朱支队长即派步兵二连,向敌射击,本连亦分炮二门,向此敌发射。约战二小时之久,敌乃向石包沟方向退却。此日之战也,对正面攻击,甚觉困难,故战斗毫无进步。""所消耗之弹药,尤过于昨日。"②

在大规模攻势中,弹药消耗很大,护国军资源有限,逐渐感到吃力。蔡锷2月21日致电唐继尧请求补充:"我军激战兼旬,耗弹颇多。炮弹现只存二百发,枪弹除原领者悉数用罄外,纵列弹亦耗三分之一。各部队纷纷告急,请予补充。逆料在川境内,尚有数场恶战,务乞饬兵站速配解炮弹三千颗,枪弹每枝加发三百发,赶运来泸,不胜祷切。查滇存炮弹为数甚少,并恳向日本定购两三万发,借资接济。"③激战持续了四天,北洋军顽强防守,护国军未能取得预期战果,不得不于2月22日晚下令转入守

---

① 杨如轩:《护国军第一军第三梯团第六支队(步兵第十团)第二营入蜀讨袁日记》,云南省社会科学院历史研究所、贵州省社会科学院历史研究所编:《护国文献》(下),585页。
② 孟雄成:《护国军蜀战通讯》,云南省社会科学院历史研究所、贵州省社会科学院历史研究所编:《护国文献》(下),589页。
③ 蔡锷:《致唐继尧电》(1916年2月21日),曾业英编:《蔡松坡集》,924页。

116

势。蔡锷命令:"明二十三号,暂取攻势防御。""各支队就现在原阵地择要施行膝姿散兵壕(在炮兵则肩墙掩蔽部)。并择定据点,使各阵地间能互相侧射。惟工作间务以不使敌人察觉为要。"①

第一梯团李文汉营长奉命从叙府增援泸州,他记录了从长途转战到中弹负伤的艰险过程:"十三日,因泸州战事激烈,友军稍失利,奉总司令蔡公命令派队增援,梯团长刘公晓岚召集会议,余奉令率全营官兵,附炮二尊,由叙府乘船沿江而下。是夜在江安宿营。""十四日,续向纳溪前进。本晚在纳溪警戒宿营。"十五日,"余率全营及机关枪一挺,由敌右侧攻击前进,逐次夺获九川山岩上敌军阵地,击毙敌军百余人。夜间占领阵地,与敌对抗,一营正面几占华里二里之遥。次日拂晓,赵营副长亲身驰至云:'左侧空虚,昨日午间川军稍却,敌军炮弹已落城边,刘师长命速回城固守。'不得已,乃逐次撤退至马鞍山、黄土坡一带防御。九川山高地旋失,敌人即位置炮兵于此,我军颇受侧击之害。敌人兵力增加,器械精利,本营屡次试攻,均无法前进,本营遂停顿于此,与敌鏖战十余昼夜,互有伤亡,营副长赵荣晋即在此间阵亡,连排长伤亡数员。二十四日,余在散兵线后方督战,遂中敌弹,贯穿左腿,昏晕在地,勤务兵等始将余负回纳溪医院治疗。"②李文汉营是滇军第一军第一梯团第一支队第一营,堪称护国军最精锐的部队,该营营长、副营长一死一伤,可见战况之激烈。

2月28日,蔡锷决定亲自督战,率护国军发动总攻。这次总攻集中了他直接指挥的几乎全部兵力,不仅包括泸州战线的第二、第三梯团,还包括从叙府陆续调来的第一梯团主力。总攻之前,蔡锷亲自换上士兵军服,与顾品珍、赵又新两个梯团长仅率几名侍卫巡视朝阳观前沿阵地。他们突然遭到敌军机枪扫射,当时弹飞如雨,嗖嗖掠过。蔡锷急忙下马,卧倒在灌满水的水田中,一直等到天黑,他身后的一个马夫被子弹贯穿两颊。

① 蔡锷:《致各支队长命令》(1916年2月22日),曾业英编:《蔡松坡集》,925页。

② 李文汉:《护国军第一梯团第一支队第一营战斗经过》,云南省社会科学院历史研究所、贵州省社会科学院历史研究所编:《护国文献》(下),555页。

蔡锷虽然侥幸脱险,也是满身泥水,十分狼狈。①他下了最大决心,发动这次主力决战,命令称:"本军将于二十八日向前面之敌开始总攻击。""攻击开始,顾梯团长在阵地正面后方督战,赵梯团长在双河场附近督战。""本总司令与蜀军刘总司令编成督战队,亲在战线后方督战。凡无命令后退者,立即当地枪毙。"②

但是总攻并未取得预期战果,北洋军顽强防守,战事持续几天,虽然有些进展,但仍未取得决定性的突破。第二梯团炮兵连长孟雄成说:"二十八日拂晓,实行总攻击。叙府亦到一支队,增加在右翼为主攻部队。正面仍主攻势,防御牵制敌人。此日攻击部队,甚有进步,已将敌人包围。奈敌据险以待,彼逸我劳,终未克奏伟大效果。当此次攻击也,我正面友军步兵,以钢板掩护前进,本连亦向对我正面森林内之敌猛烈射击,助友军之攻击前进,又向石包沟射击,以声援右翼友军。次日,仍继续攻击,亦未进步。此后继续攻击,更未奏效,而所消耗弹药,已不少矣。"③

护国军面对兵力和弹药都占据优势的敌军,仍能不断发动攻势,表现出高昂的士气。军医李丕章说,永宁后方医院收治的伤员中,连排长占很大的比例,他们都冲锋在前,有时一个部队一天换几次营、连、排长,有时新旧营、连、排长同时到医院。"没有一个伤员从背面贯通的,多是冲锋当中遭敌人迎面射击而来,并且受伤部位许多在下肢下腹,足见当英雄们接近敌人的时候,暴露了全身而以站立的姿势中了敌弹。"④

北洋军兵力雄厚,弹药充足,并且占据有利地形。同时,北洋军也是训练有素的部队,战斗力相当可观。滇军秘书长李日垓不得不承认:"北军亦有种种特长,如防御工事,极为得法。战斗奋勇,不顾死伤。退却时

---

①李日垓谈,周隐硕笔记:《云南护国军入川之战史》,云南省社会科学院历史研究所、贵州省社会科学院历史研究所编:《护国文献》(下),671页。另见,邹若衡:《云南护国战役亲历记》,《云南文史资料选辑》第十辑,152页。

②蔡锷:《致赵又新等命令》(1916年2月27日),曾业英编:《蔡松坡集》,929—930页。

③孟雄成:《护国军蜀战通讯》,云南省社会科学院历史研究所、贵州省社会科学院历史研究所编:《护国文献》(下),590页。

④李丕章:《护国军泸纳战役和军医工作回顾》,《云南文史资料选辑》第十辑,237页。

步步收容,无奔溃凌乱等弊。此亦多年训练之效。"①护国军总攻持续数日,不仅未能击败正面之敌,反而逐渐陷入被动险境。这种阵地消耗战对护国军是极为不利的,袁军兵力弹药都远超护国军,如果北洋军冯玉祥第十六混成旅从西侧叙府方向、李长泰第八师东侧合江方向,绕道袭击护国军的后方,护国军可能陷入包围,甚至有全军覆没的危险。

蔡锷2月29日致唐继尧电称:"我军前方所控敌军,为张敬尧之一师及曹师、周师、李旅之一部。""我军兵力总计十营,刘师约千五百人。""我军所占阵地,非系自由选择,纯为背水之阵。部队逐渐加入,建制每多分割。""惟旷日相持,敌能更番休息,我则夜以继日;敌则源源增加,我则后顾难继。言念前途,岂胜焦灼。""今昨两日,举全力猛攻,逆军阵线,已成锐角形,其正面尚依然未动。良以地形艰险,守易攻难。""如再无进步,为全军计,只有另择阵地扼守,一以伺敌以制胜,一以迁延时日,用待时变。刘部子弹告匮,士气尤极颓丧,告急之书,日必数至。冯、伍余孽,亦有卷土重来之耗。合江方面,逆军千人,有已抵赤水,绕出我后之说。"②

当然,蔡锷也不完全是孤军奋战,熊克武等四川将领随护国军入川,他们打起护国招讨军的旗帜,召集了数千各色武装,到处发动四川地方势力起来反袁。虽然这些仓促成立的队伍战斗力不强,但可以威胁北洋军的后方补给线,牵制不少袁军,使其不敢放手进攻滇军。北洋军第八师李长泰部1月25日从北京附近出发,28日到达武汉,经过长江三峡艰难的逆水行船,先头部队3月1日才到达重庆,"即日派赴合江。师部及十五旅团营亦即续到,饬赴合江。"但李长泰报告:"近来涪陵、长寿沿江一带,土匪潜伏,出没无常,于我军进行不无阻碍,已奉曹总司令电,于涪陵、石家沱等处,暂将步兵留三连,以资掩护。"③从宜昌到重庆两千余里,北洋军

① 李日垓谈,周隐硕笔记:《云南护国军入川之战史》,云南省社会科学院历史研究所、贵州省社会科学院历史研究所编:《护国文献》(下),674页。

② 蔡锷:《致唐继尧电》(1916年2月29日),曾业英编:《蔡松坡集》,931—932页。

③《李长泰致统率办事处等电》(1916年3月12日),李希泌、曾业英、徐辉琪编:《护国运动资料选编》(下),435页。

不得不处处派兵扼守,经常遭到民军袭击。李日垓说:"袁军入川,偌大之兵力,耗于沿途者已去泰半。至战地,则少数之北军动遭人民挺击。"缚送滇军,"多数则常为侦探诓报所误,陷于不利。"①

戴戡率领黔军熊其勋旅和滇军华封歌团共约三千人,从2月14日开始进攻重庆外围的綦江,牵制了曹锟、李炳之和周俊的部队。王文华也率黔军三个团约三千人攻入湘西,2月14日占领沅州,2月16日占领麻阳。②随军出发的湘军将领程潜等发动湘西地方势力反袁,通过游击方式袭击北洋军。湘西镇守使田应诏在给袁世凯的电报中,报告了北洋军在南方作战的困难:"查此麻阳战事,国军困难,由于地理不熟,处处受敌包抄。山路崎岖,皮鞋布靴,举步艰难,兼之万山重叠,枪炮难有效力。黔寇之所以战胜者,因生长山地,草履赤足,跋山越岭,进退敏捷。又有白兵数万,短刀相接,亡命争先,国军势挫于摄,麻城失守。"③戴戡和王文华这两支部队虽然兵力不大,但他们牵制了北洋军大量部队,使其不能全力增援泸州战线,减轻了蔡锷的压力。

三、护国军兵败纳溪,退守大洲驿

护国军与北洋军在纳溪激战十多天,虽然连续发动攻势,但兵力不足,弹药将尽,渐渐感到难以支撑,同时东西两面侧翼也受到威胁。蔡锷仍主张顽强坚持,但参谋长罗佩金和川军司令刘存厚都认为,如果不暂时后撤,则有陷入包围,全军覆没的危险。蔡锷反复思考,最后接受了他们的建议。护国军3月7日放弃纳溪,退守大洲驿。

在撤退过程中,护国军难免士气低落,虽然最终全师而退,但也有少数官兵溃散。陈天贵说:"纳溪战场最称骁勇善战的何海清支队,因我主

---

① 李日垓:《客问》,云南省社会科学院历史研究所、贵州省社会科学院历史研究所编:《护国文献》(下),680页。
② 顾大全:《护国战争中的黔军》,《护国文集》,187—193页,河北教育出版社,1988。
③《田应诏致统率办事处等电》(1916年2月18日),李希泌、曾业英、徐辉琪:《护国运动资料选编》(下),360页。

力战败,影响所及,该支队蒋文华营竟溃退至滇省镇雄县。纳溪、江安、南溪相继失陷。"护国军之所以没有遭受更大损失,"冯玉祥等未拊我军主力的侧背,纳溪正面的张敬尧亦未跟踪追击,为两大幸事。"①支队长金汉鼎回忆:经过多日阴雨之后,"漫天阴霾逐渐消逝,东方出现了一轮红日。""忽得见天日,尤其是在春光明媚、花香鸟语的季节,人们有说不尽的欢喜。"但午后三时,总司令蔡锷和梯团长赵又新、参谋杨森等来到前线,亲自传达了当夜撤退的命令。金汉鼎认为,事先没有侦查路线,晚上撤退危险很大,"恐黑夜迷失方向,部队离散,如敌军跟踪而来,恐不易收拾。"蔡锷认为有道理,下令推迟一天。第二天晚饭时间,侦查路线的人回来了,赶制了路线图分发到营连排。当夜部队出发,路线明确,秩序井然,天明到达了预定的后方阵地峡鱼曹。当地百姓听说过北洋军恶名,看到护国军撤退,"心神大感不安,后见我军在谷口设下一个排哨对敌警戒,他们才又转忧为喜。"②梯团长顾品珍平时沉默寡言,似乎没有突出才能,但他在撤退中"亲自断后,一丝不乱",颇有大将之风。③

蔡锷3月8日致信驻永宁的秘书长李日垓,谈到了他当时的痛苦心情和护国军的险境:"纳溪战事,本有可为。弟一意主积极,而榕轩、积之则深以子弹不给,士气不扬,疲劳太甚为虑,非暂退不足以全师。""弟期以为不可,退却之命,缮定不发者屡日,既发复予迁延一日。乃各方面煎迫多端,遂不得不以退为进矣。熬不过最后五分钟,曷胜扼腕。昨今两日,默察将士情状,其精神似甚颓丧。现拟一面以少数部队扼止逆军之南进;一面将各部队在叙蓬溪、大洲驿一带停驻三数日,切实整顿。""将士纷纷奔永宁者当不少,务截留押解前来,并择三数人洙之示儆(枭首示众亦可)。""刘部弹乏饷竭,士气尤为腐窳,不堪用之战线。前夜八时即由阵地争先溃退,势如潮水。路过司令部,经弟吓以手枪,复反奔。闻其出东门

---

　　① 陈天贵:《护国战役亲历记》,《云南文史资料选辑》第十辑,189—190页。
　　② 金汉鼎:《护国军入川与北军作战经过》,《护国讨袁亲历记》,71—72页。
　　③ 李日垓谈,周隐硕笔记:《云南护国军入川之战史》,云南省社会科学院历史研究所、贵州省社会科学院历史研究所编:《护国文献》(下),672页。

后,仍鸟兽散,可叹也!刘部溃后,我军尚静据阵线,待至豫定之钟点,始徐徐引退,秩序井然。逆军未发一追兵,抑云幸也。"①

北洋军前线将领张敬尧3月7日进占纳溪,当日即通电全国报捷:"敝军进攻纳溪已阅两旬,昨夜逆军反攻数次,均被击退,毙匪甚多。细查逆军情景仓皇,似有动摇之势,当令各旅、团长乘逆军势懈,即当奋力痛击。今日拂晓,逆复猛烈来冲,我军奋勇痛剿,逆势不支,遂向永宁、怀仁方面败退。我军尾随痛追,将逆之坚固堡垒,暨最高之无底山、螺丝山全行夺据。""十时多完全克复纳溪,夺获枪支、军用品甚多。本当趁势跟追,实以久战之后,兵力已疲,加之江安、南溪仍系匪徒占据,恐逆反攻夹击,受其奸计,未便穷追。""纳溪城内尚有遗留受伤逆兵二百余名。"②川军团长刘湘十分卖力,率军向西猛攻,3月8日攻占江安,3月9日攻克南溪。袁世凯接报通令嘉奖:"刘湘奋力督战,连复要邑,肃清江岸,勤勇可嘉,著授为陆军少将,并授以勋五位。"③

蔡锷的信和张敬尧的电报在不少方面可以相互印证。蔡锷的信是给本方高层的私信,真实性更高;张敬尧的电报是全国公开的捷报,难免夸大其词。根据这两个文献大致可以确定下列基本事实:第一,滇军先发动进攻,进攻失败后才被迫撤退;第二,北洋军占领纳溪之后,顾忌滇军反攻,并未穷追;第三,滇军前线部队大部有序撤退,仍有战斗力;第四,刘存厚部和少数滇军出现溃散,纳溪城中发生了混乱,部分伤员未能及时撤出。

袁世凯获悉北洋军占领纳溪之后,极为高兴,通令嘉奖张敬尧、熊祥生、吴佩孚、吴新田等前线将领。嘉奖令从北洋军的视角回顾了泸州、纳溪战事的全过程:"上月初旬,刘逆会合滇寇猛力攻泸,势颇岌岌,幸旅长

① 蔡锷:《致李日垓何国钧函》(1916年3月8日),曾业英编:《蔡松坡集》,955—956页。
② 《张敬尧熊祥生等致政事堂等电》(1916年3月7日),李希泌、曾业英、徐辉琪编:《护国运动资料选编》(上),263页。
③ 《嘉奖刘湘在滇战功令》(1916年3月13日),骆宝善、刘路生主编:《袁世凯全集》第三四卷,672—673页。

吴佩孚率陆军二千,星夜到泸,会合熊祥生、李炳之所带各营,协力抵御,酣战数日,寇遂败窜纳溪,筑垒固守。蔡逆复调集所部,陆续增援。""适张敬尧率所部六千人赶到泸防,即向纳溪进攻,而滇寇精锐,先后来援,悉集于此。""该逆恃其援兵日增,土匪麇集,时出反攻,均被官军击退。""复于本月初五、六、七等日,以大队分途猛攻,战斗剧烈。初七日,以全力进扑,经官军迎头痛击,伤亡甚重,寇遂不支,溃退窜逃。官军遂乘胜追击,先将各要隘山头,悉行占领,纳溪城乡,随即一律完全克复。""张敬尧等督兵苦战,卒得克捷,忠勇奋发,殊堪嘉赏。""张敬尧授勋三位,旅长熊祥生、吴佩孚、吴新田均升授陆军中将。"①

第三节　冯玉祥的两面策略与北洋集团的裂痕

洪宪帝制及其引发的护国战争是北洋集团的盛衰转折点,四川南部是北洋军队向全国扩张的极限,在到达极限之后就走向了崩解。第十六混成旅在叙府遇到了护国军第一梯团,它在叙府争夺战中的两面政策,生动展示了一支北洋军队如何从对洪宪帝制思想上的抵触,发展到军事行动中的抗命。冯玉祥的态度对川南战役的胜败产生了关键的影响,使北洋军错失了击败蔡锷部护国军主力的最佳机会。第十六混成旅的反转是北洋军分裂的突出标志,甚至可以说,冯玉祥第十六混成旅是从北洋集团崩解下来的第一块碎片。

一、第一次进攻叙府失败,血战白沙场

袁世凯在1915年谋划复辟帝制的初期,认识到虽然北洋派已经控制全国大部分省份,但对西南数省有些鞭长莫及。他特意派陈宧去坐镇四

①《袁世凯命令》(1916年3月9日),李希泌、曾业英、徐辉琪编:《护国运动资料选编》(上),263页。

川,并且带了李炳之、伍祥祯、冯玉祥三个旅的北洋军,震慑云南和贵州的意思很明显,北洋军扩张的前沿到达了四川南部。1915年12月下旬,云南打出护国反袁的旗帜。1916年初,云南护国军先头部队刘云峰第一梯团(旅)攻入川南,击败北洋军伍祥祯第四混成旅,1月21日占领叙府。冯玉祥第十六混成旅1月26日奉命从泸州出发,反攻叙府。

冯玉祥是北洋军中少有的具有革命思想的军人,他在辛亥革命中就参加了滦州起义。但北洋军中保守势力占优,滦州起义失败,王金铭、施从云等十四人被杀,冯玉祥被递解回籍。后来在妻舅陆建章的提携下,冯玉祥才重新回到北洋军。他强烈反对袁世凯称帝,没有在全国高级军官集体劝进的通电上署名。冯玉祥说:"我到阆中第二天的晚上,接到陕西方面寄来的拥护老袁做皇帝的电文,接着成都方面,也陆续有电报来,征求我的同意,要我参加签名。我看到那电稿上少将以上的军人都签了名。"但冯玉祥在巨大压力之下,仍然冒着风险拒绝署名。①当然,在当时的局势之下,冯玉祥的拒绝是婉拒,对陕西方面说在四川署名,对四川说在陕西署名。但袁世凯为人精明强干,赏罚分明,并不容易蒙混过关。在1915年12月21—23日的封爵令中,绝大部分北洋军高级将领都被封爵,与冯玉祥同为旅长的齐燮元、伍祥祯、唐天喜等被封为一等轻车都尉,吴佩孚、李焕章等被封为二等轻车都尉,而没有署名劝进的冯玉祥则未被封爵。②

冯玉祥第十六混成旅总兵力约四千人,但只有一半到四川。他在比较自己和吴佩孚时说:"我此时已为混成旅旅长,直属陆军部,共有十营,而吴不过为一步兵旅长,只六营,无论地位资历我都在吴之上。"③冯玉祥的说法基本属实,但也略有夸大。据李泰棻《国民军史稿》,第十六混成旅的编制是步兵两团(六营)、炮兵一营、骑兵一营、机关枪一连,还有模范

---

① 冯玉祥:《我的生活》,183—184页,岳麓书社,1999。
② 骆宝善、刘路生主编:《袁世凯全集》第三三卷,686—687页。
③ 冯玉祥:《我的生活》,196、194页。

连,共计八营两连,每营三百多人。①冯玉祥把机关枪连和模范连都夸张为营了,不过特种部队战斗力较强,说十六旅战力相当于步兵十营并不为过。冯玉祥部是陕西将军陆建章手下最精锐的部队,陆并不想让第十六混成旅入川,但又不敢违抗袁世凯的命令。冯玉祥在北洋派的主要靠山就是陆建章,因此他采取了折中办法,把部队分成两半,一半留在陕西,一半入川。入川部队包括步兵一团(三营)、炮兵营、骑兵一连、机关枪连、模范连,②大致相当于五个营,约两千人。

冯玉祥收到进攻叙府的军令,有了滦州起义失败的教训,他不得不谨慎从事。当时袁世凯势力威压全国,滇军以一省兵力反抗,看起来胜算很小。冯玉祥不敢抗命,但又反对帝制,并不想和滇军打仗,但又必须向袁世凯有个交代,于是冯玉祥尝试与蔡锷直接联系,并派梁鸿遇与第一梯团长刘云峰接洽。刘云峰虽在滇军,但其实是河北人,与梁鸿遇有同乡之谊。梁鸿遇希望滇军体谅他们的难处,主动撤出叙府,避免两军交战,这当然遭到严词拒绝。滇军认为如果冯玉祥真反对帝制,就应该旗帜鲜明加入护国军,或者至少按兵不动,如果第十六混成旅进攻叙府,则势必遭到反击。

当时袁军从三个方向进攻叙府,伍祥祯旅从北面,冯玉祥旅从东面,倪聘卿警卫团从西面。不过,四川将军陈宧手下有不少重要人物如雷飚、刘一清、邓汉祥、修承浩、王彭年等都反对帝制,同情护国军,陈宧本人也与蔡锷私交深厚。雷飚说:"当袁世凯电陈宧限期收复叙府时,陈即派高等顾问刘一清为总指挥,令伍、冯、倪各旅归其节制指挥。刘一清在下达进攻命令时,对于各旅之配合,有意识地不作统一部署,以致各旅向叙城进攻,到者先后不一,未能作有利的配合,战区极为混乱。"此事是刘一清和雷飚、邓汉祥、修承浩秘密策划的,③但陈宧明知刘一清同情护国军,还任命他指挥部队作战,陈的立场动摇也不言而喻。

---

① 李泰棻:《国民军史稿》,11页,1930年自印。

② 李泰棻:《国民军史稿》,12页。

③ 雷飚:《蔡松坡先生事略》,《辛亥革命回忆录》第三集,420页。

滇军第一梯团有两个支队,每支队有两个步兵营及炮兵连、机关枪连,总计约三千多人,与北洋军一个混成旅实力相当。滇军部队编制与北洋军略有不同,滇军每支队有两个营,而北洋军每团有三个营。滇军和北洋军都是每营四个连,双方炮兵和机关枪部队差别不大。虽然北洋军一团比滇军一个支队多一营,但北洋军每连约一百人,每营一般不到四百人,而滇军的连和营编制比较大,每连约一百五十人,每营足额有六百人,比如第一梯团第二支队田钟谷营中一个步兵连的编制包括连排长、录事、军士、看护兵、勤务兵、伙夫、号兵、战斗兵共计一百四十六人,全营四个连出发时都是足额,共计约六百人。①综合起来,滇军一个支队大致相当于北洋军一个团,滇军一个梯团大致相当于北洋军一个混成旅。

第一梯团此时面对约两个多旅的三面进攻,兵力明显居于劣势,不得不充分利用三路敌军进攻叙府的时间差,采取各个击破的战略。第一梯团主力三个营在宗场迎击从北面进攻的伍祥祯旅,仅派田钟谷营阻击东面的第十六混成旅。云南与英属缅甸和法属越南接壤,滇军是晚清新政时期重点建设的边防军,其武器装备主要出自世界闻名的德国克虏伯工厂,军官大多毕业于著名的云南讲武堂,第一梯团堪称滇军以至于南方新军中最精锐的部队。第十六混成旅"除配备炮兵团宋子扬的大部及工兵、辎重兵等特种部队外,其步兵配备机关枪队(连),在当时为全国陆军中武器最精良的部队",②这个旅也是北洋军中最精锐的部队。

在冯玉祥犹豫动摇之间,两军1月31日—2月2日在叙府东部白沙场发生一场血战。白沙场之战堪称中国当时南北两支最精锐部队的华山论剑,强强相遇,战事非常激烈。冯玉祥虽然只有半个旅兵力,但面对前来阻击的田钟谷一个营还是有巨大优势。1月31日,冯玉祥部猛烈进攻,田营顽强抗击,但兵力不足,遭到包围,被迫突围后撤。守卫龙头山的胡岳连全连阵亡,龙头山阵地失陷。田营伤亡惨重,特别是连排长非死即伤。

① 奚济霖:《护国军第一军第二支队(原步兵七团)的回忆》,《云南文史资料选辑》第十辑,210页。

② 陈天贵:《叙府、纳溪战况纪实》,《护国讨袁亲历记》,80页。

田营中尉排长奚济霖说:"三十一日中午,我营到达前方。田所派遣的前哨一出去,就和敌人冯玉祥旅接触打响了。""来不及构筑工事,敌人已经来到阵地面前。各连只得命士兵各人利用地形、地物,在必要地点略作修补,士兵一律卧射,就展开了战斗。"营长田钟谷离队到叙府求援,副营长张振业指挥作战。"敌军人数多,步枪、机关枪和大炮火力都很猛,我营没有战壕掩护","不得不逐步后撤,转移阵地。几次转移后,敌人占据我营阵地,并且分兵沿两边山上兜追。我营正撤在洼地里,敌人就乘机散开夹射,我营绝大部的官兵都死伤在这里",连长杨盛民,排长姚玉麟、杨振邦、王麟书、冯鼎元、缪炽等都阵亡了。经过五个多小时战斗,"我营剩余的官兵已经丧失战斗力,只得继续向后撤。"此时天色将黑,冯玉祥部伤亡也不小,没有穷追。①

冯玉祥当夜起草电文向成都陈宦报捷:"职率所部攻叙、屏,本月三十一号早行抵叙东北方五十里之柳桥山谷中,与敌遇接战,我军猛攻,敌恃险隘,死力抗拒。仰仗德威,我军奋不顾身,扑面仰攻,连占龙头山、对河崖各要隘,并完全占领白沙场阵地。毙死敌逆约三百余名,内有逆首田营长钟谷一名(有误),连排长七名,生擒十余名,并夺获管退炮两尊,枪械、弹药、马匹及战利品无算。我军阵亡连长王品清一员,伤亡目兵三十余名。追敌至四十余里,因天已黑,就原战线露营。拟于明早进攻叙府。知关廑念,特先捷闻。"②

此时滇军第一梯团形势十分危急,杨蓁在派出田钟谷营阻击冯玉祥部的同时,亲率一个排连夜赶到宗场。1月31日天明之后,杨蓁指挥第一支队李文汉营、禄国藩营和第二支队金汉鼎营全力进攻,终于在当天击败伍祥祯旅。杨蓁指挥作战风格十分勇猛,"逢到我军攻势遭遇敌人顽抗,战况胶着时,时常亲率一个机关枪排和步兵一小部到最前线,一看有破敌前

---

① 奚济霖:《护国军第一军第二支队(原步七团)的回忆》,《云南文史资料选辑》第十辑,221页。

② 《冯玉祥致陈宦电》(1916年1月31日夜起草,2月1日送行营发电的士兵被滇军俘虏,2月3日补发),李希泌、曾业英、徐辉琪编:《护国运动资料选编》(上),224页。

进的机会,立即抓紧,突出攻击,全线的官兵们看见,士气大振,跟向前进,一鼓作气打垮敌人。"在第一支队的历次作战中,杨蓁身先士卒的表率起了很大作用,因此受到全军的敬重。①

在宗场击败伍祥祯旅之后,杨蓁命令金汉鼎营和李文汉营连夜增援白沙场。2月1日,形势开始逆转,刘云峰、杨蓁都赶到白沙场,杨蓁亲自布置炮兵阵地,滇军大举反攻,第十六混成旅被迫后撤。滇军士气高昂,并且得到四川民众大力支持,而第十六混成旅为帝制打仗情绪不高,战至2月2日下午,冯玉祥部败退。第十六混成旅分水旱两路撤退,正赶上川军刘存厚第二师宣布起义,运送伤兵的水路船只遭到截击,损失惨重,韩复榘等被俘。滇军营长李文汉说:"本营战胜后,奉令移向白沙场增加。是晚,在白塔附近宿营,夜十二时,余率三、四两连,炮一尊,黑夜向敌军侧面行动。二日午前十时,与敌接触,余率队猛力向敌攻击,战斗激烈,立毙敌二十余人,敌军溃退,余仍督率所部追击前进。敌军退至第二阵地,仍顽强抵抗,直鏖战至第三日,始将敌完全击退。"②滇军营长金汉鼎也奉命增援白沙场,他在养伤期间的信中说:"鼎先援宗场,继援白沙。方加入战线,天已昏黑。""诘旦续战,我军稍增,仅至二日,战斗即行结局,敌受大创,败溃而逃。白沙场之民,被其蹂躏,抢掠一空,暴虐之甚,诚无以加焉。而鼎则于一号左臂适受其创。""白沙之役,川民对于我军之爱戴,亦非口笔所能形容者。箪食壶浆,以迎义师,今实目睹之。"③

滇军虽然获胜,但伤亡很大,代价十分沉重。陈天贵说,此战阵亡二百多人,伤数百人,加上此前历次战斗的伤亡,"全梯团人数不到昆明出发时原额的一半了"。④美国医生露德当时在叙府医院中治疗负伤官兵,对

① 奚济霖:《护国军第一军第二支队(原步七团)的回忆》,《云南文史资料选辑》第十辑,222页。
② 李文汉:《护国军第一梯团第一支队第一营战斗经过》,云南省社会科学院历史研究所、贵州省社会科学院历史研究所编:《护国文献》(下),552页。
③《金汉鼎致王诘修函》(1916年2月),李希泌、曾业英、徐辉琪编:《护国运动资料选编》(上),225页。
④ 陈天贵:《叙府、纳溪战况纪实》,《护国讨袁亲历记》,84页。

滇军的高昂士气和严明纪律印象深刻。他在给美国驻云南领事代办贝有才的信中说:"彼等由云南起行,经三十六日之山路,复于枪林弹雨中争战一星期,其在本医院身体受伤之兵士,尤有一种英伟之气象,此为吾人所罕见者;而少年军官,非但无痛苦之心,且以不得从事于战争为撼。""北军行为极为残酷,所行所为,类皆暴虐之事。"滇军"对于普通人民,买卖亦即公平,自入叙府后,并未闻有何项不规则之举动,此吾辈之所以表同情于义军者"。①

第十六混成旅虽然败退,但滇军将士对其训练有素、战力强悍评价颇高。李文汉营长"巡视冯军宿营各处,皆照野外要务令实施",留下深刻印象,认为很值得本营学习借鉴。②金汉鼎也认为:"敌军无论在质量和数量上,还是在装备和供应上,都比我军远为优越,就是作战技术方面也称得上头等能手。"但决定胜负的是人心向背,四川人民主动为滇军送弹药,护送伤病官兵,修路架桥,供给饭食。滇军无法突围的和负伤的官兵,当地人把他们藏在家里,隐藏武器,换给衣服。"伤者找医治疗,视若亲子侄。在叙府城郊,有许多老太婆,天刚亮就起来沐浴净口,整肃衣冠,拎着香烛、纸锭、灯油,上翠屏山、真武山、半边寺各庙宇敬香,叩祷滇军打胜仗。"滇军受到四川人民的爱护尊敬,将士们都深受感动,"无一个人不以战死为无上光荣,以怯懦怕死为莫大的耻辱。"③

蔡锷收到白沙场之役获胜的战报后,一度对战局非常乐观,认为伍祥祯和冯玉祥两支北洋劲旅已被击破,攻占泸州不成问题。他2月4日通电全国,详细报告了战事经过,以鼓舞护国运动的士气:"我军第一梯团攻克叙城后,守叙之助逆北军伍旅已死伤星散,不能收集。讵驻防泸州一带之北军第十六混成旅冯逆竟率所部驰至南溪,意图犯叙。一月二十七日进

---

① 《美国驻滇领事代办贝有才君抄送叙府美国医生霍德君来函》,云南省社会科学院历史研究所、贵州省社会科学院历史研究所编:《护国文献》(下),548页。

② 李文汉:《护国军第一梯团第一支队第一营战斗经过》,云南省社会科学院历史研究所、贵州省社会科学院历史研究所编:《护国文献》(下),553—554页。

③ 金汉鼎:《护国军入川与北军作战经过》,《护国讨袁亲历记》,63—64页。

至李庄,我军第一梯团迎头痛击,逆军死力抵拒,相持三日。我军直前突攻,更遣队绕攻侧面,逆军不支,惊溃奔窜,死伤狼藉。一部由陆溃退,一部抢乘民船,顺流而下。适值川军第二师师长刘存厚于二月二日在纳溪举义,闻冯旅下窜,当派刘支队拦路截击。行至江安之马腿子地方,适遇逆军十余船,当即开枪轰击,逆军仓惶无措,高悬白旗,口称愿降,纷纷抢渡,计沉溺入水及死于枪弹者凡数百人。现冯逆有意归诚。刘师长已派队进据江安。我右纵队进窥泸州;前锋已抵纳溪,泸城指日可下。"①蔡锷这封通电不仅发给各省军政大员,还同时发给各商会、各报馆,3月6日就被发表于上海《民意报》。电中在直接把冯玉祥与护国军的秘密接洽公之于众,显然是有意制造北洋军内部分裂,也是想断了冯玉祥的后路,让其不要再犹豫动摇。

假如滇军真能如蔡锷预料的那样攻占泸州,冯玉祥加入护国军也并非不可能。但实际情况是,北洋军曹锟、张敬尧、李长泰等部源源入川增援,滇军2月上旬进攻泸州失利,被迫退守纳溪。冯玉祥看到护国军形势不利,只好继续在犹豫动摇中痛苦挣扎。有趣的是,冯玉祥后来回忆中对双方损失惨重的白沙场血战竟是这样叙述的:"我们军队一面进发,一面仍派了人去通知刘云峰先生,请他自动退出叙府,只要我们站稳脚步,随即撤退,请他千万不要误会。于是一面前进,一面放着朝天枪。打了一天,进至叙府附近的催科山。蒋鸿遇复偷偷将所携炮弹倒入山沟中,乃诡言弹完。并又派人通知刘云峰,我们即要撤退,请他坚守阵地,不要继续后退。我们即经南溪、富顺,直退至隆昌。"②

冯玉祥在回忆中这样扭曲事实,一方面提醒史家必须时刻警惕辨别史料真伪,同时也生动反映出他当时进退失据的尴尬处境。冯玉祥当然知道护国军是正义之师,其内心也是同情护国军的,他明白杀伤数百护国军的白沙场之战是他一生的污点,所以才会尽力轻描淡写加以掩饰。冯

---

① 蔡锷:《致唐继尧及各省将军等电》(1916年2月4日),曾业英编:《蔡松坡集》,902—903页。

② 冯玉祥:《我的回忆》,201页。

玉祥自己承认:"这一时期可算是我平生最大的一个痛苦时期。许多人评论别人,往往爱说风凉话,不肯设身处地,为其人其事仔细思量一番。""这次的事,我曾听到不少的人批评我顾虑太多;但批评的人并没想到我当时所处的地位和境况。""我若不顾一切,鲁莽从事,那不但牺牲了自己,于革命毫无裨益,而且反而会把事情弄糟的。"①冯玉祥这一番辩解,虽然说服力不强,倒也揭示出他当时痛苦挣扎的矛盾心态。

二、第二次进攻叙府成功,与护国军暗中合作

1916年2月,蔡锷率护国军主力三个梯团进攻泸州,但是北洋军曹锟、张敬尧、李长泰三个师先后开到,护国军前线兵力处于一比三的劣势,不但无法攻占泸州,反而在北洋军的进攻下面临险境。蔡锷急调第一梯团主力增援泸州战线,留守叙府的梯团长刘云峰手下只剩一个营,就是在白沙场之战中死伤惨重的田钟谷营。滇军一个营满员时的兵力有六百人,而历经苦战的田营此时只有一百人左右,加上刚来增援的工兵连,只有两百多人。川军将领熊克武随滇军出发,他在叙府招募不少绿林武装和巡防营,编成了吕超、周官和两个支队,但这些仓促成军的部队缺乏武器和训练,战斗力非常薄弱。

冯玉祥2月底受命再攻叙府,此时北洋军大举入川,护国军形势危急。冯玉祥在威压之下就不敢抗命,只得率军再次出征。伍祥祯旅第二团已经划归冯玉祥指挥,冯的部队增加不少,对叙府滇军有巨大优势。护国军虽然兵力薄弱,但如果不战而退,未免辜负叙府人民的深厚爱戴。他们在激情鼓舞之下,决定不顾兵力悬殊,拼死抵抗。刘云峰说:"余能战之兵,不过二百人左右,知不能抵抗,但不战坐失名城,未免可耻:若正式作战,兵力又相差太多,故率此二百人夜袭冯营。""不意夜间失路,未能找到冯之宿营地,天将明时,乃率部折回,令田营在崔锅山上布防;工兵连接田营左翼,在崔锅山下布防;吕、周两支队又接工兵连左翼,在吊黄楼布防。

① 冯玉祥:《我的回忆》,209页。

我方布置,敌即来攻。吕、周支队见敌即溃,田营及工兵连鏖战至下午,工兵连被包围,全连官兵均战殁。锦江浮桥亦被炮弹炸断,余所在之碉堡也炸倒,余埋在瓦石堆中,后由人挖出。前后方消息不能通。幸辎重车已安全退出,军用品毫无损失,至夜间始派人送命令给田营,安全退出阵地。后在北京与冯旅长晤面,彼甚称赞工兵连,全连阵亡,无一逃者,足知滇军训练之精也。"[1]

奚济霖奉命率一个机关枪排和一个步兵排,与川军熊克武部两个游击队协同防守吊黄楼。他对3月1日战况有生动记录:早上九点,冯玉祥部开始进攻崔锅山,刚从后方到达的刘国威工兵连坚持到下午,"全部非死即伤"。冯部占领崔锅山后,布置炮兵猛烈轰击吊黄楼浮桥,"浮桥两头原用铁线和藤绳系着两岸的大树和大石。大树被轰得枝叶纷飞,大石有崩裂的,浮桥面上的桥板有些被炸碎了。川军游击队是新近杂凑的队伍,战斗力不大,没有通知我们,就撤走了。这时敌人炮火愈猛。林光宗排长的头部被破片击中,把脑壳整个掀掉。士兵的伤亡也很重。天将黑,敌炮暂停轰击,但步兵已经接近。"滇军兵力微弱,自知无法继续抵抗,只得趁着夜色撤退。[2]

3月3日,冯玉祥部完全占领叙府,向北京发电报捷:"我军于二号早占领岷江左岸各要隘,一面尾随追击,一面在各要隘赶筑工事,以固叙防。敌仍在岷江右岸真武、翠屏两山据险死抗,官兵奋力扑攻,激战至下午三点时,将真武、翠屏两山次第占领。敌兵仍在金沙江右岸抵御,连夜战攻,至三号早,将白塔寺一带之高山尽皆占领。我军先后所占之要隘,尽皆居高临下,俯视叙城,叙府完全克复。"[3]袁世凯闻报大为高兴,3月7日通令

① 刘云峰:《叙府作战及与袁军谈判》,《护国讨袁亲历记》,53—54页。
② 奚济霖:《护国军第一军第二支队(原步七团)的回忆》,《云南文史资料选辑》第十辑,224—225页。
③《冯玉祥报告攻占叙州电》(1916年3月3日),中国第二历史档案馆、云南档案馆编:《护国运动》,546—547页。

嘉奖:"冯玉祥等率兵讨逆,酣战累日,恢复巨郡,忠勇奋发,极堪嘉尚",①并加封冯玉祥三等男爵。这个爵位通常是授予师长一级军官的,冯玉祥受封三等男爵属于战时状态的破格封赏。

此时蔡锷率领的护国军兵力和弹药都严重不足,处境十分危急。北洋军前敌总指挥曹锟、副总指挥张敬尧都命令第十六混成旅继续进攻,从西面绕攻蔡锷部护国军主力的后路。冯玉祥说:"我们占驻叙府的第二日,曹锟、张敬尧等都来电报,质问我为何不再前进追击滇军。"假如此时冯玉祥接受命令,从护国军左翼攻击永宁,截断其后路,则护国军确有陷入包围、全军覆没的危险。但冯玉祥攻占叙府,立功受奖,对袁世凯有了交待,从此按兵不动,以各种借口拖延,回电给曹锟说:"官兵病者太多,故暂作休息。"②同时,冯玉祥与护国军暗中接洽,基本实现停战。

叙府失守后,蔡锷明知刘云峰兵力单薄,仍令其做出反攻的姿态,意在牵制冯玉祥,使其不能攻击泸州方面护国军主力的侧翼。刘云峰后来说:他遵命进至叙府附近,"冯即派其参谋长蒋鸿遇来(蒋与我系保定军官学校同学)。彼言:'冯旅长系辛亥革命滦州首义之人,袁作皇帝,彼不赞成,前日之战,乃不得已耳,今闻你要攻叙府,彼此不要作无谓之牺牲,你要叙府,给你就是了。'余言:'彼既不赞成袁作皇帝,即是同志,我等出兵,为打袁皇帝,冯旅长既是同志,当然不能再打仗,叙府无论谁占,均无关系,不过冯旅长不能派兵援助张敬尧。'蒋云:'冯与张是仇人,今既不愿同你打仗,安能再去援张?'余云:'冯若决不援张,请冯仍在叙府,余还横江,你可担保否?'蒋云:'我愿以人格担保,若无实在把握,决不来欺骗老同学。'即与之订约。"③

滇军司令部参谋祝鸿基从另一个侧面,记录了冯玉祥与蔡锷之间的直接沟通。从纳溪退守大洲驿后的一天,占据叙府的冯玉祥派参谋张之

---

①《袁世凯命令》(1916年3月7日),李希泌、曾业英、徐辉琪编:《护国运动资料选编》(上),232页。

②冯玉祥:《我的回忆》,207页。

③刘云峰:《叙府作战及与袁军谈判》,《护国讨袁亲历记》,54页。

江去见蔡锷，路过白马庙，与祝鸿基等聊天。张之江说："该旅奉命袭击护国军后方永宁，冯旅长明知永宁空虚，但是不肯受命袭击。"祝鸿基等听了非常高兴，立刻派士兵送他去大洲驿，蔡锷与张之江见面交谈后，又派副官伍彪和他一起去叙府见冯玉祥。①就这样，蔡锷与冯玉祥建立了直接联络，护国军左翼的安全得到了切实保障。

3月7日，蔡锷兵败纳溪，退守大洲驿，这是护国军最脆弱的时候。冯玉祥的倒戈使护国军免遭致命一击，北洋军就这样错失了击败蔡锷的最佳机会。此时，反对帝制的段祺瑞在北京困守私宅，形同监禁。反对帝制的冯国璋在南京畏惧周边袁军势大，虽与各方接触，但不敢有实际行动，被梁启超骂为竖子不足与谋。而冯玉祥在遥远的川南却获得了相当的行动自由，从这里就可以看出空间尺度对政治军事运作的影响。

袁世凯死后，表面上冯玉祥又回归了段祺瑞为首的北洋派，但难免被看成不可靠的异类。不过北洋集团正走向分崩离析，直系和皖系的矛盾逐渐尖锐，各地战事不断，冯玉祥有带兵打仗的突出才能，一旦战事爆发，还是用得着的人。因此他不仅在夹缝中生存下来，而且行动自由越来越大，最终在北洋派崩解的废墟中，发展出鼎盛时期拥兵四十万的西北军。袁世凯主要靠私人恩义来维系北洋集团，这在思想纷杂、幅员辽阔的现代中国，很难避免崩解的命运。冯玉祥有鉴于此，十分重视部队的精神教育。他把基督教引入西北军，编写《精神书》，常常亲自下部队发表动辄几个小时的精神讲话。但冯玉祥毕竟是文化不高的军人，他这套杂乱的精神教育效果有限，终于无法避免韩复榘、石友三的背叛和西北军的崩溃。中国的空间尺度过于巨大，在思想纷杂的现代社会，统一国家的历史使命最终是由拥有强大意识形态和严密组织体系的新式革命党来完成。

---

① 祝鸿基：《护国战争》，《云南文史资料选辑》第十辑，71页。

第四章

广西独立与帝制撤销

第一节　梁启超冒险入桂

一、广西来使,邀请梁启超入桂

广西将军陆荣廷不满帝制活动的消息早已出现,但1915年底云南宣布反袁之后,过了一个月贵州才响应,而广西则迟迟没有动静。滇、黔军势单力薄,与优势北洋军激战于川南、湘西,战局日趋恶化。梁启超说:"我们在上海真是急得要死,自己觉得除了以身殉国外没有第二条路了,我自己天天做文章鼓吹,还写了许多信到各省的将军们,也没什么功效。"①

梁启超与陆荣廷原来并不认识,只是在1915年春回乡为父亲祝寿时,收到过陆的礼物。形势逼人,他1月下旬给陆荣廷写了一封长信,"反复申大义,剖利害。"2月中旬,经吴贯因介绍,陆荣廷的代表陈祖虞到上海面见梁启超,邀请他到广西,并承诺只要梁到广西,陆荣廷立即发动反袁。但这件事太过突兀,事先没有多少铺垫,梁启超的朋友们都很怀疑,甚至觉得可能是个陷阱。不过机会难得,万一错过了也很可惜,大家商量决定,梁启超自己暂不动身,先派汤觉顿、黄孟曦去广西联络。②

当然,梁启超对广西反对帝制的态度已经略有所知,特别是蔡锷路过香港时曾给梁写过一封信,提到广西的反袁酝酿。蔡锷在清末曾主管广西军事教育多年,与陆荣廷的主要助手陈炳焜有交情,在广西军界有相当影响。梁启超2月18日致电陆荣廷,激励他尽早行动,不要再犹豫。此电结尾处很不客气,说有人议论陆荣廷胆子太小,甚至见利忘义,明显是在

---

① 梁启超:《护国之役回顾谈》(1922年12月25日为南京学界公开讲演),云南省社会科学院历史研究所、贵州省社会科学院历史研究所编:《护国文献》(上),309页。

② 梁启超:《从军日记》(1916年3月17日记于越南冒溪山庄),云南省社会科学院历史研究所、贵州省社会科学院历史研究所编:《护国文献》(上),289页。

用激将法刺激他,由此可以看出梁启超的急迫心情。电文称:"客春归省,远承觌问,感激相思,与日俱积。自帝制议兴,举国如饮狂泉,其能以直道正气系天下之望,巋然泥而不滓者,惟将军与冯华帅。去腊松坡由港函津,语所规划,尤亟亟道将军,启超自是益知今后之国命,系于将军者未有量矣。滇、黔首义,晦盲顿开,转战两月,所向有功。然敌焰太张,大局久悬未定,薄海内外,视线咸集邕、桂间,谓但得将军一举手、一投足,则天下之势,将有所判。再荏苒数旬,义麾未建。浅虑之士,辄窃窃然滋疑议,谓将军得毋有所蒬慄,甚则縻好爵以易素志。"①

陆荣廷反对帝制的原因,大致与唐继尧、冯国璋等类似,主要源于地方实力派与袁世凯中央集权政策的矛盾激化。袁世凯在称帝之前,就已经开始推行中央集权,陆荣廷不得不把自己的爱子陆裕勋送到北京,名为学习,实则相当于人质。袁世凯又任命王祖同担任广西巡按使,实际上相当于中央派下来的监督者。这些都大大限制了陆荣廷的权力,势必引起他的不满。

陆荣廷出身贫寒,没读过多少书,谈不上有系统的政治思想。他浪迹江湖多年,社会经验丰富,做事灵活果敢,随机应变,善于在复杂形势下应付各方势力。他最初加入绿林武装,后来投靠清政府,1906年作为清朝军官去日本考察军事,却又加入了同盟会。据同盟会广西负责人刘崛说:"陆荣廷是在东京参加同盟会的。介绍人是曾彦和龙州方面一位姓宋的同志。"当时在同盟会内部,对是否接受陆荣廷加入是有争论的,孙中山心胸比较开阔,最后拍板说:"允许他吧。"后来发入会证的时候,刘崛又有些犹豫,还是孙中山爽快地说:"照发吧。"②

但1907年孙中山发动镇南关起义时,陆荣廷见清军兵力雄厚,不但没有响应,反而和龙济光、龙觐光一起率军镇压,因此受到清政府嘉奖。

---

① 《梁启超致陆荣廷电》(1916年2月18日),李希泌、曾业英、徐辉琪编:《护国运动资料选编》(下),382—383页。
② 刘崛:《我参加同盟会和回广西进行革命活动的情况》,《广西文史资料选辑》第十辑,27页,政协广西壮族自治区委员会文史资料研究委员会,1981。

不过,即使在这样的危急时刻,陆荣廷仍能两面应付。潘岐记说:"镇南关起义时,陆荣廷曾经有意归附孙中山,后来见清朝势大,害怕反清站不住脚,就不敢反了。陆荣廷攻打石山顶炮台,战事并不剧烈,这是陆荣廷留有余地,准备将来需要参加革命党时,得到革命党的谅解。"[1]正是因为有了这点余地,辛亥革命中刘崛等在梧州宣布独立,试图阻止陆荣廷去桂林就任都督。孙中山又打来电报,大意说,目前最紧要的是"推倒满清",广西的军政可暂由陆来维持,要求刘崛放陆荣廷通过梧州。"陆荣廷到了桂林后,不论同盟会、保皇党、共和党、进步党、立宪派,大多数人都拥护他了。"[2]可以看出,陆荣廷确实是一个既敢作敢为又八面玲珑的乱世枭雄。

1913年孙中山发动二次革命时,陆荣廷又站在了对立面,为驻军梧州的龙济光补充兵力,支持他进攻广东。但他却不像龙济光那样对革命派斩尽杀绝,仍是留有余地,除了遵从袁世凯命令处决蒋翊武,并镇压在柳州起兵反陆的刘古香等之外,他对捕杀其他革命党人并不积极。秦步衢抓获蒋翊武后,不经过他就直接向北京报功,陆荣廷颇为不满,后来找借口将其撤职。正是因为如此,1915年帝制活动兴起之后,革命派的钮永建和林虎才敢于直入广西,试图劝说陆荣廷加入反袁。钮永建在将军府巧遇他的学生甘朗廷,甘警告说:"王祖同在这里监视很严。"钮永建赶紧撤往梧州,准备回香港。陆荣廷听说后,立刻派曾其衡把钮永建接回南宁。他虽然没有直接见钮永建和林虎,但让亲信马济转告他的承诺:假如云南先发动起义,不让袁军从广西进攻云南,广西在军饷、枪支等准备就绪后也加入反袁,同时派曾其衡和雷殷担任联络员,往来南宁与香港之间。[3]

陆荣廷知道自己不是袁世凯的嫡系,帝制成功后中央集权必然加强,自己在广西的权势早晚不保。帝制活动逐渐公开后,陆荣廷一方面假意

① 郑惠琪等:《镇南关起义见闻》,《广西文史资料选辑》第十辑,9页。
② 刘崛:《我参加同盟会和回广西进行革命活动的情况》,《广西文史资料选辑》第十辑,26、28页。
③ 林虎:《我与陆荣廷联系讨袁护国的经过》,《护国讨袁亲历记》,247—248页。

积极支持,另一方面却暗中与反袁势力联系。他后来又称病离开南宁,住在老家武鸣,并借此招儿子陆裕勋从北京回家探视。不料陆裕勋半路病死,这显然又增加了他对袁的不满。当派往北京、上海、香港、日本、南洋的眼线不断报告反袁各派正在集结,声势日益增长,陆荣廷逐渐坚定了反袁的决心。1915年12月中旬,他召集了一个机密会议,参加者只有莫荣新、谭浩明、沈鸿英、韦荣昌、马干堂、卓锦瑚等七人,会上焚香宣誓反袁到底,背叛者死于乱枪。他在会前还把一支手枪交给卓锦瑚,严厉地布置道:如果沈鸿英反对,"我目视示意并转身入房后,你即将沈鸿英连枪打死,不得有误。"好在后来沈鸿英并没有反对。这中间还有了一个小插曲,"正当焚香宣誓时,其儿媳(陆裕光妻)来找东西。其媳去后,陆认为赌咒宣誓时受到妇人冲撞是不吉之兆,连说:'这次不算,这次不算!'随即带头重新焚香发誓。"① 由此可见陆荣廷的反袁决心,当然也显示了他绿林好汉式的迷信。后来陆荣廷还搞了一本宣誓词,让参加反袁密谋的人签名,上面有"倘有悔心,冷弹身亡"的毒誓。②

云南起义之后,陆荣廷派曾其衡去昆明联络。唐继尧明白,陆荣廷和冯国璋一样,是能够扭转大局的关键人物,对陆加入反袁阵营非常期待。他在1916年2月致陆荣廷的电报中说:"曩者颇闻左右所言,知公大节凛然,义不称臣袁氏,私衷向往无穷。比曾君其衡来,倾谈累日,愈知大君子观变沉几,非下走所能遽测。""所虑者民军多一日迟回,袁氏即多一日预备,流毒愈广,则将来收拾愈难,如能及时解决,斯为国家之福耳。今龙氏在粤,已陷四面楚歌中,坐拥愁城,不保朝夕,但得公振臂一呼,西南大局,立可底定。"③

此时陆荣廷有点像楚汉相争时的韩信,处于可以左右局势发展的关

---

① 卓锦瑚:《陆荣廷收缴龙觐光枪械记》,《护国讨袁亲历记》,235页。卓锦瑚虽然只是营长,但与陆荣廷是亲戚关系(妻舅),深得信任,所以能够参与机密行动。

② 陈树勋:《广西宣布独立概略》,《护国讨袁亲历记》,231页。

③《唐继尧致陆荣廷电》(1916年2月),李希泌、曾业英、徐辉琪编:《护国运动资料选编》(下),383—384页。

键地位,是各方争相拉拢的对象。如果广西倒向护国阵营,势必出兵进攻广东和湖南,两省本来革命势力深厚,很可能随之加入反袁。如果广西帮助袁世凯进攻云南和贵州,则云贵两省护国军腹背受敌,很难坚持下去。袁世凯也很大方地送来大批军饷枪械,但陆荣廷与袁的矛盾是不易调和的,他的反袁立场很难改变。不过,他仍在等待最佳时机,以便把风险降至最低,把收益增至最大。此时反袁阵营非常复杂,大致包括革命派、改良派、宣统复辟派、北洋内部反对派、各地实力派等,还有日本势力。在各派中,反对帝制声望最高、联络最宽的人物就是梁启超。假如梁启超能够进入广西,组建一个全国性的反袁政府,陆荣廷就可以在反袁阵营中占据有利位置,进而在反袁成功后的利益分配中得到最大收获,这是他积极迎接梁启超入桂的根本原因。

二、护国军形势危急,梁启超行程艰险

汤觉顿等准备出发去广西,还没有动身,陆荣廷的心腹唐绍慧2月22日就到了上海。他带来了更为详细的机密消息,并说陆荣廷之所以一定要请梁启超,是因为"自谓不堪建设之任,非得贤而共之,不轻发也"。梁启超听罢信心大增,当机立断,决定不再与朋友商量,许诺立刻动身。但唐绍慧还要去南京联络冯国璋,要梁再等一等,此时梁启超反而更为心急。他后来说:"时滇军方与贼相持于泸渝间,状至险艰,待桂之兴,如旱望云,伯珊往返金陵逾一来复,此一来复之焦灼,殊难为怀也。"上海人多口杂,耽搁几天后,梁启超将去广西的消息已经泄露到报纸上,大大增加了行程的难度和危险。此时日本军方代表青木宣纯答应帮忙,安排梁启超等七人乘日本客轮横滨丸3月4日从上海出发,计划经香港转日本船妙义山丸去越南海防,然后经陆路到广西。①

临近出发之时,梁启超托汤觉顿向老师康有为报告了此事。康有为

---

① 梁启超:《从军日记》(1916年3月17日记于越南冒溪山庄),云南省社会科学院历史研究所、贵州省社会科学院历史研究所编:《护国文献》(上),289—290页。

对于反袁非常支持,但强烈主张宣统复辟,甚至说梁启超等如果不同意,将来必然决裂,"恐成敌国",态度非常严厉,吓得汤觉顿"咋舌,唯唯而已"。梁启超最初想写一封长信,向康有为进言忠告,恰好与康有为关系密切的同门徐勤来访,两人彻夜长谈,都觉得很难改变康有为的定见。①从此事可以看出,各派势力虽然暂时在反袁大旗下通力合作,但政治立场有很大差别,即使康有为和梁启超这样关系密切的师生也难掩裂痕。

3月4日与梁启超一起出发的,有汤觉顿、黄孟曦、蓝公武、黄群、吴贯因、唐绍慧,但七人此行的路线和目的地并不相同。梁启超、吴贯因、蓝公武计划绕道越南到广西,费时较多;汤觉顿和唐绍慧计划经香港、梧州直接到广西,这样可以节约时间,加快广西独立进程;黄群计划先到云南再去四川;黄孟曦计划先到云南再去广西。除汤觉顿和唐绍慧外,其他五人都要经过越南,为保守秘密,他们都改换姓名,制作假名片,低调出发。②

航行期间,梁启超为躲避其他乘客耳目,藏在船舱最下层锅炉房旁边的小屋里,闷热难耐。只有在午夜时分,其他乘客都已休息,梁启超才能偷偷溜上甲板,呼吸新鲜空气,吹吹海风,仰望星空。一向勤奋的梁启超并没有浪费时间,他在横滨丸上起草了很多重要文稿,比如广西宣布独立的两封通电、《檄告广东军民书》《檄告在粤云南军士书》等。更为重要的是,梁启超设计了反袁全国政府的基本结构,取名军务院。"在军政时代设一军务院,院置抚军无定员,以合议制裁决军国重事。其抚军即以现首义掌兵之人充之,而主互选一人为抚军长。"他起草了"关于元首继承、军务院组织之宣言书五通,公电四通,军务院组织条例附焉"。③从形势发展来看,后来的军务院确实是按梁启超的设计建立的。他之所以主张仍推黎元洪为总统,南方只成立临时性的军务院,主要考虑是:"一则可以息

---

① 梁启超:《从军日记》(1916年3月17日记于越南冒溪山庄),云南省社会科学院历史研究所、贵州省社会科学院历史研究所编:《护国文献》(上),290页。
② 吴贯因:《丙辰从军日记》,丁文江、赵丰田编:《梁启超年谱长编》,760页。
③ 梁启超:《从军日记》(1916年3月17日记于越南冒溪山庄),云南省社会科学院历史研究所、贵州省社会科学院历史研究所编:《护国文献》(上),291页。

争,二则可以明护国军之兴,为拥护国体而起,非为争权夺利而起,袁氏无词可非难护国军,又无术可离间护国军。"①梁启超的想法后来基本被护国阵营全盘接受。

3月7日,横滨丸到达香港。当时革命派在广东到处发起武装暴动,形势极为紧张。欧事研究会的李根源、林虎、杨永泰等在香港建立机关,"实为西南五省之总枢",梁启超等人得到了他们的接应。另外,孙中山派的朱执信、邓铿等人,陈炯明派的邹鲁等人,康有为派的徐勤等人,都在香港或澳门建立机关,推动广东各地起兵反袁。英国政府支持袁世凯,对反袁势力稽查很严,龙济光更是悬赏重金捉拿这些人。侦探密布,危机四伏,李根源等人不得不到处躲藏。他们租下一间小屋,不敢雇用仆人,自己做饭打扫卫生,但他们的住所还是被搜查不止一次。②

汤觉顿和唐绍慧上岸住进广泰来旅馆,其他人不上岸,等待转船去越南。吴贯因、蓝公武、黄孟曦三人感觉无聊,也上岸去旅馆找汤觉顿,结果"入室未及五分钟,有二英捕及二华捕至,诘问余等姓名及来香港目的,继而穷搜觉顿行李,见有字纸,必读之数遍"。幸运的是,汤觉顿有一小皮包,里面藏着梁启超起草的两篇讨袁檄文和康有为给陆荣廷的信,竟然没有被搜到,这样汤觉顿和唐绍慧才得以乘小轮船直入广西。吴贯因等三人回到船上,船长发现香港水警对船只盘查也很严,船上很难藏五个人,于是商定只留梁启超、黄群在船上,藏于密室之中,其他三人上岸住进松原旅馆。③

梁启超在香港的几天,坏消息接连传来。3月2日,龙觐光部占领剥隘,从广西攻入云南。3月3日,冯玉祥部北洋军攻占叙府。3月7日,张敬尧部北洋军攻占纳溪,蔡锷败退到大洲驿。严重恶化的形势让梁启超心急如焚,不断产生从梧州直冲广西的冒险想法。吴贯因说:"方余等之

① 吴贯因:《丙辰从军日记》,丁文江、赵丰田编:《梁启超年谱长编》,763—764页。
② 李根源口述,刘寿朋笔记:《护国军始末谈》(1917年),云南省社会科学院历史研究所、贵州省社会科学院历史研究所编:《护国文献》(下),660页。
③ 吴贯因:《丙辰从军日记》,丁文江、赵丰田编:《梁启超年谱长编》,760—761页。

初至香港也,由广州日本领事传出消息,袁军已攻克叙州,未几又传袁军再攻克纳溪,未几又传龙觐光已攻下剥隘。恶耗频来,无在非恼人意事,余等斯时以为非再有他省响应者,则云、贵义师恐归于颠踬,而欲入广西又生窒碍,进退维谷,中心皇皇,而以梁任公之焦逼为尤甚,其所以拟冒险入梧州,及无护照而径赴海防者,皆急欲为云、贵谋得援军也。只身孤行,奔走万里,任公之大勇,于此可见矣。"①

梁启超以为其他乘客下船后,就可以在横滨丸上自由活动。不料由于香港水警不断巡查,他四天之中"竟不敢登舷一步",比航行期间更加憋闷。本来在上海时听说办理去越南护照非常容易,但法国与英国是同盟国,也采取同情袁世凯的立场。法属越南自3月初更改了规定,要求必须本人到法国驻港领事馆照相,才能办理护照,这当然是梁启超不敢尝试的。他急于推动广西独立,主张自己和汤觉顿一样直接经梧州进广西,并且已经托人安排就绪。但汤觉顿等激烈反对,认为过于冒险,领袖人物不能拿生命孤注一掷。大家最后商定,汤觉顿和唐绍慧按原计划3月9日经梧州入广西,过几天蓝公武和吴贯因也走梧州路线,黄孟曦按领事馆规定办理越南护照,而梁启超和黄群在日本人帮助下偷渡越南。②

离开香港之前,梁启超3月11日在船上会见了革命派在港核心人物李根源、杨永泰、林虎、文群四人。梁启超与革命派在清末即发生过激烈斗争,民国成立后,他又一直帮助袁世凯打击革命派,彼此蓄怨极深,少数革命党人甚至曾有刺杀梁启超的图谋。但这次双方畅谈反袁合作,会谈进行得十分顺利。梁启超感慨道:"此次各派皆经淘汰,去莠存良,其良者皆饱受数年苦痛之教训,客气悉除,误解一扫,人人各自忏悔其前此之所为。温和派有然,激烈派亦有然,此佳联也。"③蓝公武、吴贯因、黄孟曦上

① 吴贯因:《丙辰从军日记》,丁文江、赵丰田编:《梁启超年谱长编》,762页。
② 梁启超:《从军日记》(1916年3月17日记于越南冒溪山庄),云南省社会科学院历史研究所、贵州省社会科学院历史研究所编:《护国文献》(上),292页。
③ 梁启超:《从军日记》(1916年3月17日记于越南冒溪山庄),云南省社会科学院历史研究所、贵州省社会科学院历史研究所编:《护国文献》(上),292页。

岸住进旅馆,李根源关切地前来警告:"香港各旅馆住袁、龙之侦探甚多,断不可住。"他把三人接到自己在跑马地的家中暂住,当天下午即有警察到原来旅馆搜查,三人躲过一劫。①政治上没有永恒的朋友,也没有永恒的敌人,这句话最足以形容梁启超等与革命派的关系。

梁启超对这次与革命派的会谈印象很好,但革命派这边的感觉却略有不同。他们对陆荣廷尊崇梁启超有些嫉妒,甚至担心梁启超等把革命派撇在一边,包办广西独立。林虎说:"我们觉得他们可能是连独立檄文都做好了,只要广西照发,这样大的事都不和我们商量一下,我和李根源、曾其衡等以此谈笑,觉得天地间竟有这样自私自利的人。"林虎还特别写信给陈炳焜、马济和莫荣新,挑拨广西与梁启超的关系,劝他们独立檄文不让梁启超署名,大意说:"袁世凯称帝,各省都受其封王封侯,独广西不受羁縻,起而为国家除民贼,这在你们是一种义举。你们既牺牲官爵利禄而为国讨贼,其荣誉自应由你们自己承受,不应客气,也不应拿这个荣誉分给别人做人情;况且你们为国讨贼,纯粹出于自动,是表现广西的人格,倘若掺进省外某一人的署名,那你们就完全成为被动,不独使各位受了委屈,并且使天下之士讥笑广西内部太无人。"林虎的信发生了作用,莫荣新在梧州曾试图阻止汤觉顿通过,②可见反袁各派之间仍有不小矛盾。

3月12日,梁启超和黄群转乘三井洋行的妙义山丸从香港出发,准备以偷渡的方式经越南到广西。这次偷渡完全由日本朝野人士精心安排,三井洋行香港分部经理亲自乘小艇送梁启超转船。妙义山丸是运煤船,没有其他乘客,梁启超可以完全自由活动,以至于他觉得横滨丸是华丽的地狱,妙义山丸则是简陋的天堂。在与黄群的讨论中,梁启超鉴于袁世凯在中央的倒行逆施,一反在民国初年的中央集权主张,转而主张地方自治,对于自己在广西的政治前途有很多憧憬。他说:"中国之政治,以省为单位也久矣。今后此种积重之势,且有加无已。""欲行其志,恐地方实较

---

① 吴贯因:《丙辰从军日记》,丁文江、赵丰田编:《梁启超年谱长编》,761页。
② 林虎:《我与陆荣廷联系讨袁护国的经过》,《护国讨袁亲历记》,251页。

中央优也。此当视所以与干卿相处者何如,若其耦俱无猜,固当任之。即恭敬桑梓,亦宜尔也,溯初深以为然。"①

3月15日,妙义山丸到达越南海防附近的洪崖。船快要进入港口的时候,梁启超又不得不隐藏在船底舱室长达十四个小时,"煤为四壁,以烟养肺。"半夜三点,"风雨凄厉,天黑如磐",海防的日本商人横山奉领事之命,与夫人一起开游艇来接梁启超,对外宣称去白大龙游玩。第二天早晨,天色渐明,梁启超在游艇上醒来,看到了终生难忘的奇景。他写道:"余起,张目推蓬,喜欲起舞。境之幽奇,盖我生所未见也。""石岛棋布海中千数,皆壁立,绝跻攀,而细树杂花蒙茏其上,似笋者,似几者,似鼓者,似盖者……殊态诡状,不可殚纪。童时溯江见小孤山,至今叹奇绝,今小孤千百,耀我心目,安得不狂舞。"②这一美景,大致就在著名的世界自然遗产下龙湾一带,号称海上桂林山水。梁启超在紧张思考军国大事之余,仍不忘欣赏自然之美,以至于形诸笔墨,足见其开阔心胸与蓬勃生命力。

3月16日晚八时,游艇到达海防。张南生是驻海防的云南代表,他半夜来见梁启超,带来了唐继尧急切邀请的信件。显然唐继尧也想借重梁启超的大名,加强云南护国军政府在护国阵营中的领导地位。但梁启超认为广西独立对局势影响更为关键,于是派黄群去云南。在香港分手的时候,唐绍慧约定从广西到越南接梁启超,但计算日程最快也要七天以后。海防人多嘴杂,于是横山把梁启超送到他的牧场冒溪山庄隐藏。同行的七个人,自此只剩梁启超孤身一人,"在万山中,一小行箧裹十数卷书相伴耳。"③

梁启超在冒溪山庄的生活条件相当艰苦,生病几乎丧命。他在家信

---

① 梁启超:《从军日记》(1916年3月17日记于越南冒溪山庄),云南省社会科学院历史研究所、贵州省社会科学院历史研究所编:《护国文献》(上),293页。

② 梁启超:《从军日记》(1916年3月17日记于越南冒溪山庄),云南省社会科学院历史研究所、贵州省社会科学院历史研究所编:《护国文献》(上),293—294页。另见黄群:《记任公先生民国五年由沪入桂事》,黄群记洪崖为洪崎,丁文江、赵丰田编:《梁启超年谱长编》,764页。

③ 梁启超:《从军日记》(1916年3月17日记于越南冒溪山庄),云南省社会科学院历史研究所、贵州省社会科学院历史研究所编:《护国文献》(上),294—295页。

中说:"夜间无茶饮,饭亦几不能入口。""最苦者烟亦吸尽无可买。""书亦读尽,一灯如豆,虽有书亦不能读也。""吾被褥既委不带,今所御者,此间佣保之物也,秽乃不可向迩。地卑湿,蚤缘延榻间以百计,嘬吾至无完肤,又一日不御烟卷矣。""今方渴极,乃不得涓滴水。"某日下午,梁启超忽然发起高烧,"一夜之苦痛,真非言语所能形容。孑身在荒山中,不特无一家人且无一国人。""灯火尽熄,茶水俱绝,此时殆惟求死。"第二天一早,当地人来查看,紧急找来一种草药给梁启超服用,"不半日竟霍然若失,据言幸犹为轻症,然若更一日不治,则亦无救矣。"①梁启超在艰难困苦中,仍保持了积极的生活态度。他痛感在中国建立现代民主制度,需要多数国民接受现代思想的启蒙,于是利用这段孤独山居的时间,奋笔疾书,三天内写成了约两万字的《国民浅训》,完成后立刻寄给上海商务印书馆。1916年6月袁世凯死后,《国民浅训》公开出版,受到热烈欢迎,到1917年4月已经印至第六版,后来又被很多学校列为公民教育必读书,发行量巨大,产生了广泛深远的社会影响。②

梁启超整个行程得到日本人的大力协助,他一方面感谢日本人;但另一方面也感到日本的可怕,认识到日本是对中国最大的外部威胁。他后来说:"由港至越,日本动员其官、军、商、居留民、间谍、浪人全力以助余,虽孝子慈孙之事其父祖,不能过也。夫日人果何爱于余,何求于余,而奉我如此乎?在越南道中思之,不觉毛骨俱悚,不寒而战。遂转觉每个日人阴森可怖!吾乃知拟日人以猛虎贪狼,犹未尽也,乃神秘之魔鬼也。我此后遂生一恍惚暗影,他日欲亡我国,灭我种者,恐不为白色鬼,或竟为倭人也。"③

---

① 丁文江、赵丰田编:《梁启超年谱长编》,766—768页。

② 夏晓虹:《共和国民必读书》,载《读书》2016(3)。

③ 吴其昌:《梁任公先生别录拾遗》,夏晓虹编:《追忆梁启超》,122页。

第二节　龙觐光全军覆没，广西宣布独立

一、龙觐光部从广西攻入云南，个旧发生叛乱

1916年1月，袁世凯任命龙觐光为云南查办使，从广东带兵进入广西，准备进攻云南。但由于广东革命党到处发动反袁起义，龙氏兄弟虽拥有两万多兵力，仍感到吃紧。龙觐光只带了不到两千人和大批军械出发，还需要花费相当时间，在广西招募几千人训练成军。龙觐光2月9日发电报告袁世凯："由粤抽调之弁兵，已陆续过邕赴色。""更于桂、滇边境，选募熟习地利可靠士兵，集成二十营，拟编为一师，分派为五路，第一路司令中将李文富、第二路司令中将（黄）恩锡、第三路司令少将张耀山、第四路司令道尹吕春琯、第五路司令中将朱朝英，俱已继续前进。"①

龙济光、龙觐光兄弟出身云南蒙自哈尼族土司，他们还试图发动地方势力颠覆云南护国军政府。龙觐光派自己的儿子龙体乾回到老家蒙自一带活动，派黄恩锡带领数百人到其老家弥勒一带活动。当时云南军队主力大都集中到蔡锷、李烈钧两军，后方十分空虚。龙氏的老家逢春岭名义上属于蒙自，但实际离蒙自有约二百里，而离个旧只有约一百里。龙氏兄弟外出发展后，土司职位由其侄儿龙毓乾世袭。在龙体乾的煽动下，龙毓乾纠集部下，准备叛乱。同时，个旧商人马用卿等以义勇军名义召集数百人枪，个旧警备队约六百人、临时保商队约三百人也加入进来，叛军总计有一千多人。2月中旬，叛乱活动逐渐公开，个旧市民人心惶惶，纷纷逃亡。3月初，唐继尧从昆明警备团紧急抽调一连士兵到个旧，每日出操，

---

①《龙觐光为编组五路军队由桂攻滇情形密电》（2016年2月9日），中国第二历史档案馆、云南省档案馆编：《护国运动》，237页。

148

意图震慑叛乱分子。①

　　3月2日，李文富旅约三千人攻占云南东部门户剥隘。袁世凯3月9日通电嘉奖龙觐光、李文富，从此电语气可以看出，袁世凯此时心情大好，认为镇压云南起义不成问题，他已经开始考虑下一步如何在云南收买人心了，这与梁启超当时的焦虑绝望恰成对比。电文称："剥隘地方险要，为入滇要塞，该司令等督队力战，夺取粤西、百莱两炮台，克复剥隘，悉由该使调度有方，各将士忠勇奋发，用能奏此首功，足寒敌胆。仍著该使督饬所部，节节进攻。""该使入滇以后，务当宽免胁从，抚恤黎庶，以靖边徼而慰人心。"②

　　这段时间护国军的形势确实岌岌可危，早在2月中下旬，坐镇昆明的唐继尧就开始准备逃亡。他本来对反袁就缺乏信心，护国军未能袭取泸州，反而在纳溪与北洋军陷入苦战。各路北洋军源源入川，龙觐光部从广西逼近云南，云南内部也出现叛乱迹象，护国反袁的前景似乎十分黯淡。2月23日英国公使朱尔典给外交大臣格雷的报告中提到，英国驻昆明领事报告，"滇军在四川受挫，督军询问若他流亡到英国领土，可否受到保护？我答以：他将如同政治难民般受到豁免。"28日朱尔典又报告："云南内部不太稳定，唐继尧在安排逃亡。"29日昆明领事葛福电告朱尔典，唐继尧即将去职，建议朱尔典请求袁世凯停止让龙济光攻击云南。朱尔典命令葛福不要阻止唐继尧去职。③

　　由此可见，当时云南形势确实危险，唐继尧护国反袁决心并不坚定，完全不能与准备以死相拼的蔡锷相比。李成林给唐继尧当过参谋长，也算是唐的亲信，但他认为："云南起义，蔡是主动的，唐是被动的。但当时军政大权掌握在唐继尧手里，最后他同意了而且参加了起义，他是有功

---

　　① 张茗谷：《护国时期龙济光父子攻占个旧纪实》，《云南文史资料选辑》第十辑，278—280页。

　　②《袁世凯为李文富部攻占剥隘等地申令》（2016年3月9日），中国第二历史档案馆、云南省档案馆编：《护国运动》，243页。

　　③ 转引自唐启华《洪宪帝制外交》，298页。

的。但他是不能和蔡相比的。""蔡眼光远大,唐眼光狭小,蔡是为国家,唐是为个人,蔡为公,唐为私,蔡想做一番伟大的事业,唐想割据云南甚至贵州和四川。"蔡做云南都督时"月薪只领六十元,唐在银行里面积存了多少款子呢! 唐怎能和蔡相比呢?"①

李文富占领剥隘后,分两路进攻护国第二军军部驻地广南县城,一路由团长莫礼华率领从龙潭进攻,另一路由李文富自己率主力从皈朝进攻。李文富本人就是广南人,他的部下很多也出自这一带,有望得到响应。护国第二军军长李烈钧坐镇广南,派方声涛梯团到龙潭方向,派张开儒梯团到皈朝方向迎战。第二军名义上是一个军,其实总共只有六个营两千多人,张开儒梯团有三个步兵营、一个炮兵连、一个机枪排;方声涛梯团有两个步兵营和警卫大队两个连,武器装备也远逊于蔡锷的第一军。方声涛率朱培德、毛光翔两个营和警卫连在龙潭方向与莫礼华团激战两天,莫礼华团退往皈朝。方声涛部也向皈朝增援,于是双方主力都集中于皈朝,相持八天,难分胜负,形成拉锯战。②

二、广西独立,龙觐光全军覆没

1916年3月7日,袁世凯发布命令,"特派陆荣廷为贵州宣抚使",同时"特任陈炳焜兼护督理广西军务",③广西形势进入急速发展时期。陆荣廷接到命令后毫不推辞,立刻结束"居家养病",到柳州调集军队,号称要出征贵州。陆荣廷早已提出一百万元和五千支枪的要求,但袁世凯老奸巨猾,并不好骗。陆荣廷为取得袁世凯的信任,也是做足了功课。1915年9月,袁世凯派王祖同为广西巡按使,陆荣廷"不仅表示热烈欢迎,而且显得十分谦虚和要好,事无大小,无不与王洽商,即游宴饮食之微,每有雅集,均虚左以待,非王来不欢。大约是王到任一个月光景(十月间),北京筹安会示意各省军政长官对袁劝进,陆荣廷立即主动和王祖同联名发出

<hr>

① 叶成林:《护国运动的一段回忆》,载《近代史资料》(总16号),80页,1957(5)。
② 陈润之:《第二军进兵两广记》,《护国讨袁亲历记》,219—220页。
③ 骆宝善、刘路生主编:《袁世凯全集》第三四卷,614页。

劝进电报。同时,陆对办理劝进代表一事,亦十分热心。当南宁选举区投票之日,陆荣廷亲自到场"。"陆荣廷取得了王祖同的信任,使王认为陆对袁氏忠诚不二的。"①当然,袁世凯未必真的相信陆荣廷"忠诚不二",他可能还认为,护国军大势已去,陆荣廷本来犹豫不决,形势不利的情况下更不敢起兵造反。当王祖同报告陆荣廷并无异动时,袁世凯满足了陆荣廷的经费和军械要求。

但袁世凯显然低估了陆荣廷的胆量,也低估了他捍卫广西地盘的决心。龙觐光与陆荣廷是儿女亲家,袁世凯或许认为派龙觐光进广西不至于激怒陆荣廷。但这确实引发了陆荣廷唇亡齿寒的感想,他对卓锦瑚说:如果龙觐光攻下云南,自己夹在广东龙济光和云南龙觐光之间,广西地盘早晚保不住。陆荣廷派卓锦瑚带兵随龙觐光出发,名为支援,实为监视,临行嘱咐:"如时机对我不利时,你即将龙觐光予以袭杀。"卓锦瑚有些犹豫,问道:"老帅和龙将军是亲家至戚,我把他杀死了,将来你后悔起来,不是又要责怪我吗?"陆说:"我已决意倒袁,早就准备大义灭亲的。"卓锦瑚又担心打死陆的女婿龙运乾,不好向大小姐交待,陆又说:"如果姑爷和你对阵,你就把他打死,我准备养大小姐一辈子就是了。"②为了保住地盘,陆荣廷确实下了最大的狠心,政治斗争的残酷无情由此可见一斑。

3月15日,石破天惊,广西宣布独立,加入反袁阵营,从而根本逆转了护国军的不利形势。有趣的是,反袁通电出现了两个不同版本。南宁发出的反袁通电是由陈炳焜、谭浩明、莫荣新署名,连在柳州的陆荣廷都没有署名。致全国的通电称:"桂省军民,蓄愤久矣。现在万众一心,声请讨贼,激烈汹涌,断非炳焜等所能压抑,惟有电请转呈元首,速发明命,取消帝制,并严办倡议为首诸人,以谢天下,无任祈祷。全省军士,荷戈待命,盼于三日内赐答。"③陈炳焜等并没有等待三日,当天就致电陆荣廷并通

---

① 卢五洲:《陆荣廷率师入湘记略》,《护国讨袁亲历记》,255页。

② 卓锦瑚:《陆荣廷收缴龙觐光枪械记》,《护国讨袁亲历记》,236—237页。

③《陈炳焜等致全国电》(1916年3月15日),云南省社会科学院历史研究所、贵州省社会科学院历史研究所编:《护国文献》(下),793页。

151

电广西全省:"经会议表决,即日宣布广西独立,公推我上将军为广西都督。"①陆荣廷也于15日当天就以广西都督名义通电全国:"荣廷虽身起草茅,尚知纲纪,不得不率此旧部,完我初心。誓除专制之余腥,重整共和之约法。"②

这套程序当然是陆荣廷事先安排好的,他故意不自己出面署名,甚至自己都不在南宁,就是要制造一种被部下推戴、身不由己的效果。这一系列通电,应该是由陈树勋和苏绍章起草的。陈树勋说:在陆荣廷的老家武鸣,"陆荣廷叫我和苏绍章两人到他的客厅里,说:'梁启超要来广西,岑春煊也要来。据说梁启超已把讨袁的檄文拟好。可是海外的革命党人有的反对他两人署名。我已决定不要他两人署名,希望你们把讨袁的檄文和各种通电拟好,等我到柳州后即和陈舜卿宣布独立。'当天他就出发去了柳州。""三月十五日晚上,陈炳焜请我和苏绍章两人到他那里,说:'现在时机业已成熟,可以宣布独立了。'接着陈炳焜就派兵守住银行和电报局,立即宣布独立。当时讨袁的檄文和通电各省及本省各属的电文,我和苏绍章早已拟好,当晚即由我两人译发。"③

由此可见,林虎等革命党人的挑拨还是发挥了作用,广西并未采用梁启超起草、汤觉顿带来的独立通电。但梁启超起草的电文也并没有完全作废,他把副本交给了上海报纸。广西独立后,上海方面立即发表了梁氏版本的独立通电,电文由陆荣廷和梁启超两人署名:"前大总统袁世凯,在职四年,秕政百出,神人冤愤,罪已贯盈,更怀野心,妄觊神器。""荣廷忝守岩疆,捍圉有责;启超历游各地,蒿目滋惊,是用述约法之明条,劝袁氏以引退。""荣廷怵于报国大义,不敢不挥涕以誓师徒;启超虽以文弱书生,亦只得竭才以赞帷幄,顷已与滇、黔、湘、蜀各护国大军通联策应,会师江汉,

①《陈炳焜等致陆荣廷等电》(1916年3月15日),李希泌、曾业英、徐辉琪编:《护国运动资料选编》(下),385页。

②《陆荣廷致各省通电》(1916年3月15日),李希泌、曾业英、徐辉琪编:《护国运动资料选编》(下),385页。

③陈树勋:《广西宣布独立概略》,《护国讨袁亲历记》,232页。

荡氛燕云。"①梁启超版的广西独立通电,文采远在广西版之上,当时也流传很广。林虎应陆荣廷之邀去南宁时,还"顺便带了十份上海《时事新报》,因它所登广西宣布独立的电文,与广西所发出的独立电文不相符,而且署名有梁启超,广西所发出者则无此名"。②以陆荣廷之圆滑,对来监视的王祖同尚且奉送五万元旅费,对同一阵营的关键人物梁启超,当然不会追究擅发通电问题。他自己故意不署名,只由部下署名,大概也是为了照顾梁启超的脸面。大敌当前之际,梁启超自然也不会在意陆荣廷没有采用自己的檄文,这个插曲没有影响双方的合作。

3月上旬,为击破龙觐光部,解除对云南后方的威胁,原计划增援四川的滇军黄毓成部和赵忠奇部从贵州折回,进入广西,攻击驻百色的龙觐光司令部。桂军遇滇军则自动撤退,态度已经十分明显。赵忠奇说:沿途只和龙觐光的部队打了三个小仗,缴获却不少,后来"一直开往百色,沿途都没有打什么仗。龙觐光自己从广东带来的军队不过一千几百人,人数很少。后来沿途招募并勾结土匪。他们的队伍虽号称一万多人,但都是乌合之众,没有经过什么训练,没有什么战斗力,所以战争并不激烈的"。③3月16日下午,黄毓成部逼近百色,与龙觐光部第五路司令朱朝瑛部发生战斗。朱部约一千八百人,"每排一红旗,插遍山谷间,全线约长二千米,掘壕为守,机关枪三挺置之道路要冲。"滇军三个营在杨杰等带领下奋勇进攻,朱部也几次反攻,双方从下午打到晚上,"炮声隆隆,彻夜不息。"战至17日黎明,朱部败退,"其大股向百色飞奔"。④

3月17日,黄毓成收到桂军旅长陆裕光从百色送来的信,得知广西已于15日宣布独立,"现迫令龙逆缴械,正严重交涉,倘有别情,当飞报会

①《陆荣廷、梁启超宣布广西独立电》(1916年3月15日),云南省社会科学院历史研究所、贵州省社会科学院历史研究所编:《护国文献》(下),791页。

② 林虎:《我与陆荣廷联系讨袁护国的经过》,《护国讨袁亲历记》,252页。

③ 赵忠奇:《护国运动的回忆》,载《近代史资料》总16号,76页,1957(5)。

④《黄毓成致唐继尧等电》(1916年3月17日),李希泌、曾业英、徐辉琪编:《护国运动资料选编》(下),400页。

剿。"①龙觐光部在百色陷入桂军马济、陆裕光部与滇军黄毓成、赵忠奇部的前后合围。桂军黄自新派代表送信给龙觐光,要求他"取消拥袁,一致倒袁,限两小时答复"。龙觐光自知难以抵抗,只好签字同意,但黄自新对复信内容发生误会,几乎爆发战争。卓锦瑚等又伪造一封陆荣廷的电报,说龙军点名后改编,趁龙军架枪等候点名时,收缴了枪支。龙觐光司令部直属的数千人被完全缴械,数千枪支和几十万军饷大部分落入桂军之手,为桂系崛起增加了不少资本,②滇军也分得了一部分俘虏和枪械。龙觐光本人不得不于3月17日通电全国,"辞去云南查办使责任,赞助共和,以谢天下。"③攻入云南的李文富部腹背受敌,无心恋战,也于3月17日向滇军张开儒部缴械。梁启超到达南宁后,出席了一场有趣的宴会。陆荣廷请梁启超坐首席以示尊重,自己坐主位,请香港来的革命派代表林虎坐在左侧,右侧则是丧师被俘的龙觐光。④龙觐光虽然被俘,他到底还是陆的儿女亲家,而且在说服广东龙济光倒戈上仍可能发挥作用。

广西独立解除了云南的外部威胁,稳定了人心,振奋了士气,滇军平息内部叛乱的环境大为改善。个旧叛军人多势众,又有袁世凯、龙济光、龙觐光撑腰,一度气焰十分嚣张,他们3月10日发动叛乱,围攻县署。守军只有一连,他们英勇抵抗,但寡不敌众,除六个伤兵被俘外,几乎全部阵亡。叛军还企图破坏滇越铁路,切断云南对外交通。个旧失守,全省震动,唐继尧紧急调派昆明警卫部队赵世铭团和马为麟团南下,在驻蒙自的师长刘祖武指挥下平叛。龙体乾等占据个旧后,更加猖獗,强迫大批土司治下农民加入叛乱,啸聚数千人马,围攻蒙自。赵世铭团刚到蒙自就不得不投入守城战。第二天清晨,胡若愚营前方一千米左右,"隐隐约约身着黑衣持杂色武器者数百名,猛扑我哨兵,后面是执步枪身着黄黑色衣服

---

　　①《黄毓成致唐继尧等电》(1916年3月17日),李希泌、曾业英、徐辉琪编:《护国运动资料选编》(下),400—401页。

　　②卓锦瑚:《陆荣廷收缴龙觐光枪械记》,《护国讨袁亲历记》,237—238页。

　　③《龙觐光致各省通电》(1916年3月17日),李希泌、曾业英、徐辉琪编:《护国运动资料选编》(下),388页。

　　④林虎:《我与陆荣廷联系讨袁护国的经过》,《护国讨袁亲历记》,253页。

者,又夹杂着大号铛锣之声,蜂拥奔向我方。"守军沉着应战,等敌人接近时,枪炮齐发,火力猛烈。叛军毕竟是乌合之众,人数虽多,但难与训练有素的正规军对阵,死伤惨重,仓皇败逃。①

滇军乘势反攻,3月20日收复个旧。赵世铭通电全省报捷:"个匪数千,顽固不服,挟全力与我相抗。我军兵士用命,奋力猛攻,于号日午前九时,业将个旧完全克复。地方父老,额手称庆,悬旗欢迎。"②黄恩锡部叛军乘滇军进攻个旧,从广西西林潜入云南,在弥勒、邱北、竹园、十八寨等地发动叛乱。滇军又回师击败黄恩锡叛军,4月6日攻克竹园,8日攻克十八寨、弥勒。③滇军进一步深入追剿,4月14日攻占了龙氏兄弟的老巢蒙自逢春岭。叛军本为乌合之众,见大势已去,纷纷逃散。但残部莫朴等化为土匪,为祸滇南三十多年,直到1950年才被解放军肃清。

广西独立后,护国军立即转守为攻。桂军组织了两路大军,分别攻入广东和湖南,广东的龙济光和湖南的汤芗铭感到巨大压力。湖南和广东本为革命派实力雄厚的地区,汤芗铭和龙济光为镇压地方起义已经手忙脚乱,桂军的进攻态势让他们更为恐惧。3月18日,沈金鉴向北京报告:"据永明知事急电称:桂省连日由南宁开来军队二十营,分驻湘桂连界之龙虎关等要隘,可决其必以全力图湘。""湘四路受敌,加之内匪蜂起,大庸又来急电,危在眉睫,人心惶惑,全局必危。湘危,则大局益不可收拾。""万恳速以全力注意湘省,添调重兵。"④3月23日,汤芗铭电告袁世凯:"桂省自独立后,声言不日派兵南下。查该省军队,现已迫近永明属之龙虎关,及全属之黄沙河,距零陵仅九十余里,朝发夕至。零陵为湘南重镇,倘有疏虞,全省必为摇动。业经飞饬望镇守使由城步星夜回永,并将江永道

① 吴璋:《第三军保卫南防战役纪实》,《护国讨袁亲历记》,223—229页。
② 《赵世铭致云南各师长等电》(1916年3月23日),李希泌、曾业英、徐辉琪编:《护国运动资料选编》(下),403页。
③ 《刘祖武关于黄恩锡部克复竹园弥勒等地通电》(1916年4月9日),中国第二历史档案馆、云南省档案馆编:《护国运动》,249页。
④ 《沈金鉴致政事堂统率办事处电》(1916年3月18日),李希泌、曾业英、徐辉琪编:《护国运动资料选编》(下),389页。

各县驻兵酌量抽调,向零陵集合,勉为防堵。"①3月25日,汤芗铭又报告:"据永明谢营长电称,确探桂省大军一由全州出黄沙河;一系马司令率步队及机关炮、炮队共十余营,现集龙虎镇,准二三日内由桃川直下,会合永州等情。"②贵州护国军王文华部仅三个团三千多人,在程潜等发动湘西地方义军配合下,已经让北洋军第六师和二十师陷入困境。现在广西大军压境,汤芗铭当然明白,大难临头了。

广西独立发挥了扭转乾坤的作用,大大振奋了全国反袁势力的士气,获得一致的高度评价。上海革命派报纸《中华新报》3月18日发表了热情洋溢的社论:"陆将军以英武不世出之雄姿,用广西极骁勇善战之民气,于中华民国三月十五日,誓师独秀峰头,宣告独立。凡吾国人,无老无幼,无男无女,罔不额手称庆,以祝吾广西护国军万岁!可敬哉,吾陆将军!可爱哉,吾广西之同胞!""广西护国军起而响应,不但云南护国军得以专注川、湘,无后顾之忧。即就广西护国军而论,广西之义旗一挥,广东定闻响应,对于光复广东,实无异探囊取物。""彼湘、赣豪杰,自必愿为前驱,诚所谓事半功倍者,则长江以南,即非袁家所有矣。"③梁启超后来也说:"广西陆将军荣廷,自帝制初发生,即持反对态度。云南起义以前,久已秘密预备,特缘地势关系,发之不能太骤。及云南军在四川与袁军相持,事趋危急,陆君乃崛起以促时局之解决。当时两军成败,间不容发,广西独立,兹役最重要之枢纽也。"④

①《汤芗铭致统率办事处电》(1916年3月23日),李希泌、曾业英、徐辉琪编:《护国运动资料选编》(下),391页。

②《汤芗铭致统率办事处电》(1916年3月25日),李希泌、曾业英、徐辉琪编:《护国运动资料选编》(下),392页。

③梦公:《广西独立与民国之关系》,载《中华新报》1916年3月18日,李希泌、曾业英、徐辉琪编:《护国运动资料选编》(下),393—394页。

④梁启超:《国体战争躬历谈》(1916年10月),云南省社会科学院历史研究所、贵州省社会科学院历史研究所编:《护国文献》(上),301页。

第三节　护国军反攻纳溪，袁世凯撤销帝制

一、护国军反攻纳溪，北洋军损失惨重

蔡锷的护国第一军在大洲驿休整十天，士气逐渐恢复。这段时间龙觐光部从广西攻入云南，个旧、蒙自发生叛乱，云南后方吃紧，无力支援在四川的护国军。倒是贵州的刘显世就近提供了一些帮助，虽然数量不多，但堪称及时之雨，包括银元五万，军服一万套，还有一些子弹。贵州民夫人背马驮，走崎岖山路，日夜赶运送到大洲驿。①

3月15日广西独立，护国军士气大振，趁势反攻纳溪。3月17日夜，护国军右翼进攻沙山获胜，张敬尧部主力向双河场退却。在沙山之战中，黄金般的油菜花遍山盛开，成为金汉鼎支队的最好掩护，他们伏击了一支试图反攻的北洋军，然后借助炮兵和机枪的威力突破了敌军阵地。支队长金汉鼎为机枪手观测距离，震坏了右耳耳膜，从此失去听觉。统计战果，当日支队共毙伤敌军三百多人，单是从菜地里捉送来的俘虏就有三十七人，缴获两门炮、两挺机枪，三八式步枪一百二十多支，炮弹十六箱，子弹两万多发。②蔡锷3月19日给第二梯团第四支队长何海清的命令说："我右翼军于十七号夜占领沙山，十八号下午五时占领大小山坪后，猛烈追击中。其主力绕攻金银坎、牛背石一带之敌，似已得手。本道上一部之敌占领龙头铺、大湾坡一带阵地，顾梯团之第六支队现与对峙中。"命令何海清支队"受顾梯团长之指挥，协同进攻"。③

第三梯团长顾品珍率中路五、六两支队于19日占领金盘山，当夜偷袭茶塘子、梁山一带敌军，20日凌晨杀死北洋军哨兵后，上刺刀潜入敌

---

① 邹若衡：《云南护国战役亲历记》，《云南文史资料选辑》第十辑，154页。

② 金汉鼎：《护国军入川与北军作战经过》，《护国讨袁亲历记》，73页。

③ 蔡锷：《致何海清命令》（1916年3月19日），曾业英编《蔡松坡集》，979页。

阵,"大声呼杀,震动山谷。敌于梦寐间无所措手足,被刺杀于壕中者数百名,逃出者两侧皆为绝壁,坠岩死者不计其数。"①蔡锷3月21日致电唐继尧报捷:顾梯团"廿号上午五时半全线夜袭,突入散兵壕,逆军猝不及防,全阵崩溃,拂晓后猛烈追击,逆军亦节节抵抗。自昨晨至今午,我军奋勇尾追,现已薄纳溪西城附廓一带"。②护国军进攻纳溪,北洋军为便于防守,不顾人民死活,"四处放火焚烧民房。双河场至纳溪一带炎焰弥空,火光彻天。"蔡锷在3月23日电报中称:"逆军大部已退出纳城。""俘虏逆军廿余人,内有总兵站长陈庆周一名。据俘虏所称,连日剧战,逆军死伤、逃亡、俘虏,总计不下七八百人之多,其炮队孟连已扑灭无遗。"③张敬尧第七师损失惨重,士气极为低落,只有招架之功,已无还手之力。

值得一提的是,北洋军飞机曾参与作战,被滇军炮兵击落两架,这是中国空军最早的实战记录之一。1913年,袁世凯通过法国人白里索购买了十二架法国歌德隆式飞机,在南苑设立航空学校和飞机场,第一期学员于1915年秋季毕业。④1916年3月20日,滇军在纳溪前线见到了北洋军飞机,第三梯团炮兵连长孟雄成记载:"午后,敌有飞机一架,由纳溪方面向我右翼前进,视察我兵力。当即被本连于远距离发现,先准备瞄准,照教范所规定者实施之。须臾,敌飞行机向本连阵地横行而过,至我瞄准之点,即令发射二发,而空炸点,适与敌机平行,不过稍偏左二三米达耳。敌机闻声,即变换方向,向泸州方面退落。当敌机之飞行于空际时,其声戛然,有如怒鸟高翔,肃肃振羽,而未见过者,不禁惊惶失措,以步枪射击之。殊不知敌机目的,不过侦察而已,毫无特别能力,故见我炮弹,即丧胆矣。"⑤3月21日下午两点左右,北洋军再派三架飞机从泸州来前线侦察,

---

① 祝鸿基:《护国战争》,《云南文史资料选辑》第十辑,71页。
② 蔡锷:《致唐继尧等电》(1916年3月21日),曾业英编:《蔡松坡集》,984页。
③ 蔡锷:《致唐继尧等电》(1916年3月23日),曾业英编:《蔡松坡集》,986页。
④ 吴承禧:《中国第一所航空学校》,杜裕源:《南苑航空学校》,《文史资料选辑合订本》第三卷第十辑,126—128页。
⑤ 孟雄成:《护国军蜀战通讯》,云南省社会科学院历史研究所、贵州省社会科学院历史研究所编:《护国文献》(下),591页。

第三梯团第六支队长王秉钧报告:"令孟炮兵连长速射,接连击落两架,其一架向泸州逃回。"①

护国军在一周的猛烈攻势中,弹药、兵力消耗很大,无力持续进攻,未能彻底歼灭敌军。蔡锷3月24日致电唐继尧要求补充弹药和兵力:"近日两战虽获大胜,然未能将最顽悍之逆军第七师一鼓歼灭,殊为遗恨。盖一因子弹告罄,一因逆军得第八师之新援。""我军现额实不足四千,其中义勇队近千人,战斗力尤弱。刘师索饷则号称四千,临战则莫名一兵。""最苦者,弹药未能如时到手,每难收战胜之效。老兵伤亡,无已练之兵补充,致战斗力因而日弱。务望冀公将每枪所储弹药千发,悉数饬解,分存毕、永,并每月拨送补充兵五百乃至千人。"②

北洋军李长泰第八师王汝勤旅开到合江,从东侧威胁了护国军右翼,把张敬尧第七师从崩溃边缘挽救回来,双方重新回到相持局面。第八师1月25日从北京附近出发,前队1月28日就已经乘火车到达武汉。但从武汉乘船逆江入川的行程非常艰险,"江水流急滩险,凡江岸稍有容足之地及上滩之时,均饬目兵登岸拉纤,早开晚泊,志切速行,生恐贻误戎机,虽阴雨连绵之际,亦未曾因之稍滞。前队行至万县上游,幸有曹总司令派轮下驶迎接。"经过一个多月的逆江旅程,师部和十五旅3月10日才到达重庆,后续部队"随到随开,饬赴合江"。③从第八师的行军过程可以看出,在中国这样幅员辽阔、交通条件又极为原始的大国,中央政府控制边远地区确实有相当大的难度。

在广西独立和护国军反攻的鼓舞之下,四川各地民军勇气倍增,蜂拥而起,以游击战形式到处袭扰北洋军补给线。北洋军防不胜防,陷入四面受敌的被动局面。第八师师长李长泰在3月31日致北京电中汇报:"日前

---

① 《王秉钧致唐继尧等电》(1916年3月22日),李希泌、曾业英、徐辉琪编:《护国运动资料选编》(上),297页。

② 蔡锷:《致唐继尧等电》(1916年3月24日),曾业英编:《蔡松坡集》,989页。

③ 《李长泰报告第八师由京开渝情形电》(1916年3月12日),中国第二历史档案馆、云南档案馆编:《护国运动》,528页。

159

合江下游五场地方来匪多名,欲劫十五旅子弹船只,幸为掩护兵士击退。查五场为国军运输要路,此匪不除,终为后患。""又永川来凤驿左近有土匪数百人,其余如白鹿坪、板桥等处,或数十人数百人不等,时聚时散,出没无常。""总之,此种逆匪,飘忽无定,避实就虚,逆军利用以减我兵力。""职师接济,悉积合江,现土匪四面环向,棋布星罗,左扑右起,希图牵掣,若不分兵痛剿,则危险环生。诚以合江为渝、泸之枢纽,欲进攻,尤必以合江为根据,故欲削平土匪,则不能不先剪除其枝叶也。""奈我兵力过单,不敷分配,既不能并力直前进攻,又不能不疏通后路。"①

3月中旬护国战争形势逆转之后,袁世凯派出的几师北洋军和龙济光部不仅没有能力扑灭护国军,反而面临被消灭的危险,广东、湖南、四川等南方数省都岌岌可危。如果袁世凯能动员北洋军全部实力,或许还有与护国军长期相持的可能。但是长江流域的冯国璋等部大多离心离德,不但不肯为袁世凯出力,反而越来越大胆地反对帝制,联络活动也逐渐从秘密转向公开。

二、袁世凯取消帝制,梁启超反对息兵

以3月15日广西独立为标志,全国军事政治形势完全逆转,袁世凯陷入被动局面,不得不着手安排取消帝制。3月17日,梁士诒奉召进总统府,与袁商量对策。袁世凯给梁看了各方函电,包括:江苏冯国璋、山东将军靳云鹏、江西将军李纯、浙江将军朱瑞、长江巡阅使张勋联电"请速取销帝制以安人心",驻日公使陆宗舆电称日本高层决策"自由行动,派兵进驻中国"的电文,徐世昌从天津来函称"及今尚可转圜,失此将无余地",康有为劝取消帝制的信,以及各地战况不利的军事报告。袁世凯说:"事已至此,吾意决矣! 今分数段进行,撤销帝制后,中央政事由徐菊人、段芝泉任之。安定中原军事,由冯华甫任之。君为我致电二庵,嘱其一面严防,一

---

①《李长泰致统率办事处等电》(1916年3月31日),李希泌、曾业英、徐辉琪编:《护国运动资料选编》(下),442—443页。

面与蔡松坡言和。君与卓如(梁启超)有旧,以私人情谊,请他疏通滇桂,并复长素(康有为)函,请其婉劝卓如。"①梁士诒最初并不赞成帝制,后来在五路大参案打击下卖力推动国体投票,此时他反对取消帝制,认为:"取消则日望封爵封官者皆解体,谁与共最后之事"。②但是袁世凯对帝制已经完全失去信心,梁士诒只好按袁的决策来布置落实。

上述不利消息中,冯国璋等五将军和日本的态度对袁世凯冲击最大。袁世凯自知已无力消灭护国军,只好在万般无奈之际,宣布撤销帝制。为了重新团结北洋派,也为了调和与南方的矛盾,他请出了因不赞成帝制而隐退的徐世昌和段祺瑞。3月21日,袁世凯准陆征祥辞去国务卿,同日任命徐世昌担任国务卿,23日任命段祺瑞为总参谋长。徐世昌和段祺瑞在北洋派当中有很高的威望,他们与袁世凯关系深厚,却拒绝参与洪宪帝制,因此得到全国各派的敬重。3月22日,袁世凯发布了撤销承认帝位案申令:"代行立法院转陈推戴事件,予仍认为不合事宜,著将上年十二月十一日承认帝位之案,即行撤销,由政事堂将各省区推戴书一律发还参政院代行立法院转发销毁,所有筹备事宜,立即停止。""总之,万方有罪,在予一人。今承认之案,业已撤销,如有扰乱地方,自贻口实,而祸福皆由自召,本大总统本有统治全国之责,亦不能坐视沦胥而不顾也。"③袁世凯这个申令承认皇帝做不成了,但还想继续做大总统。

袁世凯被后世称为"窃国大盗",实属罪有应得。在传统专制政治中,打江山才能坐江山,帝国终究无法靠偷盗获得。古代的开国皇帝,如汉高祖刘邦,又如袁氏常自比的魏武帝曹操,都不顾生命危险,亲冒矢石,与敌军鏖战。外国的开国皇帝如恺撒、拿破仑,也是战功显赫,所向披靡。开国皇帝必须有带兵打仗的勇气和才能,这大概是中外古代历史的通例。袁世凯虽然亲手编练了北洋军,却并没有亲自带兵打过重要的硬仗,晚清

---

① 凤岗及门弟子编:《三水梁燕孙先生年谱》(上),319—320页,上海书店,1999。

② 张一麐:《袁幕杂谈》,刘成禺:《洪宪纪事诗本事簿注》,66页,山西古籍出版社,1997。

③《袁世凯宣布撤销承认帝位案申令》(1916年3月22日),中国第二历史档案馆、云南省档案馆编:《护国运动》,684—685页。

平定山东义和团,辛亥革命时期进攻武汉,民国初年镇压白朗起义军、镇压二次革命,主要靠段祺瑞、冯国璋、张勋等出马。洪宪帝制时期,袁军与护国军激战于四川、湖南、广东,逐渐陷于不利局面,袁世凯不仅没有亲征南方的胆量,反而发出了撤销帝制的命令。这说明,袁世凯不仅没有现代政治家的见识,甚至也缺乏古代开国皇帝的勇气,主帅的怯懦必然导致前线兵将士气瓦解。

张敬尧第七师本来是为袁世凯打仗最卖力的,即使在蔡锷大举反攻中损失惨重,仍然稳住阵脚,坚守纳溪和泸州。得知撤销帝制申令以后,张敬尧3月28日致电北京激烈反对:"恭读圣上申令,当即电请代奏圣上收回成命。伏念司令一介武夫,渥受圣恩,久抱致身以事之心,应尽君辱臣死之义,惟有率队前驱拼命,与逆决一死战。""今第八师齐旅不日即可会合。且默查川中逆寇,迭经我军剿击,其精锐已伤亡过半。况逆军枪械既无来路,则日用日少。""只须该师旅一到,即向永宁进攻,有此兵力,断无不克之理。永宁攻克,则逆之凶焰尽挫,逆之势力自穷,滇事即易办理。""我圣上虽欲息事宁人,而逆寇势且得寸进尺,要挟多方,倒行逆施,俱属意中之事。""务求收回成命,以维军民之心。"①张敬尧对护国军弱点的分析不无道理,但此时愿意为帝制卖命的北洋将领太少了。

张敬尧见帝制撤销难以挽回,顿时泄气。第七师白白损失了两千多人,他也不愿再为袁世凯卖命,转而与护国军谈判停战。后来护国军代表刘云峰到泸州,张敬尧对他说:"我自当排长起,现在已到师长兼总指挥,未离开二十五团,你们一顿刺刀搠死我七八百人,全师共死二三千人(此事系蔡公令赵、顾两梯团,夜袭张军之胜利),我精锐消耗殆尽,你看伤心不伤心,我还打什么?且袁作皇帝,我也不赞成。"不仅如此,张敬尧还与护国军代表讨论起倒袁之后的安排,他说:"倒袁之后,须请段先生出来当总统,老弟你也是段先生的学生,我想你一定赞成的。"②从张敬尧的表态

①《张敬尧关于反对停战密电》(1916年3月28日),中国第二历史档案馆、云南省档案馆编:《护国运动》,578—579页。

②刘云峰:《护国军纪要》,《云南文史资料选辑》第十辑,94页。

可以看出,不仅袁世凯在北洋军中的根基已经崩解,北洋派直系与皖系的分裂也已初现端倪。驻泸州的第七师师长兼前敌副总指挥张敬尧,是在镇压白朗起义中由段祺瑞提拔起来的,他忠实于段祺瑞;而驻重庆的第三师师长兼前敌总指挥曹锟,与同为河北人的冯国璋关系更为密切。

曹锟与张敬尧矛盾重重,他们之间的钩心斗角甚至惊动了北京。4月7日,陆军总长王士珍分别致电张敬尧和曹锟,试图调和他们之间的矛盾。张敬尧部独当大敌,损失惨重,却很少得到曹锟的增援补充,难免怨气冲天。王士珍安抚道:"执事力挫敌锋,独临险地,所部兵力单薄,损伤亦众。""现续派各队有先到者,尽贵师补充。""师克在和,古有明训。""愿与执事共勉之。"①王士珍同日也致电劝慰前敌总指挥曹锟:"战事猝难解决,诸将纷临前敌,兄任指挥,责任益重,各将领多属年少气盛,难于驾驭。惟念师克在和,古有明训。兄资望既深,识量远大,必能使行阵和睦,以拯时艰。至诸将领或有不周之处,更望大度包容。"②曹锟第三师和张敬尧第七师是北洋军在四川的两大主力,连他们都难以合作,要让散布全国的北洋军重新团结起来,镇压护国军,显然已经不可能了。自身凝聚力和组织力有限的北洋集团,在过度的扩张中难免走向分崩离析。

袁世凯宣布取消帝制之后,希望通过徐世昌和段祺瑞的斡旋,以大总统身份继续执政。但是他很难得到各方谅解,国内舆论焦点已变为袁氏退位问题。外国顾问莫理循在3月31日的信中说:"袁世凯要保持他的职位,会遇到极大的困难。反对他的情绪即使在北京也十分强烈,而在南方,更似乎有一股不可动摇的决心要迫使他退位。这里的日本人公开议论他的引退,似乎认为这个问题已无须讨论。"袁世凯"在世界上,已经有了他所想要的一切。他在全国恢复了相当程度的秩序,他的话就是法律,他至少在中国得到和以往任何一个统治者所得一样大的权力,然而竟然

---

① 《王士珍致张敬尧密电稿》(1916年4月7日),中国第二历史档案馆、云南省档案馆编:《护国运动》,570页。

② 《王士珍致曹锟密电稿》(1916年4月7日),中国第二历史档案馆、云南省档案馆编:《护国运动》,569页。

为了一个虚幻的泡影牺牲一切。他的儿子都感到十分懊恼。上星期我见到袁的长子，一个三十七岁的愚蠢青年人，我们总是把他看作智力发展只有十七岁的孩子"。①

张謇是袁世凯册封的所谓"嵩山四友"之一，他4月13日致信徐世昌，并把这封信发表在《申报》上，公开劝袁退位。此信回顾历史，展望将来，分析透辟，文辞优美，不愧为状元手笔，在当时传播很广，影响巨大。其书曰：

> 当筹安会发端之时，正下走懙被出都之日。濒行谒洹上（袁世凯），语及君主问题。謇无似，自以获交洹上三十余年，知而不言，言而不尽，隐情惜己，非所以对故旧。因本恳挚之愚，陈是非，说利害，反复更端，至二小时之久，而蓄窍未竟。洹上颇不以为忤，私心窃喜，谓旦夕之顷，可以消弭无形。不图群小交蔽，以帝制为投机，居洹上为奇货，浸淫酝酿，以成今日之祸。思之痛心，夫复何言！
>
> 辛亥之役，海内骚然，中外人士，咸以非洹上不能统一中国，故南中各省拥护不遗余力，凡可以巩固中央者，举不惜一切徇之，苏鄂两省，尤为显著。癸丑之事，洹上得收迅速蒇事之功，虽由北方将士之用命，亦全国人心信仰之效也。自帝制告成，而洹上之信用落；帝制取消，而洹上之威望坠。无威无信，凭何自立？
>
> 今且不必论法律，不必论是非，而专论利害。曹锟、张敬尧所统，皆北方劲卒，进退越趄，顿于泸叙之间。湘省北兵，号称三万，以当滇军数千之众，未闻有若何奇功伟绩。浸假而两粤会师，分途入湘，此三万不相统属之北军，能保必胜乎？湘失则荆襄必动摇。荆襄动摇，则蜀中北军之后路断。报纸固言某省、某省且为浙续，纵未必遽成事实，而中央则不能不防，防多则力分。以军略言，中央已成反攻为守

---

① [澳]莫理循:《致路·伊·布鲁姆函》(1916年3月31日),[澳]骆惠敏编:《清末民初政情内幕》(下),542页。

之势;以政治言,中央即无统治全国能力之可言。

窃意梁、蔡既抗颜行事,败非身殉则作海外逋客耳。尚冀其俶俶伈伈、俯首惕息于北京侦探之下,其可得乎?

报言汤、唐诸人曾有劝退之电,不知确否,不知洹上能舍己以听否。下走原始要终,反复度之,亦以为无逾此说,下走非贸然焉附和而雷同之也。为国计,免外人之干涉;为民计,免军民之荼毒;为洹上计,上不失为日月更食之君子,次不失为与时屈伸之英雄。

如洹上仍惑于群小,必欲竭此一部分军人之力,延长战祸,使民生糜烂而无遗,外交危迫而更酷,此则益非下走所敢知。①

冷眼旁观的张謇态度尚且如此,梁启超是护国阵营的核心人物,他更坚决主张把革命进行到底。梁启超担心护国阵营因帝制取消发生动摇,3月29日急电陆荣廷,明确指出护国运动不专为帝制,而是直接针对袁世凯政权本身,针对其野蛮专制:"袁氏最大之罪恶,在专用威迫利诱手段,将全国人廉耻丧尽,若彼依然掌握政权,则国家元气必至澌灭无余,举国沦为禽兽,将何以立于天地。今兹义军申讨,其大宗旨乃欲为中国服一剂拔毒再造散,不专为帝制问题已也。"②4月初,梁士诒奉袁世凯命发电向梁启超疏通,以帝制取消为由劝护国军息兵。梁启超在复电中断然拒绝:"试就四年来所蕴毒所造孽以推例,将来岂犹谓有一线光明之可希冀者。帝制之发生与撤销,朝四暮三,何关大计。"③

1916年3月赴广西途中,梁启超写下《在军中敬告国人》一文,生动叙述了他从对革命暴力的疑惧,到最终选择暴力革命的"死中求生,亡中求存"的心路历程。其文曰:"启超实国中最爱平和惮破坏之一人也。"辛亥

① 张謇:《致徐世昌函》(1916年4月13日),张明勋、尤世玮主编:《张謇全集·函电》(上),579—582页,上海,上海辞书出版社,2012。

② 梁启超:《致陆都督电》(1916年3月29日龙州发),汤志钧、汤仁泽编:《梁启超全集》第九集,340页。

③ 梁启超:《覆梁燕孙电》(1916年4月6日南宁发),汤志钧、汤仁泽编:《梁启超全集》第九集,341页。

革命以后,"以为以袁公之才而居其位,风行草偃,势最顺而效最捷。""故当正式内阁之建,勉列阁员,力图共济,乃与袁公共事数月,渐觉其别有肺腑,非能先公而后私。乃辞职后静观两年,愈惧夫纵彼顽凶,必且覆邦而沦种。夫处今日文明竞进之世,而行中古权谲残刻之政,外袭众建之名,内蹈专欲之实,黜全国之智,钳全国之力,涸全国之资财,摧全国之廉耻,而以资一时偷安之计,成一姓篡窃之谋,生于其心,害于其政,取子毁室,率兽食人。循此迁流,更阅年载,则人道且将灭绝于中国,而中国更何由自存于世界者。""譬犹病痈,终须一割。割为险着,夫谁不知,然割较早则险较微,割愈迟则险愈剧。养而不割,及其自溃,虽有扁鹊,技无复施。故虽以凤耽溺于平和之梦如启超者,几经踌躇审顾,惩前毖后,遂不得不毅然决然挥泪沥血以从诸贤之后,以与袁公相见于疆场。"①

梁启超认为,在袁世凯的统治之下,任何开明进步的势力都只有面临最后灭亡,因此必须推翻袁世凯,中国才有希望。他在《袁世凯之解剖》中说:"吾本以不信任袁氏故反对帝制,并非以彼称帝故然后不信任袁氏,不容倒果为因。"他对袁世凯的绝望已经逐渐达到了这样一种程度,即认为无论任何人当政,"必不至更劣于袁氏","盖国中任举一极恶之人,其恶决不能有加于袁氏;无论若何不适于统治中国,而其不适之程度,亦决不能有加于袁氏也。"袁世凯当政四年,"今日解散一党派,明日复解散一党派;今日破坏一机关,明日复破坏一机关;今日蹂躏一法律,明日复蹂躏一法律。""规复前清之旧而已,且所规复者,又清政中最黑暗最秽浊之一部分。"②

梁启超有时甚至不自觉地说破了护国战争就是革命,全然不顾与其他文章的明显矛盾。《云贵致各省通电(代)》直接道出了"革命"的名目:"阋墙之祸,在家庭为大变;革命之举,在国家为不祥。继尧等夙爱平和,

---

① 梁启超:《在军中敬告国人》(1916 年 3 月),汤志钧、汤仁泽编:《梁启超全集》第九集,403—404 页。

② 梁启超:《袁世凯之剖析》(1916 年)汤志钧、汤仁泽编:《梁启超全集》第九集,510—513 页。

岂有乐于兹役,徒以袁氏内罔吾民,外欺列国,召兹干涉,既濒危亡。"①虽然梁启超在政论中反复论说,护国运动的目的是反对袁世凯的"革命"——洪宪帝制,但在这里却不知不觉泄露了他的真实思想:护国运动本身就是一场革命,是为了推翻袁世凯的独裁专制统治,帝制问题只是一个发动的契机而已,因此决不能因袁世凯撤销帝制而中途停止,必须进行到底,彻底推翻袁世凯的独裁统治。

---

① 梁启超:《云贵致各省通电(代)》(1915年12月),汤志钧、汤仁泽编:《梁启超全集》第九集,313页。

第五章

军务院成立与各省迫袁退位

第一节　广东独立与成立军务院

一、广东独立与海珠之变

梁启超是广西独立的重要推动者,但他进入广西的时间,已经是独立后第十二天。为躲避袁政府的暗探和刺客,梁启超经过两天忍饥,一宵露宿,终于在3月27日下午三点到达镇南关。在痛恨袁世凯窃国的气氛下,梁启超被公认为反袁英雄,在广西受到隆重欢迎。"镇南关大悬国旗,列队肃肃",车站军乐队奏乐,燃放爆竹,"沿途所经市镇村落,皆悬旗燃爆欢迎,父老相携,迎送十里外。及抵龙州,则全城爆竹声,喧天沸地,父老儿童皆感极而泣。"①

广西独立后,广东成为护国反袁形势发展的关键。广东是富裕大省,人力物力十分雄厚,如果广东加入反袁,袁世凯就很难再有机会武力镇压护国军。梁启超刚进入广西,就在3月28日复陆荣廷电中强调桂军一定要进兵广东:"粤之得失,为国命所系,彼若尚持异同,非使之屈而从我不可,即彼欲要求保其地位,亦请勿轻许。龙与超本有私交,岂欲过为已甚,但彼失政已甚,粤人共弃,望公如望慈父母,公安能舍而不救? 至于为国家计,粤不得手,西南大局,终无法维持。公笃于念旧,但允保全彼生命财产,即为仁至义尽,若公轻许彼把持吾粤,则是不忍于一二友人之爵位,而忍于全粤数千万人幸福之消灭,忍于全国命脉之颠危,终不免以私害公,将难免于千秋之责备矣。"②4月4日,梁启超与陆荣廷在南宁见面,相谈甚欢。梁启超对陆荣廷及桂军将领评价甚高:"陆督之豁达诚挚,求诸古人尚未知谁可比,而又极精细有条理,真国之宝也。""此间军人可爱已极,与

---

①梁启超:《致梁令娴书》(1916年4月3日),丁文江、赵丰田编:《梁启超年谱长编》,770页。

②《梁启超覆陆荣廷电》(1916年3月28日),李希泌、曾业英、徐辉琪编:《护国运动资料选编》(下),536页。

军人接则色舞,与政客接则头痛。"①

梁启超与陆荣廷见面商谈的第一要务,就是桂军东下,推动广东独立。广东是反袁势力相当深厚的地区,但反袁的派别也非常复杂。革命派内部,就有追随孙中山中华革命党的朱执信、邓铿等,受陈炯明影响的邹鲁、洪兆麟等,还有欧事研究会的林虎、李根源、杨永泰等,他们之间既有合作,也有分歧。另外,康有为、梁启超也是广东人,他们在广东也有不小的潜势力,康有为的得力门生徐勤此时回到广东,召集民军王和顺等部参加反袁。

革命党发动了多次起义,影响比较大的有惠州起义、番禺起义等,但是这些起义都在龙济光的残酷镇压下失败。袁世凯政府曾于1月28日通令嘉奖镇压惠州起义有功人员,大肆封官授爵,甚至给龙济光加郡王衔:"此次乱党图据惠州,以袭省城,谋逆经年,纠众逾万,分路齐发,势甚鸱张,经官军先时戒备,将士争先力战,节节扫荡。""除兵丁业经颁给赏银外,龙济光著加郡王衔,张鸣岐给予一等文虎章。""李嘉品封一等男,段尔源升陆军中将,李恩赐给三等文虎章,成国学升陆军少将,黄业兴加陆军少将衔。"②朱执信、谢细牛等发动番禺起义,击毙龙部团长田春发和营长吴仲明,袁政府又于2月15日通令追赠田春发陆军中将,给骑都尉世职,世袭罔替,追赠吴仲明陆军少将,给云骑尉世职,世袭罔替。③

即使广西宣布独立,龙觐光在百色被俘,龙济光仍表示坚决忠于袁世凯,3月23日发电北京:"国家尚在危险之中,骨肉私情,所不暇计。"④随着反袁势力发展壮大,龙济光逐渐失去镇压广东各地的能力,只能集中兵力

①梁启超:《致徐佛苏、范静生等书》(1916年4月6日),丁文江、赵丰田编:《梁启超年谱长编》,771—772页。

②《袁世凯嘉奖龙济光等镇压惠州等地革命党人起事策令》(1916年1月28日),中国第二历史档案馆、云南省档案馆编:《护国运动》,408页。

③《袁世凯为朱执信等进攻番禺失败著恤奖镇压有功人员申令》(1916年2月15日),中国第二历史档案馆、云南省档案馆编:《护国运动》,409页。

④《龙济光宣称解决时局可以不计骨肉私情密电》(1916年3月23日),中国第二历史档案馆、云南省档案馆编:《护国运动》,413页。

保住几个要点,主力固守省城广州。4月2日,他又密电北京,希望驻上海的北洋军卢永祥第十师尽快南下增援,甚至报告桂林空虚,建议北洋军从湖南袭击广西:"敬悉蒙派海陆大军克日援粤,海疆蒙福,寇乱指平。""本日经致电卢护军副使立请师期,惟盼王师早临,以靖逆氛。再,闻桂林空虚,湘军如能轻骑迅进,直捣桂林,必易得手。"①

与革命派在广东各地起义有所不同,徐勤图谋策反军队,直捣省城广州。他先是尝试策反龙济光的济军2月24日举事,但因消息泄露失败。徐勤又通过谭学夔、魏邦平成功策反了海军宝璧、江固等军舰,自称广东护国军正司令,任命魏邦平为攻城司令,率领军舰,计划4月7日进攻广州。此时桂军主力也已集中到梧州,随时可以顺西江东下,参与进攻广州。吴贯因说:"正月,陈炯明曾起义于惠州,虽归失败,然屡谋卷土重来,而朱执信、邓铿等亦各有所计画,至于三月末,潮汕独立于东,钦廉独立于西,至本月而高雷亦告独立,而徐君勉、王和顺等集民军数千,期于七日扑攻广州城,闻警卫军数千,将为内应,而……江大、宝璧两舰至白鹅潭,行将炮击观音山,而广州城则已高悬独立之旗矣。"②

龙济光在内外交困之中,4月6日假惺惺宣布独立,这显然是意图维持自己在广东地位的缓兵之计。龙济光的独立布告不仅没有谴责袁世凯称帝,反而强调维持秩序:"本都督身任地方,自以维持治安为前提,刻经通电各省各机关、各团体,及本省各属地方文武,即日宣布独立。所有各地方商民人等及各国旅粤官商,统由本都督率领文武担任保护,务须照常安居营业,毋庸惊疑。如有不逞之徒,假托民军借端扰害治安,即为人民公敌,本都督定当严拿重办。"③这简直是在气势汹汹地恐吓反袁民军。

---

① 《龙济光、龙裕光致统率办事处电》(1916年4月2日),中国第二历史档案馆编:《北洋政府档案》第53册,333—334页,中国档案出版社,2010。

② 吴贯因:《丙辰从军日记》(1916年4月6日),丁文江、赵丰田编:《梁启超年谱长编》,772页。

③ 《广东独立布告》(1916年4月6日),李希泌、曾业英、徐辉琪编:《护国运动资料选编》(下),592页。

但是假独立很难得到革命党人的谅解。龙济光1913年镇压二次革命时大肆杀戮革命党人，又因镇压反帝制活动被袁世凯封王，革命派很难接受他继续占据广州城。陈毓善在给唐继尧信中说："龙氏在粤，于今三载，与党人深种仇根，且其部下之中将少将，勋位勋章，何一非党人之血肉，冰炭水火，岂可相容？"①当时香港报纸社论称"广东为广东人之广东"，应该"交还于广东人经理之"，"龙氏慑于广西征东军队之将下，即于军署召集秘密会议，先发制人，假独立以愚弄我粤人，而为自固尊荣之地位。""其八条件中，有四条件者，实永远据有广东，为广东唯一之皇帝，尤为我粤人稍明事理者所万不能承认也。"②

徐勤自以为推动广东独立功劳最大，有意取龙济光而代之，他与龙济光的矛盾十分尖锐，进而引发了4月12日海珠之变。当日广州各界召开协商会议，出席的有徐勤、吕仲明（南路司令）、王伟（北路司令）、广州警察厅长王广龄、陆军少将谭学夔等，龙济光方面的代表有颜启汉、蔡春华等，还有商界代表岑伯著、左雪帆、赵秀石等，汤觉顿也代表梁启超、陆荣廷参加了会议。③会议期间，龙济光屡次打电话请汤觉顿离会赴宴，但汤未解其意。不久，惨案发生，颜启汉等的卫队开枪乱射，汤觉顿、王广龄、谭学夔、吕仲明、王伟等遇难，徐勤受伤逃走。龙济光打电话显然是试图解救汤觉顿，这说明他主要针对徐勤等人，并不想得罪梁启超和陆荣廷。事后龙济光推说部下一时失控，自己完全不知情。

本来梁启超、陆荣廷与龙济光都有一定交情，对龙的态度并不坚决，所以龙济光宣布独立后曾邀请梁启超到广东斡旋。梁启超在4月7日给周善培的电报中说："粤独立，想已闻。顷得西林电，言彼有诡谋。鄙意觉虽诡，亦无可施，拟偕幹公明日赴梧，请必小待。觉顿则仍以立赴粤为

①《陈毓善建议以利害说服龙济光响应共和与唐继尧来往函》（1916年2月），中国第二历史档案馆、云南省档案馆编：《护国运动》，410页。

②《革命党人揭发龙济光伪独立之布告》，云南省社会科学院历史研究所、贵州省社会科学院历史研究所编：《护国文献》（下），827页。

③《广东伪独立之大披露》，云南省社会科学院历史研究所、贵州省社会科学院历史研究所编：《护国文献》（下），833页。

宜。"①海珠惨案激怒了梁启超和陆荣廷,让他们对龙济光采取更为坚决的态度。梁启超说:"我们在广西得着凶报,痛愤自不待言,便连夜带着大兵,从梧州顺流而下,到了肇庆。"②汤觉顿是梁启超最亲密的朋友之一,此事对他的刺激可想而知。他在4月27日的家信中说:"吾于四月初四到邕,初六遂得粤独立之报,粤中来迎之电不下数十通,初八遂偕陆督东下,十三抵梧州,忽闻汤、谭、王凶报,吾之肝肠寸断,汝等当能想像得之,此事主谋为谁,今尚成疑案也。吾本拟即下广州,因此遂中止,而数日来对于广东问题乃绞尽无穷心血,至今犹未得解决,一省处置之难且如此,国事可知耳。"③

海珠之变是龙济光与康梁派的冲突,革命派对此颇有些幸灾乐祸。黄兴在4月13日信中说:"潮、嘉、钦、廉次第独立,清远、香山、新宁相继而起,亦是寒龙氏之胆。但徐氏妖党,从中阻挠,大碍本党进行。""初十日黄和顺已有民军数百入城,且源源有到,龙氏忌之,急不可待,暗使各统领会同徐氏等在海珠开军事会议。乃各方到会开议,不半句钟之久,由各统领之卫队开枪乱击,所有徐氏之一伙妖党,尽被枪毙。或云徐氏逃生。""现在各路民军,俱是革党势力范围。"④显然,徐勤的势力遭受重创之后,革命派在广东各地民军中的领导地位更加巩固了。

但民军大多是仓促召集,人数虽然不少,武器、训练则严重不足,战斗力比较有限。吴贯因在《丙辰从军日记》中说:"广东之民军首领,动言有兵数千或数万,实则非有此数,且亦非可战之兵。"⑤革命派要想靠民军击

---

① 《梁启超致周孝怀电》(1916年4月7日),李希泌、曾业英、徐辉琪编:《护国运动资料选编》(下),595页。

② 梁启超:《护国之役回顾谈》(1922年12月25日为南京学界公开讲演),云南省社会科学院历史研究所、贵州省社会科学院历史研究所编:《护国文献》(上),311页。

③ 梁启超:《致梁令娴书》(1916年4月27日),丁文江、赵丰田编:《梁启超年谱长编》,775页。

④ 《黄兴致柳下函》(1916年4月13日),李希泌、曾业英、徐辉琪编:《护国运动资料选编》(下),595—596页。

⑤ 吴贯因:《丙辰从军日记》(1916年5月1日),丁文江、赵丰田编:《梁启超年谱长编》,780页。

败龙济光的部队,仍有很大困难,当时广东护国军中最有实力的部队,还是陆荣廷的桂军。

二、两广都司令部成立与梁启超广州历险

4月18日,护国军政府以唐继尧、刘显世、陆荣廷、龙济光、梁启超、蔡锷等的名义发布两篇宣言,明确要求袁世凯下台,副总统黎元洪继任大总统。这是四川、湖南前线停战之后,护国阵营与各方谈判的政治底线。宣言称:"前大总统袁世凯因犯谋叛大罪,自民国四年十二月十三日下令称帝以后,所有民国大总统之资格,当然消灭。""本军政府谨依法宣言,恭承现任副总统黎公元洪为中华民国大总统,领海陆军大元帅。"①

4月中下旬,梁启超、陆荣廷从梧州沿西江到广东肇庆,岑春煊、周善培、李根源、章士钊等也从日本、上海、香港等处相继来到,这些人分属改良派、革命派和两广实力派,于是肇庆成为全国瞩目的政治中心。5月1日,两广都司令部宣告成立,岑春煊被推举为都司令,梁启超被推举为都参谋,参加成立会的有李耀汉、莫荣新、温宗尧、章士钊、李根源、杨永泰、张习、林虎、章勤士、龚政、魏邦平、孔照度、曾彦、容伯挺、周善培、张鸣岐、吴贯因等。陆荣廷因为要率军进攻湖南,当时已经离开肇庆。岑春煊是陆荣廷和龙济光的老上级,自晚清就是袁世凯的重要政敌,在两广乃至全国都有很高威望,梁启超是护国反袁的思想舆论领袖,二人被推举是实至名归。岑春煊被推举还有另一层原因,他掌握着自己签名向日本借得的一百万日元军械,这是各派反袁军队都迫切需要的。从这里可以看出,在贫穷混乱的中国,外国只需动用少量资源,就可以对中国局势产生不小的影响。

广东是南方人口众多的富裕大省,其归属足以影响护国战争的走向。两广都司令部成立前后,讨伐盘踞广州的龙济光成为最迫切的问题。革命派与龙济光有血海深仇,他们讨伐龙济光态度最为坚决,但革命派掌握

---

① 《宣言一》《宣言二》(1916年4月18日),曾业英编:《蔡松坡集》,1051—1052页。

的民军实力有限，难以击败龙部。军事实力最强的陆荣廷则态度暧昧。本来海珠惨案后，陆荣廷和梁启超率军东下，有进攻广州之势，但张鸣岐亲自前来解释误会，陆荣廷和梁启超明白海珠之变是针对徐勤，对于龙济光的态度又软化了。陆荣廷与龙济光自晚清长期并肩作战，有深厚的历史渊源，而且以当时的形势，即使桂军驱逐济军，广东都督很可能落入岑春煊之手，革命党也可以乘势扩张，桂军所得有限。陆荣廷认为夺取广东的时机尚不成熟，于是亲自率军去湖南，离开了肇庆。从广西独立和进取广东的时机选择上，可以看出陆荣廷的老谋深算。梁启超本为书生，又是广东人，也不愿意自己的家乡发生战祸。

当时宣布独立只有四个省，龙济光既然宣布独立，无论真假，都已在名义上属于护国阵营。袁世凯尚未倒台，多数省份都在观望，如果此时讨伐龙济光，难免给人护国阵营内部自相残杀的印象，这对于倒袁大局是很不利的。陈叔通在给梁启超的信中反复强调这一点："袁又同时多派密使，（其政策可分为二：一、派人造谣，二、进兵。）造种种浙、粤私争权利之谣。""现在所要紧者，即不可表示一种暗斗之状态，为袁氏证明非袁不能统一中国，此义宜时聒于四省军人之耳，而党人亦宜切告之，千万。"[1]护国阵营内部的钩心斗角已如前所述，并不完全是袁世凯派人造谣。

岑春煊和梁启超作为全国公认的反袁领袖，必须维持护国阵营的团结，即使龙济光反复无常，再三食言，他们还是苦口婆心，耐心劝导，没有轻动刀兵。岑春煊认为："去龙事小，讨袁事大，当先国家之急而后地方。""龙恶固在所必去，惟俟大问题解决后，再作处置。"[2]吴贯因当时参与机要，对这段曲折有详细记述："海珠变后，广东民党盛倡屠龙之论，而梁、陆率桂军东下，扬言有兵一万，龙济光闻而惧之，不得不稍示让步。""龙既有此让步，陆幹卿乃回广西，率师北伐，此上月廿日左右事也。陆回桂之后，龙以肇庆兵力不足畏，遂谓辞职北伐之事，必二月后方能实行，此为龙氏

① 陈叔通：《致任公先生书》（1916年），丁文江、赵丰田编：《梁启超年谱长编》，776—777页。
② 李根源口述，刘寿朋笔记：《护国军始末谈》（1917年），云南省社会科学院历史研究所、贵州省社会科学院历史研究所编：《护国文献》（下），663页。

第一次之食言。"随后，龙济光又"表示粤都督一席决不辞去，但北伐事有可商量而已，此为龙氏第二次之食言"。岑春煊再次让步，表示不争广东都督，要龙"出一自将北伐之宣言，以平民党之气，龙初许之，旋亦不肯宣言，此为龙氏第三次之食言。龙既反覆无常，于肇庆军人及肇庆以外之民党，皆主张欲讨袁必先去龙"。但岑春煊和梁启超却表示反对，岑春煊自命清高，不愿与原来的部下争广东，梁启超也不愿战祸破坏家乡，认为"欲攻下广州最速须两月以上，而城下之后，疮痍遍地"，难以收拾。"岑、梁既不赞成，讨龙之说，遂以中止。"①

龙济光军事实力颇为强大，久经战阵的部队有两万多人。广东护国军实力有限，并没有消灭龙部的把握，这是龙氏如此骄横的根本原因。孙中山5月24日给田中义一的信中对广东军事形势的分析颇为中肯："广西之兵力、财力均不能与龙济光为敌。今岑氏部下仅有广东兵四千、广西兵两千；而龙济光则盘踞省城，其部下可动用者尚有一个师团以上的兵力，岑氏以实力驱逐龙济光实属非常困难。""岑春煊既无援救广东民军、讨伐龙济光之实力，遂即处于不能与民军保持充分融洽之困境。文对此十分忧虑，当尽力敦促广东民军援助岑氏。"②实际上，即使革命派民军与岑春煊部队通力合作，打败龙济光部仍有难度。

与龙济光的谈判久拖不决，严重阻碍了护国军北伐反袁大计。5月5日，梁启超冒着生命危险亲赴广州，与龙济光面谈。在促使梁启超去广州这件事上，日本领事太田起了关键作用。吴贯因说："前夜梁任公因财政及外交事，拟赴上海，时已十一句钟，将下船矣，忽日本太田领事至，阻其行，谓龙济光极愿与君商量一切，凡可让步者当无不退让，请偕赴广州。任公以广东问题不生不死，殊于大局有碍，若亲见龙氏决定一切，计亦良

---

① 吴贯因：《丙辰从军日记》(1916年5月1日)，丁文江、赵丰田编：《梁启超年谱长编》，780—782页。

② 孙中山：《致田中义一函》(1916年5月24日)，《孙中山全集》第三卷，294页。

得,遂许之",与李根源、张鸣岐、黄孟曦等一起和太田赴广州。①此时距海珠惨案汤觉顿遇害不过二十多天,广州形势极为紧张,即使龙济光本人对梁启超并无恶意,他能否控制野蛮部下也很难说,更何况袁世凯的暗探仍密布全国。陈其美在上海滩党羽众多,行事诡秘,以擅长刺杀著称,尚且于5月18日被刺于日本人山田纯三郎的寓所。梁启超即使有日本领事太田陪同,此行仍然是危机四伏。

由此也可以看出,梁启超绝非一般文弱书生,而是有勇气有担当的政治活动家,关键时刻敢于不计生死,放手一搏。关于险象环生的广州之行,他在5月14日给蔡锷的电报中说:"围攻观音山,双方相消之兵力,足举湘、赣、闽而有余,龙变而桂亦疲,更何以御贼!况糜烂后之收拾,非期日可奏功。而独立省份内讧之丑声,徒令老贼匿笑,友邦貌侮。故饮泪言和,奋身入虎穴,鸿门恶会,仅乃生还。"②他10月对《大陆报》记者口授时又说:"龙济光为袁党所运动,常有取消独立之心,余恐其有变,牵动大局,乃单身入广东省城,晓以利害,坚其盟约。时方经海珠之变后,余此行甚危,余明知之,然为大局计,不得不冒险一行。既至粤城,小留三日,及将行时,而龙之将役复以兵胁余,仅乃得免。"③

梁启超对记者的说法有夸张之处,他并不是单身入广州,而是与李根源、张鸣岐、黄孟曦、吴贯因及日本领事太田一起去的。李根源的叙述略有不同:"午间欢迎席上,龙济光阴嗾其统领胡令宣肆出恶言,夜间,以兵四五百人围门外,喧嚣叫骂,必杀余二人以泄其愤。龙氏兄弟避之观音山,其幕僚则交接嘻笑,可谓谲之极矣。幸有张鸣岐、李国治、段尔源、张联芳等尽力调解,送余二人由后门步行出城。余自镇静如常,任公则通宵

① 吴贯因:《丙辰从军日记》(1916年5月5日),丁文江、赵丰田编:《梁启超年谱长编》,782页。

②《梁启超致蔡锷电》(1916年5月14日),李希泌、曾业英、徐辉琪编:《护国运动资料选编》(下),517页。

③ 梁启超:《国体战争躬历谈》(1916年10月),云南省社会科学院历史研究所、贵州省社会科学院历史研究所编:《护国文献》(上),302页。

未寐,受惊不小。(余在肇庆,与任公及吴柳隅三人同一卧室。)"①张南生在5月18日致唐继尧的信中也提道:"任公与印泉同抵粤垣,与龙氏及各军官晤商,几生不测。幸有外国领事数人随行保护,故不致演出海珠第二之惨剧。"②

梁启超对这次冒险颇为自豪,他1922年对南京学界公开讲演时,又对广州之行进行了浓墨重彩、详细生动的叙述:"若是粤桂开起仗来,姑无论没有必胜的把握,就令得胜,也要费好些时日,而且精锐总损伤不少,还拿什么力量来讨贼,岂不是令袁世凯拍掌大笑吗?""我左思右想,想了一日一夜,除非我亲自出马,靠血诚去感动他。当时我就把我这意见提出来,我的朋友和学生跟着我在肇庆的个个大惊失色,说这件事万万来不得,有几位跪下来拦我。""我觉得我为国家为朋友都有绝大的责任,万万不能躲避。"龙济光在广州召集军官开会欢迎,"拖枪带剑、如狼似虎的几十人,初时还是客客气气的。啊啊!酒过三巡,渐渐来了,坐在龙济光旁边一员大将——后来我才知道他的名字叫作胡令萱,在那里大发议论,起首骂广东民军,渐渐骂广西军,渐渐连蔡公和护国军都骂起来了,鼓起眼睛盯着我像是就要动手的样子。龙济光坐在旁边整劝少说话。我起初一言不发,过了二十分钟过后,我站起来了。我说:'龙都督,我昨夜和你讲的什么话,你到底跟他们说过没有,我所为何来,我在海珠事变发生过后才来,并不是不知道你这里会杀人,我单人独马,手无寸铁跑到你千军万马里头,我本不打算带命回去。我一来为中华民国前途来求你们帮忙,二来也因为我是广东人不愿意广东糜烂。所以我拼着一条命来换广州城里几十万人的安宁,来争全国四万万人的人格。'""我跟着就把全盘利害给他们演说了一点多钟,据后来有在座的人说,我那时候的意气横厉,简直和我平时是两个人,说我说话声音之大,就像打雷,说我一面说一面不停

---

① 李根源:《雪生年录》(1916年),李希泌、曾业英、徐辉琪编:《护国运动资料选编》(下),565页。
②《张南生致唐继尧函》(1916年5月18日),李希泌、曾业英、徐辉琪编:《护国运动资料选编》(上),207页。

地拍桌子,把满座的玻璃杯都打得叮当响。""胡令萱悄悄跑了,此外的人,像都有些感动,散席后许多位来和我握手道歉。自从那一晚过后,广东独立没有什么问题了。"①

5月8日,梁启超与龙济光联名通电全国,宣称护国阵营团结一致,专心北伐:"粤省独立以后,袁党造谣生事,希图破坏,外间不知实情,纷纷意揣,殊为可笑。顷启超于歌日由肇庆来粤城,寓都督府,与济光会商大计二事,皆水乳交融,连日军政各界开会欢迎,团结一致,专心北伐。"②当时两广护国军商定的北伐计划是分兵三路:中路由李烈钧、林虎两部经广东韶关进攻江西,李耀汉、莫荣新两部为后援;左路由陆荣廷亲率桂军从广西进攻湖南;右路由方声涛、莫擎宇两部经广东潮汕进攻福建。三路北伐军都以打到长江为目标。③

三、建立反袁全国政府——军务院

广东独立稳定以后,梁启超回到肇庆,与岑春煊等宣布成立反袁全国政府——军务院。肇庆军务院与袁世凯北京政府分庭抗礼,对内可以号召各省加入护国阵营,对外可以与各国接洽援助,有重大政治意义。这是梁启超3月离开上海时在船上设计好的,他刚进入广西就在3月28日致电陆荣廷说明了这个计划:"超在沪、港与各方面熟商,拟遵照约法大总统缺位副总统继任之条文,由现在之都督及岑、蔡、李与超公同宣布,恭承黎公依法继任,并组一军务院,用合议制,执行军国重事。如此对外则有统一机关,承认可望办到。"④

军务院采取抚军合议制,推举有首义之功的唐继尧为抚军长,岑春煊

① 梁启超:《护国之役回顾谈》(1922年12月25日为南京学界公开讲演),云南省社会科学院历史研究所、贵州省社会科学院历史研究所编:《护国文献》(上),311—313页。

②《龙济光梁启超共同声明团结一致专心北伐通电》(1916年5月8日),中国第二历史档案馆、云南省档案馆编:《护国运动》,422页。

③ 李根源口述,刘寿朋笔记:《护国军始末谈》(1917年),云南省社会科学院历史研究所、贵州省社会科学院历史研究所编:《护国文献》(下),663—664页。

④《梁启超覆陆荣廷电》(1916年3月28日),李希泌、曾业英、徐辉琪编:《护国运动资料选编》(下),536页。

为抚军副长,梁启超为政务委员长,刚成立时的几位抚军包括:蔡锷、刘显世、李烈钧、陆荣廷、陈炳焜、龙济光。梁启超和陆荣廷本想推岑春煊为抚军长,但岑春煊比较谦虚,认为唐继尧"首义功高",还是应该推唐为抚军长,由岑春煊担任副抚军长,"摄行副军长职权"。①军务院明确规定,抚军没有定额,新加入独立的各省都督,及统领两师以上军队的将领,都自动成为新的抚军。很显然,军务院是一个临时性的军政府,明确主张黎元洪继任大总统,并没有推翻中华民国的法统,这不仅为仍服从袁政府的各级官员留了后路,并且以不设限额的抚军之位吸引各地军政实力人物加入护国阵营。唐继尧坐镇云南,不可能来肇庆,军务院的核心人物仍然是岑春煊和梁启超。

5月7日,以云南都督唐继尧、贵州都督刘显世、广西都督陆荣廷、广东都督龙济光名义,护国军政府发布了第三号宣言,公布了成立军务院的基本原则,实际上就是军务院代替了原来的护国军政府。宣言称:"中华民国大总统领海陆军大元帅一职,依法应由副总统黎公继位,已由本军政府宣言在案。但黎公今方陷贼围,未克躬亲职务。""今由继尧等往复电商,特暂设一军务院,直隶大总统,指挥全国军事,筹办善后庶政。院置抚军若干人,用合议制裁决庶政,其对外交涉,对内命令,皆以本院名义行之,俟国务院成立时,本院即当裁撤。"②同日发布的第四号宣言对军务院组织有更详细的说明:"军务院置抚军,无定员,以抚军之议次或同意,行其职权。抚军以各省都督或护理都督,两省以上联合军都司令、都参谋,及各独立省确已成军有二师以上之军总司令任之。凡新取得前项资格者,同时取得抚军资格。"③5月8日,唐继尧等通电中外,正式宣布成立军务院。

---

① 《李根源致唐继尧等电》(1916年5月18日),李希泌、曾业英、徐辉琪编:《护国运动资料选编》(下),552页。
② 《唐继尧等公布为设置军务院以指挥军事筹办善后宣言通电》(1916年5月7日),中国第二历史档案馆、云南省档案馆编:《护国运动》,358页。
③ 《唐继尧等公布为军务院组织条例宣言通电》(1916年5月7日),中国第二历史档案馆、云南省档案馆编:《护国运动》,359页。

关于成立军务院，护国阵营内部意见并不完全一致。蔡锷就曾明确表示反对，他认为另立政府有争权夺利的嫌疑，将引发未独立各省的猜忌。他5月7日给唐继尧的密电中说："桂、粤议组织政府，推举首长，实与现势不协。吾侪既不赞许，何可更事效颦。""所称统一机关云云，实无设置之必要。至弟个人私愿，俟大局略定，决拟退休。"①他同日致陈宧的电报中说："芝老既出而支持政府，华老暨吾兄复联络各省迫袁退位，并准备宣布独立，此时不宜组织政府，尤无推举首长之必要，致招争权攘利之嫌，启南北分裂之渐。"②

但蔡锷当天收到梁启超起草的军务院方案后，又立即发电勉强表示同意："现接任公所草各宣言书及军务院条例全文，将大总统之推举及军务院之设立，移花接木，联为一贯，亦尚说得过去。任公此时当已抵邕，请冀公再与电商后，发表可也。"③蔡锷对争权夺利的担心并非没有道理，军务院刚刚成立，设计军务院的梁启超就遭到了攻击。吴贯因说："军务院未发表之前，梁任公本欲避去抚军之职，因李印泉、章行严极力劝驾，而滇、黔、桂、粤四省重要人物，亦以非得任公参列其中，不足以维系民望，于是乃加都参谋为抚军之一项。及发表之后，沪上一部分人士大攻击任公之为抚军。""南方之势力稍稍足与袁氏相抗，于是向之欲抬任公于九天者，忽又欲挤任公于九渊，世途之险巇，一至于此，亦可畏哉。"④

唐继尧对军务院的态度也值得玩味，他赞成成立军务院，但对军务院的人事和地点，显然有所要求，但又不肯明说。唐继尧与梁启超的使者黄群面谈之后，给梁写了一封信："溯初来，奉到手书及计划组织临时机关各稿。""组织军务院条例，诚为过渡时代不二办法，均可照行；所尚待研究者，地与人之问题耳。现成、渝未下，我之范围只滇、黔、桂三省，究以何者

---

① 《蔡锷认为桂粤建议组织政府与现势不协等情密电》（1916年5月7日），中国第二历史档案馆、云南省档案馆编：《护国运动》，360页。

② 蔡锷：《致陈宧电》（1916年5月7日），曾业英编：《蔡松坡集》，1081页。

③ 蔡锷：《致唐继尧等电》（1916年5月7日），曾业英编：《蔡松坡集》，1085页。

④ 吴贯因：《丙辰从军日记》（1916年5月6日），丁文江、赵丰田编：《梁启超年谱长编》，784页。

为合宜？抚军长一职,究推何人为适当？""桂事就绪,尚恳屈驾来滇,以慰士民渴望。"①

　　唐继尧再三邀请梁启超到云南,显然是想把军务院设在云南,自己当抚军长,以便控制这个全国反袁政府。但军务院成立于肇庆,虽然推唐继尧为抚军长,但实际上他只有虚名,主导军务院的是岑春煊和梁启超。更何况,李根源在给唐继尧的电报中故意泄露,梁启超和陆荣廷最初力推岑春煊为抚军长,只是因为岑春煊谦让,才改推唐继尧,这不无挑拨梁陆与唐关系的意味。革命派和改良派的矛盾,在他们争夺各省地方实力派的过程中,表现得十分明显。②唐继尧原来成立了护国军政府,派李宗黄等代表驻上海、香港等地,向各地反袁势力颁发了不少委任状,以护国军盟主自居。至此,云南的护国军政府实际上被广东的军务院取代了,他很难满意,唐继尧和梁启超、蔡锷的私人关系也在革命派的蓄意挑拨之下加速恶化。

第二节　湖南、四川等省相继独立

一、桂军进兵湖南,汤芗铭被迫独立

　　湖南的情况与广东相似,革命派实力较强。汤芗铭盘踞省城长沙,对帝制非常积极,残酷杀害了很多湖南反袁志士。1916年2月21日,革命党人杨王鹏等一百多人大胆袭击将军署,不幸失败。汤芗铭恼羞成怒,大肆搜捕,"凶缉陷害,嫁罪淫杀,只图邀功,不计生命,湘中咸目为汤屠。"杨王鹏、龚铁铮等二十七人因此案被杀害,审判中"并不引用律文,或全无供

---

　　①《唐继尧致梁启超函》(1916年3月下旬),李希泌、曾业英、徐辉琪编:《护国运动资料选编》(下),537页。
　　②《李根源致唐继尧等电》(1916年5月18日),李希泌、曾业英、徐辉琪编:《护国运动资料选编》(下),552页。

据"。另外,还有陈军、赵荣等案,"诬以乱党之罪,枪毙六十一人。"①各县滥杀无辜的情况就更难统计了。革命派在平江、浏阳、衡阳等地先后发动起义,但都被残酷镇压,长沙陆军监狱里关满了反袁的"嫌疑犯"。

但革命党人并没有被吓倒,当王文华率领三团贵州护国军进攻湖南时,湘西民军蜂拥而起,到处袭击北洋军,二十岁的贺龙也凭两把菜刀拉起了自己的队伍。北洋军主力第六师和第二十师难以应付民军灵活机动的游击战,逐渐陷入困境。第六师师长马继增不明不白地死于军中,北洋军士气更加低落。二十师师长范国璋4月27日给北京的电报说:"前方兵力日减,非增加援队难奏效。而后方匪乱如麻,节节牵制。"②第六师是江西李纯的部队,受冯国璋影响较大,久驻南方,也难免受到周围舆论环境的影响,对于袁世凯称帝本来就不太支持,随着反袁势力壮大,他们更不愿意为袁卖命。袁世凯逐渐看清形势,命令对帝制比较积极的倪嗣冲派兵增援,倪嗣冲遵命派弟弟倪毓棻率安武军一部进入湖南。但安武军力量毕竟有限,即使加上另一增援部队唐天喜旅,仍无法改变湖南战局。

程潜是湖南著名的革命党人,唐继尧给了他一营军队,刘显世给了他两万元经费,他就带着这点力量回湖南发动反袁。程潜先派人到湖南各地联络,他本人率部3月25日到达湘西靖县,把这里当作湖南反袁民军的大本营。此时广西已经独立,袁世凯被迫撤销帝制,护国军声势大涨,新化县陈光斗、邵阳县胡兆鹏、武冈县谢宝贤、凤凰县刘光莹、溆浦县舒绍亮、靖县申建藩、麻阳县米子和、芷江县杨玉生等纷纷前来联系。"湘西镇守使田应诏,也来电表示拥护护国军。到四月十日为止,湘西地区除常德、桃源、沅陵、辰溪、古丈、麻阳六县因驻有袁军未能响应外,其余二十一县都已宣布反袁独立。盘踞湘西的袁军,受到各县人民的包围,陷于进退

①《汤芗铭祸湘录》,章伯锋、李宗一主编,闻黎明、李学通编:《北洋军阀》第二卷,576—578页。

②《范国璋致统率办事处等电》(1916年4月27日),李希泌、曾业英、徐辉琪编:《护国运动资料选编》(下),503页。

维谷的困境,军心大起恐慌。"①

但汤芗铭仍表示忠于袁世凯,3月22日帝制案撤销后,他4月4日通电要求护国军罢兵,拥护袁世凯继续做大总统:"大总统不忍生民涂炭,将承认帝制原案毅然取消,大公无我之素怀,显然益见。彼等既系拥护共和,至此已如愿以偿,解甲释兵,谅在旦夕。""资格信望足以包举全国者,今大总统外更无第二人。尊重其固有地位,正所以维持国家。""倘不顾国家之存亡,不顾人民之痛苦,固执己见,妄肆要求,则匹夫有兴亡之责,军人凛服从之义,誓当激励所部,以备前驱。"②

为了推翻汤芗铭的统治,程潜4月26日在靖县召集湖南人民讨袁大会,有四十八县代表到会。代表们推举陈光斗为大会主席,李仲麟为副主席,王祺为秘书长。大会代表通过了议案,宣布湖南即日独立,凡袁世凯任命的官吏,一律视为逆党。大会推举程潜为湖南护国军总司令,程潜4月28日宣布就职,誓师讨袁。程潜把从云南带来的卫队营与湘西周则范部合编为第一旅,周泽范为旅长,朱泽黄、苏邦杰为第一团、第二团团长,又把矿警和一部分民军编为第二旅。当然,与广东的情况类似,湖南民军虽然数量可观,但装备和训练都很不足,要想驱逐北洋军和汤芗铭,仍然力不从心。

随着反袁势力逐渐壮大,汤芗铭也犹豫动摇起来,不敢再随便杀人,甚至在各方压力之下,也开始酝酿独立。程潜听说后,写了一副对联讥笑他:"上联是:总统退位,将军独立;下联是:国民革命,屠夫封刀。"③蔡锷是湖南人,在湖南人脉较多,他苦心调和革命派与汤芗铭的矛盾,在给陈宧的电报中提道:"铸新(汤芗铭)在湘,舆情极不洽,纵独立揭晓,亦恐不免冲突。弟曾迭电湘中健者,务与铸新互相提携,力戒龃龉。现济武(汤

① 程潜:《护国之役前后》,《护国讨袁亲历记》,15—16页。
② 《汤芗铭沈金鉴通电》(1916年4月4日),李希泌、曾业英、徐辉琪编:《护国运动资料选编》(下),617—618页。
③ 程潜:《护国之役前后》,《护国讨袁亲历记》,25页。

化龙)既赴湘,更可望水乳,此不独湘局之幸也。"①

汤化龙是汤芗铭的兄长,是原进步党的领袖之一,曾担任众议院议长。他自筹安会成立即与梁启超持相同立场,辞去教育总长,移居天津。云南宣布讨袁后,汤化龙也来到上海,与孙洪伊等一起谋划反袁。他的主要活动包括:策划营救黎元洪出京、通过冯国璋的女婿陈之骥策反冯,还有就是策反他的弟弟汤芗铭。汤化龙先后派舒礼鉴、黄葆昌到长沙,策动湖南独立,并疏通汤芗铭与谭延闿的关系。②汤芗铭出身海军,在湖南陆军中根基不深,在入湘北洋军的威压之下,不敢轻举妄动。谭延闿推荐了曾继梧、赵恒惕、陈复初等,借镇压民军之名帮助汤芗铭大举招兵,建立湖南地方部队。在湖南宣慰使熊希龄的斡旋下,王文华部黔军与范国璋等的北洋军也在4月中旬协议停战一个月。

陆荣廷4月下旬离开肇庆,亲率北伐大军从南宁出发,经柳州、桂林、全县进入湖南。入湘桂军总共有一万多人,包括:马济部武卫军十营(装备和新兵都取自龙觐光)、陆裕光师(潘其沾旅、卢炎山旅)、陆兰清和邱渭南两部巡防营。一路并无战事,"所过城镇,万人空巷,夹道欢迎。尤其是零陵、祁阳、衡阳,张灯结彩,到处壶浆箪食。"③由于蔡锷等正与冯国璋、段祺瑞协商停战,汤芗铭也已经酝酿独立,而且北洋军不断增援湖南,实力不容小觑,陆荣廷并没有急于进军开战,而是采取了持重态度。桂军到衡阳后即停止前进,坐观形势变化,等待最有利的时机。在桂军的威胁之下,驻湘桂边界的零陵镇守使望云亭4月26日宣布独立,通电称:"前次电请息兵,居间调停,乃停战兼旬,迄无转旋之余地。无已因大势之趋向,民军之请求,经于四月二十六日宣告独立,改零陵镇守使署为湘南护国军总司令部。"④

① 蔡锷:《致陈宦电》(1916年5月31日),曾业英编:《蔡松坡集》,1122页。

② 李仲公:《护国之役时的汤化龙及其集团》,《湖北文史资料》第八辑,107—112页,中国人民政治协商会议湖北省委员会文史资料研究委员会,1984。

③ 卢五洲:《陆荣廷率师入湘记略》,《护国讨袁亲历记》,257—258页。

④《零陵镇守使望云亭独立通电》(1916年4月26日),李希泌、曾业英、徐辉琪编:《护国运动资料选编》(下),618页。

袁世凯派安武军倪毓棻部和唐天喜旅入湘增援，抵抗北伐桂军，加上原来的第六师和二十师，北洋军在湖南兵力颇为雄厚。汤芗铭招兵之举引发了北洋军的怀疑，认为他将要倒向护国军。倪毓棻致电倪嗣冲报警，倪嗣冲4月29日转报袁世凯："汤将军募兵，确查数目在株洲招三营，衡山两营，湘潭三千人、湘阴二千人、湘乡五千人，皖化数未确，大约共招一万八千人。""似此外装糊涂，内则秘密布置，积极进行，逆迹昭著。且湘阴、益阳、沅江为职军及在湘潭各师旅长后方咽喉，而株洲一处，尤为职军往长沙及醴陵出江西之要道，汤皆用兵把守。若不预为之计，一俟桂军大队到湘，汤复从后相应，两方夹攻，四面受敌，我以孤军处此，后继无援，粮饷军械一无接济，实足制我军死命，即在湘各军，亦均断绝归路。"倪嗣冲转发倪毓棻电文后，又加上自己的分析："近日望使已变桂军，进逼衡州。汤将军布置既定，响应即在目前。"①

蔡锷在四川与北洋军停战，但对于湖南却主张积极进攻。他5月16日致电黔军主将王文华，主张趁桂军入湘的有利条件，展开攻势："桂军入湘，电部（王文华，字电轮）自应与之确取联络，相机策应。湘省独立，则形势更大变动，应取积极行动，以免失机。""敌如有机可乘，在我可操胜算，不妨借端开衅，痛予打击。""虽有破约之嫌，但局势大变，自非原定规约所能拘束。况由停战而开战，双方本可自由，并无株守之义务也。"②

汤芗铭采取骑墙政策，犹豫动摇了一个月之久，寄希望于冯国璋组织的南京会议。南京会议失败以后，在桂军、黔军和湖南军民的强大压力之下，他才于5月29日宣布湖南独立。汤芗铭5月28日致电各省："此间人民闻南京会议时湘省代表被斥情形，愤懑填膺，激烈运动，热度弥高，各县独立，至此更无法收拾，全湘几无净土。芗铭外瞻大局，内怵近忧，忍无可忍，已于本日率湖湘健儿与滇、黔、桂、粤、浙、川、陕诸省取一致之行动，亦

---

①《倪嗣冲致袁世凯电》(1916年4月29日)，李希泌、曾业英、徐辉琪编：《护国运动资料选编》(下)，619页。
②蔡锷：《致刘显世等电》(1916年5月16日)，曾业英编：《蔡松坡集》，1092页。

促大局之解决,以遂护国之夙愿。"①5月29日,汤芗铭正式向湖南全省发布独立布告:"本都督鉴于时势之必要,于本日脱离袁政府宣布独立。"布告内容仍以维持汤芗铭自己的地位为主:"凡已经宣布独立而未经本都督认可者,均须服从本都督命令,听候检查处分,不准自由行动,违者按军法治罪。""非奉有本都督命令,无论何人何地,不准招兵敛饷,违者由地方文武严拿重办。"②

像汤芗铭、龙济光这样的人,并没有什么政治原则可言,他们的一切行动都是为了争取自身的利益。袁世凯发动帝制以后,有操守的正人君子纷纷离开,他所依靠的大多是这样的反复小人。一旦形势有变,这些人是根本靠不住的。袁世凯撤销帝制以后,对自己亲近小人、疏远君子颇为懊悔,转而觉得当初劝阻帝制的张一麐、严修等人诚实可亲。张一麐说:"项城取消帝制时期,与予最亲。有一日召予三次谈话者,实则并无若何重要话谈也。一次项城曰:'吾今日始知淡于功名、富贵、官爵、利禄者,乃真国士也。仲仁在予幕数十年,未尝有一字要求官阶俸给,严范孙与我交数十年,亦未尝言及官阶升迁,二人皆苦口阻止帝制,有国士在前,而不能听从其谏劝,吾甚耻之。''前日推戴,今日反对者,比比皆是。''总之我历事时多,读书时少,咎由自取,不必怨人。'"③袁世凯的自责颇为沉痛深刻,只可惜大错已经铸成,悔之晚矣。

二、四川独立——陈宧犹豫动摇,冯玉祥叛离北洋

四川是护国战争的主战场,自3月22日袁世凯宣布撤销帝制以后,北洋军士气低落,已经无心恋战。各地民军蜂拥而起,到处袭击北洋军的补给线,北洋军被迫留兵防守,前线兵力逐渐吃紧,不但无力发动进攻,甚至

---

① 《汤芗铭致未独立各省电》(1916年5月28日),李希泌、曾业英、徐辉琪编:《护国运动资料选编》(下),621页。

② 《汤芗铭独立布告》(1916年5月29日),李希泌、曾业英、徐辉琪编:《护国运动资料选编》(下),621—622页。

③ 张一麐:《袁幕杂谈》,刘成禺:《洪宪纪事诗本事簿注》,66页。

连守住阵地也有难度。北洋集团的扩张到达了极限,在最边缘的地区开始溃败。护国军虽然3月17—23日大举反攻获胜,但是由于兵力和弹药缺乏,短期内也无力彻底消灭北洋军。双方经过协商达成停战,先是4月1—7日停战一星期,后来又延长到4月7日—5月6日,最后又延长到5月7日—6月6日。停战期间,蔡锷等与陈宧等积极沟通,努力推动四川的独立。

冯玉祥拥重兵驻守战略要地叙府,对四川局势的影响举足轻重。他深受护国形势高涨的鼓舞,胆子越来越大,反袁态度逐渐公开。蔡锷4月2日给唐继尧等的电报说:"冯玉祥两次派人来言,渠已决心效顺,其主张在倒袁以推冯,并担任联络北军。冯曾在滦州首义,后为袁所骗,故深恨之。其部曲亦多识大义。现已嘱令速举,并迫二庵宣布。"①蔡锷4月3日给刘存厚的通报也说:"冯旅(伍旅所溃之一团亦归其节制)两次派人来通款,决计效顺,商定即举义。其未举义以前,严守中立。其驻柏树溪及南溪之军队(南溪只败残之汉军百名)已撤退。"②冯玉祥表明态度并撤退军队后,护国军左翼比较安全,可以集中兵力对付张敬尧第七师和李长泰第八师,这对护国军是很大的帮助。蔡锷4月3日命令称:"南溪、江安现均为我军占领,我左翼较为安全,应由第五支队抽调一营来渠坝驿,作为该梯团长总预备队,但以一营防守我最左翼一带足矣。"③

四川将军陈宧是湖北安陆人,与蔡锷、汤芗铭一样,是袁世凯非常器重的南方人才。他曾经担任参谋次长,协助镇压二次革命。袁世凯对他非常信任,派他带兵入川,执掌大权。但陈宧是思想半新半旧的人,对于帝制本有疑虑,他身边的幕僚也分为新派和旧派。新派以刘一清为首,包括胡鄂公、邓汉祥、雷飚等;旧派以张联棻为首,包括冯仲书、季自求等人。自帝制问题发生,新派坚决反对,旧派表示赞成,两派对陈宧都有影

① 蔡锷:《致唐继尧等电》(1916年4月2日),曾业英编:《蔡松坡集》,1016页。
② 蔡锷:《通报刘存厚文》(1916年4月3日),曾业英编:《蔡松坡集》,1018页。
③ 蔡锷:《致顾品珍命令》(1916年4月3日),曾业英编:《蔡松坡集》,1020页。

响。①同时,陈宧与黎元洪的湖北集团有密切关系,与蔡锷的私交也很深厚,黎元洪和蔡锷的反帝制立场对他也有影响。

不过,真正决定陈宧政治态度的,还是四川及全国的军事政治力量对比。陈宧统治四川靠的是三个旅北洋军。1916年1月,护国军刚到四川的时候,陈宧坚决拥袁,积极调动军队与之对抗。随着四川反袁势力越来越强大,各地民军风起云涌,陈宧逐渐失去了对四川各地的控制。李炳之旅远在重庆,伍祥祯旅遭护国军重创已经残破,冯玉祥旅驻扎叙府,是陈宧手下最强大的部队。冯玉祥反对帝制的态度越来越明显,刘一清、雷飚等也积极联络护国军。在各派的拉扯之下,陈宧态度游移,随着护国阵营力量的发展壮大,逐渐从拥袁转向反袁。

1916年3月中旬,广西独立逆转了全国形势,蔡锷反攻纳溪逆转了四川形势。陈宧坐镇成都,表面仍忠于袁世凯,实际上已经动摇。他首先提出停战要求,3月30日致电蔡锷:"此次军事发生,彼此龂龂者,帝制二字耳。元首以天下为重,业降明令,即予取消,并命徐东海复任国务,段芝老出掌参谋,黎黄陂亦函认参预政事,兄所抱政见,已完全得达,理应早日息兵,以重民命。""务恳推怀悲悯,迅赐分电各路贵军即日停战。"②蔡锷3月31日回电,认为袁世凯已失信誉,必须下台,但同意停战一星期:"吾兄才望,冠冕南州,挈兹纲领,登高一呼,则海内向风,纠纷宜可速解。时若(雷飚)先来,能与杏村(刘一清)偕临尤盼。此间现已电饬滇、黔各军停战一星期,以副雅命。"③蔡锷与陈宧虽然政见有所不同,但两人私交深厚,彼此容易达成信任,这也有利于双方沟通谋和。后来停战期一再延长,两军主力在四川基本没有再发生大的战事。

在电报中,陈宧仍主张维持袁世凯的总统地位,但在与蔡锷的密使磋商中,他的态度却有明显不同。第十六混成旅是陈宧的主要军事依靠,冯玉祥此时倒袁态度很坚决,对陈宧有不小影响。冯玉祥此时派出的密使

① 赖晨:《陈宧幕僚之特点及其影响》,载《经济与社会发展》2008(3)。

② 蔡锷:《致赵又新等命令》(1916年3月31日),曾业英编:《蔡松坡集》,1005页。

③ 蔡锷:《复陈宧电》(1916年3月31日),曾业英编:《蔡松坡集》,1010页。

是两位牧师,可见他对基督教教士相当信任。蔡锷在3月31日给滇军将领的命令中提道:"陈宧前两次派人来言,主张一致倒袁,而取联邦之制,并推举段、冯、徐为继任总统。日昨冯玉祥由叙府派唐牧师前来交涉,谓系奉陈二庵意,其所言亦同。顷接刘梯团长来电谓:冯派马教士至横江交涉,词旨亦然。"①蔡锷在同日给梁启超的电报中说:"陈二庵昨派人来,言意在倒袁行联邦制,而举冯、段、徐为总统,并谓已派人联络湘、鄂、赣三省,已得赞同等语。"②

季自求在陈宧幕僚中属于旧派,他的日记记载了四川停战之后形势变化,显示了陈宧受到各方的压力及立场动摇。4月12日,"省城日来谣诼渐甚,均谓安陆将独立。此川人排外之谋,其实安陆对此力持慎重,一二政客日事游说,尚未为所动。本日特召集川籍咨议会商匡时大计,亦借觇群情向背。"4月14日,"松坡驻永宁,来一电,主急进。又派陈光勋至省接洽。""连日浙、赣继起独立,时局日坏,省垣谣言愈炽。""安陆见时事大势所趋,不欲开罪永宁,又未能有所表示。"4月24日,"胡省三鄂公自南京至,得闻南中事甚悉。安陆意志为之冲动不少。"③

袁世凯派陈宧入川,是因为陈宧晚清曾任四川武备学堂会办,与四川各级军官多有师生关系。但陈宧带了三旅北洋军入川,川军和北洋军待遇差距很大,引起普遍不满。他还在川军中安插自己的亲信担任高级军官,派熊祥生到周骏的第一师担任旅长,派雷飚到刘存厚的第二师担任旅长,并且撤换了很多厅道县官员,这让很多四川人感觉受到歧视。④护国战争爆发后,川人在革命党的鼓动下纷纷发动起义,欧事研究会的熊克武在川南就任四川招讨司令,很快召集起一支队伍。孙中山的中华革命党委任卢师谛担任四川革命军总司令,在川北绵阳发动王靖澄等起义,占领

① 蔡锷:《致赵又新等命令》(1916年3月31日),曾业英编:《蔡松坡集》,1006页。
② 蔡锷:《致梁启超电》(1916年3月31日),曾业英编:《蔡松坡集》,1008页。
③《季自求入蜀日记》(1916年),李希泌、曾业英、徐辉琪编:《护国运动资料选编》(下),614—615页。
④ 邓锡侯、田颂尧:《四川护国战役始末》,《护国讨袁亲历记》,120—121页。

三台县。川军旅长钟体道在顺庆(南充)发动起义,宣布成立川北护国军司令部。川东扼守北洋军进攻四川的咽喉要道,刘伯承、康云程等在川东起义,进攻丰都,对北洋军后路威胁很大。刘伯承就是在这次进攻丰都城门时右眼中弹,导致目盲。其他的起义军还包括灌县的杨维、大竹的肖德明、广安的郑启和、酉阳的石青阳、雅安的刘成勋等等。①

随着四川反袁形势日益高涨,陈宦在成都陷入孤立被动,人身安全都没有保障。他在逐渐倒向护国阵营的过程中,对北洋军和川军都难以信任,竟向蔡锷提出了借用滇军的请求。蔡锷4月28日致唐继尧电说:"二庵历电请以杏村、时若统带滇军四梯团,意在外拒北逆,内安反侧。锷前已允拨十营。"②蔡锷同日致电成都,表示同意派雷飚带滇军前去支持:"二公决心举义,大局之福。""以刘、雷统带滇军,足以壮声势而联声气,借收脉络贯通,指臂相维之效,自可照办。现拟以驻叙府附近之第一梯团交由时若接统。杏村如愿带滇军,将来亦可酌拨。蜀如宣布,曹军决不敢西犯。即张、李两师似亦可联络就范,则曹势益孤,更无能为役。"③

雷飚和唐继尧、刘存厚、刘云峰一样,原来都是蔡锷部下的滇军营长。他与蔡锷的关系非同一般,不仅是蔡的湖南邵阳老乡,而且从广西办陆军小学时就追随蔡锷,是蔡从云南带到北京的几个亲信之一。陈宦入川时,蔡锷推荐雷飚到四川当旅长,他对蔡锷的忠诚远超过陈宦。在斡旋四川停战和独立的过程中,雷飚发挥了重要作用。他奉陈宦之命,率谭道源等十几人从成都到泸州,劝说张敬尧与蔡锷在电话上直接商谈停战。电话沟通效果很好,"两人意气甚洽,张意更活动,停战议和事乃得顺利进行。"雷飚又到大洲驿面见蔡锷,恰好收到陈宦请派滇军援助的密电。蔡锷兵力不足,面有难色,雷飚说:"不必拘泥,可派一个梯团或二、三营兵力,只说是四个梯团就是。"于是蔡锷派雷飚率两营滇军与刘存厚部一起向叙

---

① 张仲雷:《四川义军的反袁斗争》,《护国讨袁亲历记》,163—175页。
② 蔡锷:《致唐继尧电》(1916年4月28日),曾业英编:《蔡松坡集》,1064页。
③ 蔡锷:《致唐士行修承浩电》(1916年4月28日),曾业英编:《蔡松坡集》,1063页

府、成都进发。①

成都的反袁活动日渐活跃,社会舆论对于陈宧的骑墙政策非常不满。省议员郭湘、李文耕等七十六人5月1日上书陈宧,要求公开宣布独立:"议员等为七千万同胞请命,为全蜀父老昆弟救危,势非请钧座明白宣布独立,与袁氏脱离关系,不足以镇人心而消疑畏,维现状而弭后灾。""倘或游移两可,如所传秘密独立等情,则态度不明,斯民难言。所谓治安,仅此省城一隅,各县尽遭糜烂,收入必无可言,中央又不接济,治民治军,无财无饷,大敌四乘,试问钧座将如之何?"②

5月3日,在各方压力之下,陈宧终于发出了劝袁世凯退位的电报,这在全国引起巨大震动。此电虽然语气非常委婉,但要求袁世凯退位的态度却很清楚,这意味着四川这个人口众多的大省公开倒向了护国阵营。电文称:"使此退位之说仅出于首事诸人一部分之口,则转圜犹易为力,乃首事诸人如是云云,主持清议诸人复如是云云,甚至举国人之心理亦如是云云,于此可察大势之已去,人心则已失,虽有大力者,亦不能逆天以挽之矣。虽然,钧座之心固以救国救民为素抱也,帝制尚毅然取消,岂尚恋恋于总统一席。""钧座受任以来,艰难缔造,劳身焦思,四载于兹矣。乃国人犹不见谅,种种责难,则毋宁退居颐养之为快也。""使钧座退而兵罢,兵罢而国安,则国人尊报让德,应如何优待条件,宧与各省疆吏亦必力争以报。若再迁延时日,则分崩离析之祸今已见端,后患之来,则宧之所不忍言者矣。"③

冯国璋、张敬尧、李长泰等北洋将领都不同程度参与了迫袁退位的活动,在四川的三个北洋师长中只有曹锟比较顽固。蔡锷5月3日电告梁启超:"二庵已决心宣布独立,一切准备已有头绪。如袁逆不听劝告,即行发

　①雷飚:《蔡松坡先生事略》,《辛亥革命回忆录》第三集,421页。
　②《省议会议员致陈宧请宣布独立函》(1916年5月1日),云南省社会科学院历史研究所、贵州省社会科学院历史研究所编:《护国文献》(下),776页。
　③《陈宧劝袁世凯退位电》(1916年5月3日),李希泌、曾业英、徐辉琪编:《护国运动资料选编》(下),610—611页。

动。现冯华甫以迫袁退位,尚费手绪,请求展限一月。当复以两方饬令各军,非奉命令不得前进,较为活脱。"①蔡锷5月7日再电告陆荣廷和梁启超:"冯、陈等劝袁退位电已发。""惟据二庵电称:袁意以黄陂才识力量,俱不胜元首之任,欲以段芝泉继任总统,盖一可保持袁系之势力,一可免此系之溃而为乱。以段氏志节、人望论,继任元首,吾侪可无间言。惟急遽间,段氏总统实无法可以产出。任师对此问题意见如何?乞详示。袁不退位,蜀决独立。张、李两部可以就范,惟曹锟夙性迷顽,届时只有仍以武力驱除之耳。"②

关于四川独立、冯玉祥倒戈的传言让在川北洋军军心大乱。张敬尧此时玩弄两面政策,一方面与护国军讨论迫袁退位,另一方面于5月3日密电北京报告冯玉祥倒戈:"现逆已将成都运动独立,占据富顺、自流井、嘉定等处。冯旅玉祥附和,其势甚大。惟富、自、嘉等处为川省财富之区,产盐之所,如此则在川之国军粮秣、薪饷立时无著。"③4日,统率办事处电李长泰查问冯玉祥态度。6日,李长泰报告冯玉祥并未倒戈:"钧处支电饬查叙府冯旅长有无附逆情事。兹查冯旅先是风闻四川省城有独立之说,恐一经宣布,糜烂堪虞,不忍见北方军队互相残杀,因迭电辞职,未允。遂云设使省城宣布,我惟守中立等语。""成都军署张参谋长于四日莅合劳军,并表白陈将军始终苦心维持,决无他意等语。"④

5月9日,陈树藩以陕西护国军总司令名义在富平宣布独立,进军西安。陕西督军陆建章给冯玉祥发来急电,说长安被围,让冯"星夜率队往援"。陆建章是冯玉祥的妻舅,也是他在北洋派中的靠山。冯旅原本就是陆的基本部队,入川后一度仍由陕西关饷。冯玉祥接电后,"即不顾一切,将部队撤向自流井,把叙府仍交刘云峰接防。走了两天,在路上又接到陕

① 蔡锷:《致梁启超电》(1916年5月3日),曾业英编:《蔡松坡集》,1073—1074页。
② 蔡锷:《致梁启超电》(1916年5月7日),曾业英编:《蔡松坡集》,1086页。
③《张敬尧为冯玉祥附和成都独立泸州危急待援密电》(1916年5月3日),中国第二历史档案馆、云南省档案馆编:《护国运动》,592页。
④《李长泰声称冯玉祥并无依附护国军情事密电》(1916年5月6日),中国第二历史档案馆、云南省档案馆编:《护国运动》,593页。

西的电报。"冯玉祥当即下马翻译,得知陆建章与陈树藩已达成协议,于是把部队都集中驻扎在自流井,观望形势。①

对于陈宧劝告退位电报,袁世凯表面上做出不贪恋权位的姿态,但实际以善后为名拒绝退位。他5月6日假惺惺地回电表示:"江电悉,实获我心。但此间情形,须布置善后,望速向政府密商办法,切盼。"②前引蔡锷5月7日致梁启超、陆荣廷电中提到,袁世凯曾提出黎元洪能力威望不足,可以让段祺瑞继承总统。对于这一点,蔡锷是可以接受的,他提出的方案是:"项城即日宣告退位,依法以副总统继任。""副总统如声明辞卸,依法以国务总理摄政。"③但这只是蔡锷的个人看法,并不是护国阵营的一致看法。黎元洪被看作是在中央政府中的南方代表,很多南方人都难以接受北洋派独掌中央政府,不会接受以段祺瑞代替黎元洪。

5月12日,陈宧再次致电袁世凯,要求先退位,再讨论善后,不应以善后为名,拖延退位:"今副总统黎元洪、内阁总理段祺瑞,均负中外重望,或依法以黎代理或依法以段摄政天下,皆将称为得人,钧座亦与尧、舜比美。""今日处理善后,当分作两起做去,退位为一事,善后另为一事,若必待善后办好,然后从容退位,则误会滋多,扞格愈甚,后日更难于收拾。""敬肯钧座即日涣发大号,宣告退位,示天下以大信。"④

陈宧还命令冯玉祥率部开赴成都,作为他的军事依靠。陈宧为官清廉负责,尊重人才,在军政界声望颇高。他晚清担任二十镇统制时,曾提拔冯玉祥当营长,冯对陈自然也感恩戴德。冯玉祥判断形势后,遵命率军进驻到离成都五十里的龙泉驿。冯在回忆中提到,他进城面见陈宧时说:"您现在若还不通电独立,表明态度,那么不但我的官兵全要哗变,即你的

① 冯玉祥:《我的回忆》,207页。
② 袁世凯:《致陈宧电》(1916年5月6日),云南省社会科学院历史研究所、贵州省社会科学院历史研究所编:《护国文献》(下),784页。
③《陈宧请袁世凯退位电》(1916年5月12日),云南省社会科学院历史研究所、贵州省社会科学院历史研究所编:《护国文献》(下),778页。
④《陈宧请袁世凯退位电》(1916年5月12日),云南省社会科学院历史研究所、贵州省社会科学院历史研究所编:《护国文献》(下),778—779页。

部队也无法维持,不但我的性命不能保,即您的性命也难安全。"①冯玉祥部是当时成都附近实力最强的军队,他的态度自然会影响成都的政治形势。

5月中旬,成都的形势极为紧张,陈宧身边的新派与旧派剑拔弩张,几乎要刀兵相见。季自求5月15日日记记载:"河间(冯国璋)自宁来电,非常之谋复动。安陆(陈宧)向余微示意,将以刘杏村担任参谋处事。余知安陆处境已渐不能自主。""先是安陆左右急进派杨、邓、王奉杏村为盟主,愈怂恿川省独立,自胡省三(胡鄂公)归,而进行益力。安陆虚怀,数向余咨询兹事利害。余则痛陈得失,以为安陆与项城私交,不宜凶终衅末。顾帝制既为众人所厌,则对项城忠告,至劝其退位而止,不应有进一步绝交之表示。况入川之旅皆北籍,一旦独立,将无所附丽。川人浮动成性,就安陆入川过程,川人失势者方修怨于四方上下,今与中央脱离,斯川人动作有辞,纸虎戳穿,益难统治。""急进派既不得志,遂疑及必有人为梗者,因散流言。苟有人更事阻挠,便当杀却。"②季自求的分析有一定道理,陈宧、龙济光、汤芗铭都是依靠袁世凯当权的,即使脱离袁世凯,也很难得到反袁派的谅解。但反袁势力日益壮大,他们不脱离袁世凯,只有倒台更快。

陈宧经过长期犹豫,终于在5月22日宣布四川独立,给袁世凯沉重一击。他在独立通电中称:"宧既念时局之艰难,义悚于人民之呼吁,因于江日(3日)径电项城,恳其退位,为第一次之忠告。""乃复电传来,则以妥筹善后之言,为因循延宕之地。宧窃不自量,复于文日(12日)为第二次之忠告。""嗣得复电,则谓已交冯华甫在南京会议时提议。则项城所谓退位云者,绝非出于诚意,或为左右解小所挟持。宧为川民请命,项城虚与委蛇,是项城先自绝于川,宧不能不代表川人与项城告绝。自今日始,四川省与袁氏个人断绝关系,袁氏在任一日,其以政府名义处分川事,川省皆

---

① 冯玉祥:《我的回忆》,208—209页。
② 《季自求入蜀日记》(1916年),李希泌、曾业英、徐辉琪编:《护国运动资料选编》(下),615页。

视为无效。"①冯玉祥部也就此公开加入护国军,接受了护国军第五师的番号,这无疑是对北洋派的背叛,是北洋集团走上崩解道路的一个突出标志。

三、浙江、陕西、山东等地的反袁活动

云南、贵州、广西、广东、四川、湖南是护国反袁势力最大的六个省份,上海和香港是重要的联络枢纽。随着反袁势力逐渐发展壮大,反袁活动不仅蔓延南方各省,而且逐渐扩展到北方,袁世凯的北京政府日益陷于孤立。这与辛亥革命时的情形非常相似,护国运动本身就是为了捍卫辛亥革命的成果,实质上就是辛亥革命的延续。

浙江本为革命派势力比较雄厚的省份,而且没有北洋军重兵驻守,反袁势力发展很快。但浙江也是改良派势力深厚的省份,无论是辛亥革命,还是护国运动,总体过程都相对温和,暴力流血相对较少。浙军将领大多参加过辛亥革命,有一定的革命思想,但是他们政治倾向相对保守,不支持1913年的二次革命,因此袁世凯也没有派北洋军进入浙江,浙军大致完整地保存下来。袁世凯复辟帝制,相当于推翻辛亥革命建立的民国,浙军将领普遍不满,旅长童保暄、警察厅厅长夏超、宁波独立师师长周凤岐、嘉湖镇守使吕公望、台州镇守使张载扬等暗中酝酿反袁。但是浙江距离北洋军重兵驻守的上海、江苏很近,他们虽然听说冯国璋反对帝制,但毕竟南北界限很深,冯国璋也没有公开表示,浙军不敢轻举妄动。

随着云南、贵州、广西、广东相继独立,浙军将领大受鼓舞,童保暄等鼓动浙江将军朱瑞宣布独立,但朱瑞始终犹豫不决。于是童保暄4月11日夜率部进攻将军署,朱瑞仓皇出逃。4月12日,童保暄召集各界人士开会,宣布独立,推举浙江都督。巡按使屈映光受到推戴,但他不敢接受,只同意以巡按使兼浙军总司令名义维持秩序。屈映光发布的告示颇为滑稽,不敢宣布独立,只说军民要求独立:"省城十一夜,军民拥至军署,要求

①《陈宦通电》(1916年5月22日),李希泌、曾业英、徐辉琪编:《护国运动资料选编》(下),612页。

198

独立,将军失踪,本使为军、政、绅、商、学各界以浙江地方秩序相迫,已于今日决定以浙江巡按使兼浙军总司令,维持全省秩序。"①

从上述告示可以看出,屈映光实际上并未宣布独立,他坚持保留巡按使名义,仍然自认是袁世凯政府的官员。不仅如此,他还致电北京,说明不得已的苦衷:浙江各界"强迫映光为都督,誓死不从,往复数四。午后,旋有各机关官长暨绅商领袖合词恳吁,最后即以巡按使名义兼浙军总司令,藉以维持地方秩序。固辞不获,于今日上午始行承诺,以维军民而保治安。现人心已定,秩序如常"。北京政府对屈映光的忠心表示谅解,并对其应变之才表示嘉许,提升他为浙江将军,回电称:"该使识略冠时,才堪应变,军民翕服,全浙安然,功在国家,极堪嘉尚。著加将军衔兼署督理浙江军务。当此时势艰危,该使毅力热心,顾全大局,既已声望昭彰,务当终始维持,共策匡定。"②

浙军中的激进派对屈映光的骑墙政策非常不满。嘉湖镇守使吕公望4月13日宣布嘉兴、湖州独立,指责袁世凯"仍拥位不退,徒以一纸空文托词卸责,忍令战祸蔓延,生灵涂炭,陷国家于危亡","公望等不忍时局日即阽危,特于本月十三日起脱离北京政府关系,宣布独立。"③吕公望、张载扬、童保暄、周凤岐等浙军将领4月17日又发出强硬宣言:"袁氏僭窃政柄,破坏共和,实国民之公敌,我国民既建设民国于先,自应捍卫于后。""故虽处危阻困难之中,仍不得不力步西南诸省后尘,以启长江流域之先路。此次独立,所以脱离专制,还我共和。""现在驻沪北军,严守中止,吾浙派重兵驻守嘉、湖等处,防御巩固,决不使客军阑入。"④4月19日,吕公

<hr>

①《屈映光宣布浙江独立告示》(1916年4月12日),中国第二历史档案馆、云南省档案馆编:《护国运动》,428页。

②《大总统著屈映光加将军衔兼署理浙江军务策令》(1916年4月14日),中国第二历史档案馆、云南省档案馆编:《护国运动》,431页。

③《吕公望等致独立各省电》(1916年4月13日),李希泌、曾业英、徐辉琪编:《护国运动资料选编》(下),602页。

④《吕公望等就浙江独立表示态度电》(1916年4月17日),中国第二历史档案馆、云南省档案馆编:《护国运动》,432页。

望等再次通电全国,正式宣布全省独立,不过仍推屈映光为都督,通电严厉警告袁世凯:"当知大势之既去,覆水之难收,佳兵不祥,群情可见。""果拥兵负隅,则败亡可待。公望等谨整饬军旅,严阵以待。"①浙江反袁势力越来越强,屈映光不安于位,5月初离职。5月6日,吕公望出任浙江都督,浙江省至此完全加入护国阵营。

陕西省是北方革命力量比较强大的省份,在辛亥时期革命活动就比较激烈。革命派在陕军中影响很深,并且与刀客等绿林武装关系密切。袁世凯借镇压白朗起义之机,派陆建章带北洋军入陕,夺取了辛亥革命的果实。陕军遭到缩编,很多官兵失业,早已心怀不满。护国运动兴起之后,郭坚、邓宝珊等人召集民军,活动于陕北。同时,战斗力最强的冯玉祥第十六混成旅主力已经入川,陆建章部下北洋军实力大为削弱。

陈树藩是善于投机的陕军旅长,他积极投靠陆建章,得以保存实力。陆建章派其子陆承武和陈树藩率部到陕北镇压民军,不料陈树藩部下营长胡景翼与民军合作,在富平一举消灭陆承武部,活捉了陆承武。5月9日,陕西独立通电以陈树藩的名义从蒲城发出:"帝制发生,全国鼎沸。三秦人士于昔者铸造共和之役为最苦,故今日反对袁氏之热心亦最高。""陆部所至,扰乱更甚,同种相残,殊悖人道,树藩情不获已,因于月之九日在陕北蒲城以陕西护国军总司令名义,正式宣布独立。""今已驻军三原,与陆将军切实交涉,令将所部军队缴械退出陕境。陆已承认,树藩明日即进驻西安受降。"②

但陈树藩本人却说,胡景翼兵变他并不知情,5月9日独立通电也是部下擅自发出的。陈树藩5月11日电称:"青年学子奔走呼号,土匪蜂起,城镇骚然,而军情汹汹,几有不可终日之势。树藩始终以将军情义、地方秩序为前提,竭力镇压,形神交瘁。""胡营突变,仓卒闻警,惊骇欲狂。当

---

① 《浙军宣告独立通电》(1916年4月19日),李希泌、曾业英、徐辉琪编:《护国运动资料选编》(下),603页。

② 《陈树藩宣布独立通电》(1916年5月11日),李希泌、曾业英、徐辉琪编:《护国运动资料选编》(下),606页。

200

即一面电禀将军，一面亲往救护。方幸绍文无恙，偕抵蒲城，可以徐图补救，讵树藩赴富以后，留蒲办事各员竟擅以陕西护国军总司令名义，赴潼通电内外，使树藩初志百喙无以自明。""善后办法，已由绍文函禀。将军爱恤陕民，并爱恤树藩，度必能和平解决，不至有战事之发生。""至胡营长等希望如何，俟树藩到原，自当详细询明，据情转达也。""明日即当起程，偕同绍文到原，以便就近筹议。"①

由此电可以看出，陈树藩不承认自己是陕西独立的主动者，自认是胡景翼等与陆建章之间的调解人。陕军中革命势力很强，而陈树藩思想却比较保守，他自称被部下逼迫宣布独立还是比较可信的。此时陆建章手下兵力薄弱，无力抵抗，也深惧陕军性格激烈，辛亥革命中西安曾发生大流血。在陈树藩承诺保障其生命财产安全的情况下，他同意缴械离陕。5月18日，陈树藩与陆建章联名发出通电，完成了陕西政权的和平交接："秦人反对帝制甚烈，数月以来，讨袁、讨逆各军，风起云涌。树藩因欲缩短中原战祸，减少陕西破坏区域，于九日以陕西护国军名义，宣告独立；一面请求建章改称都督，与中央脱离关系。建章念项城二十余载相知之雅，则断不敢赞同；念陕民八百万生命所关，则又不忍反对。现拟各行其是，由树藩以都督兼民政长名义，担负全省治安，建章当即遄返都门，束身待罪。"②陈树藩派兵把陆建章和他搜刮来的大量钱财护送出陕西，但潼关以东早已埋伏了很多陕西、河南刀客，他们把陆建章的不义之财全部劫走，"陆仅以身免"。③

山东是袁世凯根基深厚的北方省份，孙中山派居正等在山东组织反袁军，在北方引起巨大震动，这里不得不提到日本军队的作用。1914年夏天一次大战爆发后，日军攻下了德国占据的青岛，并进一步沿胶济铁路

---

① 《陈树藩致宋聚五等电》(1916年5月11日)，李希泌、曾业英、徐辉琪编：《护国运动资料选编》(下)，607—608页。

② 《陈树藩陆建章联名通电》(1916年5月18日)，李希泌、曾业英、徐辉琪编：《护国运动资料选编》(下)，609页。

③ 何遂：《反袁回忆录》，《文史资料选辑合订本》第十七卷四十八辑，56页。

西侵,深入山东腹地。袁世凯政府和1904年日俄战争时期的清政府一样,屈辱地宣布中立。1914年10月2日,梁启超曾在参政院对政府提出质问:"日兵向西行不止,诚问潍县以西无一德兵,日本不向目的地之胶州进行,乃向潍县以西,究系何理?""日兵若斯举动,其注意决非只胶州一地,盖将以山东全省为其军队根基地,为第二之东三省也。""又闻日本在山东曾发许多军用票……回想从前日俄战争时,日本在奉天发行军用票五千余万,后虽换成正金银行兑换券,实则一文不能兑换。日本此种举动,实不费一钱,使我中国物价腾贵,生计恐慌。""若谓任人蹂躏,无法抵抗,在他人可作此语,在政府当局诸人绝对不能作此言以卸责任。"①

洪宪帝制发生以后,日本不仅联合各国几次提出警告,还暗中支持反袁势力。1916年3月7日,日本内阁在陆军参谋本部建议下,正式通过了《对于中国目下时局日本所执政策》,对护国军的援助大大增强,并以私人名义与岑春煊、孙中山、善耆签订借款合同,提供大笔资金和军火。虽然日本内阁只表示默认支持反袁,但日本军队直接受天皇统率,向来不受文官政府管辖,他们对反袁活动的支持逐渐公开化,在山东最为明显。

孙中山领导的中华革命党对山东反袁活动非常重视,派遣居正、许崇智、吴大洲、薄子明等在青岛建立中华革命军东北军总司令部,还在美国、加拿大召集了数百人的华侨义勇团派往山东,聘请日本人萱野长知等加以训练。另外,还有一些日本人以志愿者身份加入反袁军。居正5月13日发布命令:"特派柴田麟次郎为本军执法委员长,并委张无声、杜边信、田义忠、江津矶为执法官,专理友邦志士从军者,监视其一切行为,并着其服从军法。"②维持军纪的执法官有好几位,可见这部分日本志愿者的人数也不少。日军对山东反袁势力的支持力度很大,中华革命军东北军总司令部就设在原德国驻青岛总督居住的大楼里,日军专门把这栋大楼让

① 丁文江、赵丰田编:《梁启超年谱长编》,693—695页。
② 《中华革命军东北军总司令部居正任内命令汇志》,云南省社会科学院历史研究所、贵州省社会科学院历史研究所编:《护国文献》(下),898页。

出来,并由日本宪兵日夜轮流站岗保护。①山东反袁军的部队主要来自两部分:一部分是胶东各县的民团,大约有两三千人;另一部分是从辽东召集的"红胡子",号称"五大团",约有千余人,他们的枪械主要由日本军方提供。"由于在日军势力范围内,北洋军第五师不敢开到胶东来,因而革命军很顺利地占领了昌乐、益都、博山、邹平、寿光、桓台等十余县。"②

当时胶济铁路潍县(今潍坊)以东直到青岛,基本被日军占据,反袁军可以自由活动。北洋军第五师张树元部驻守潍县,挡住了通往省城济南的道路。1916年5月,居正等率军向潍县发动了进攻,但山东反袁武装成军不久,战斗力有限,未必真能打败北洋军。在潍县之战中,日军的援助发挥了很大作用。5月15日北洋军第五师师长张树元与居正签订的议和规则中提道:"山东潍县第五师自据守潍城,与居正一派交战以来,虽互有胜负,然因革命军方面掩藏于胶济车站日本守备军营之后,不便以枪炮还攻,概允议和。于奔走磋商,斟酌语气,修改条件,至一星期之久。始于五月十五日,双方交换议和条件十五条,再限一星期至二十三日正午止,五师在限内陆续退出潍县,将该城让于民军。"③

孙中山在5月20日给黄兴的信中说:"合觉生与吴大洲等兵力,有二千余枪,已占领潍县、周村等处,进战退守,均有依据。若能由此益进,则扼北方之咽喉,不难转移大局。"④孙中山本人计划亲自到山东前线指挥,他在5月24日给田中义一的信中说:"文已决心亲赴山东,集结同志力量,全力以赴。然事之成败全系于军火供应之有无,故已委托现在上海之青木将军设法提供两个师团所需之武器。"⑤后来由于袁世凯不久即去世,大局发生根本变化,孙中山才没有成行。

① 钟冰:《中华革命军山东讨袁始末》,《文史资料选辑合订本》第十七卷第四十八辑,74页。

② 辜仁发:《中华革命军山东反袁战争亲历记》,《文史资料选辑合订本》第十七卷第四十八辑,106—107页。

③《潍县两议和规则》(1916年5月15日),云南省社会科学院历史研究所、贵州省社会科学院历史研究所编:《护国文献》(下),895页。

④ 孙中山:《致黄兴函》(1916年5月20日),《孙中山全集》第三卷,290页。

⑤ 孙中山:《致田中义一函》(1916年5月24日),《孙中山全集》第三卷,296页。

在反袁军和日军的压力之下,山东将军靳云鹏和第五师师长张树元不敢坚决对抗,暗中与反袁军和日军谈判。反袁军还几次派遣小股部队袭击省城济南,虽然没有成功,但使袁世凯统治的北方核心区域风声鹤唳,滑向了崩溃边缘。张树元与居正议和,答应退出潍县,并未得到袁世凯政府的授权。他5月23日退出潍县后,不得不在给北京的电报中巧言掩饰:"昨匪来攻,经我军击退。今午前十点,日军官中井野、中冈田等二人带兵两大排来师,谓昏夜为何又复发枪,严词诘责,威迫竟日,至下午八点始去,种种强横举动及困难情形,非笔墨所能述。""欲再延宕,而日不容。再四思维,与其全国沦陷,曷牺牲个人,遂予实行退命。现已开始拔队,退集潍县北庞庄一带,一俟各队退完,元即当率属进省,请受斧钺。"①5月24日,山东将军靳云鹏也致电北京告急:"日军已强逼张师长退出潍县,将城交与党人矣。潍县事完,必如法施行于济南,毫无疑义,祸在眉睫矣。让无可让,退无可退,敷衍无可敷衍矣,交涉方法已用尽矣,卒无效果。请即转呈大总统速为训示对待方法。"②

不过,山东反袁军本来是各方杂凑起来的,并没有坚强的领导和组织,很快发生了分裂。吴大洲和薄子明并不完全支持孙中山的主张,他们脱离了中华革命军,在淄博周村打起了护国军旗帜。吴大洲自称山东都督,薄子明自称山东护国军总司令,东北红胡子出身的"五大团"更是任意横行,到处抢劫,"这时居正已成为一个空头司令"。③只有华侨义勇队对中华革命党比较忠诚,但人数只有约五百人,包括美洲华侨三百多人和日本华侨一百多人。值得一提的是,华侨义勇队人数虽少,但装备优良,甚至拥有美洲华侨捐资购买的三架飞机。5月10日,三架飞机曾由日本教

---

① 《张树元密电》(1916年5月23日),中国第二历史档案馆、云南省档案馆编:《护国运动》,457页。

② 《靳云鹏为日本强迫张树元部让出潍县等情密电》(1916年5月24日),中国第二历史档案馆、云南省档案馆编:《护国运动》,458页。

③ 辜仁发:《中华革命军山东反袁战争亲历记》,《文史资料选辑合订本》第十七卷第四十八辑,107—108页。

官和华侨学员驾驶飞到济南上空,散发反袁传单,打击北洋军的士气。①

第三节　北洋集团的分裂与南京会议的波折

一、冯国璋倒袁密谋的公开化

袁世凯3月22日宣布取消帝制之后,政局焦点变为袁氏退位问题。以冯国璋为代表的东南地方实力派对北京政府的中央集权本来不满,对复辟帝制也有歧见,原来不敢公开表达。随着全国反袁势力日渐强盛,冯国璋等的胆子也越来越大,他与陈宦等的倒袁密谋逐渐公开,北洋集团的分裂无疑是对袁世凯的致命一击。

护国运动爆发之初,冯国璋就成为各方瞩目的焦点,梁启超、蔡锷、唐继尧、陈宦、李宗黄等在函电中已经多次提到冯与护国阵营的秘密联系。但这些联系都属于密谋,冯国璋公开场合仍是支持袁世凯。随着反袁活动高涨,袁世凯威望衰落,冯国璋终于在4月16日鼓起勇气,向袁世凯发出了建议退位的长电,这可以说是冯国璋的政治宣言书。电文首先对袁世凯的中央集权政策提出严厉批评,暴露了北洋地方实力派与袁世凯中央政权的深刻矛盾:"比年以来,枢府采用集权政策,无论兵力财力,均归中央遥制,疆吏或有施设,动为权限所扼,不能切实进行。即以军队言,各省自有之兵,一律裁剪至再至三,既欲节省饷需,不免削足适履,防务得力与否,无暇并顾兼筹。""究其原因,莫非中央集权之流弊,有以致之也。"②

接下来,冯国璋又对袁世凯疏远君子、亲近小人的执政风格提出了尖锐批评,这里面当然包含了他在帝制问题上被袁欺骗的愤懑:"国体甫改,

① 胡汉贤:《中华革命党讨袁军美洲华侨敢死先锋队组织始末》,《广东文史资料》第十九辑,32页,广东人民出版社,1965。

②《冯国璋致袁世凯电》(1916年4月16日),李希泌、曾业英、徐辉琪编:《护国运动资料选编》(下),644页。

劫运忽开,致乱之由,可思其故,良以内政建设屡易方针,旧日政界耆贤,莫肯出担艰巨,盈庭半属新进,只知上蔽聪明。""阿谀者取悦,戆直者见猜。""偶遇军国大计,下问刍荛,大抵一致从同,纷然唯诺,求合意旨,讵出本心。"冯国璋明确反对继续对南方作战:"况始者征讨滇、黔,因其反对帝制。""帝制既取消,彼此当成一致,若再相持不决,是以共和而仇视共和,于事为不情,于理为不顺。""窃虑天下靡然相率解体,分崩离析,即在目前。"①

最后,冯国璋明确建议袁世凯退位,不要再做军事顽抗:"恳请大总统念付托之重,以补救为先,已失之威信难追,未来之修名可立。及此尊重名义,推让治权。""对于未变各省,不必抽派军队,致启猜嫌。前敌战事已停,亦宜规划收缩,毋庸加增兵备。""国璋仰荷恩知,追随最久。""钧座任职一日,誓竭一日之孤忠。设事与愿违,则私谊拳拳,亦终不忘于毕世。"②冯国璋与袁世凯关系深厚,在最后建议退位时,为了照顾袁世凯的脸面,措辞非常委婉,但意思很清楚。

4月25日,冯国璋公开通电未独立各省,号召结成团体,担任调停,在独立四省和中央之间"左右为轻重",这实际上就是脱离中央,采取半独立的立场。冯国璋虽然名义上没有宣布独立,但事实上已经显示了独立立场,对时局影响巨大。电文称:"适接陈将军马日录寄前致中央电文,谓蔡锷提出条件,滇黔于第一条未能满意,桂、粤迄今未见复。""嗣后政府电知陈将军,业以和议与蔡斟商,取得同意,始将八条通电奉质,冀可从事和解,早息纷争。今观陈将军所言,蔡锷一人并不能代表四省,而政府于此真相亦未尝明白披露,或故隐约其词,我辈出任调人,将从何著手?""现就国璋思虑所及,筹一提前办法,首在各省联络,结成团体,必须各保疆土,使辖境内不生变故,妨害治安。一面贯通一气,共保公安,立于坚确不摇

①《冯国璋致袁世凯电》(1916年4月16日),李希泌、曾业英、徐辉琪编:《护国运动资料选编》(下),645页。

②《冯国璋致袁世凯电》(1916年4月16日),李希泌、曾业英、徐辉琪编:《护国运动资料选编》(下),645—646页。

地位,总期扩充实力,责任同肩,对于四省与中央,可以左右为轻重。"①

　　冯国璋此时与陈宧、蔡锷有密切互动。本来蔡锷计划停战期满就发动进攻,对袁世凯进一步施加压力,但在冯国璋和陈宧的要求下,同意再将停战延期一个月。蔡锷5月初致岑春煊电中称要很快开战:"停战期限已满,北政府对于袁氏退位一款犹未承认,近又要求展期一月,无非以停战诡计冀老我师。自非节节进兵,不能得完满之结果,决议日间督率所部继张挞伐,义不返兵。"②但他5月3日致梁启超电又说:"现冯华甫以迫袁退位,尚费手续,请求展限一月。当复以两方饬令各军,非奉命令不得前进,较为活脱。"③5月6日,蔡锷正式下命令给罗佩金、顾品珍等前线将领:"冯、陈迭次请求续行停战一月,兹已允予照办。计自五月七号起,扣至六月六号夜半止,为第三次停战期限。仰饬所部仍遵照停战规约办理为要。"④

二、袁世凯及拥袁派的抵抗与冯国璋的动摇

　　虽然反袁势力日益兴盛,但袁世凯在北方仍拥有庞大势力,并不准备轻易认输下台。他一方面仍调兵遣将,准备军事对抗;另一方面,他表面说自己并不恋栈,但暗中却授意各省大员通电反对袁氏退位。

　　3月25日,张勋从徐州发出支持袁世凯的通电,3月26日安徽将军倪嗣冲也通电各省,宣称帝制已经取消,如果独立各省还不罢兵,"惟有视为公敌,共伸挞伐。"⑤3月27日,湖北将军王占元通电警告独立各省:"诸君目的既达,当可息兵,若犹别有要求,我辈誓不承认,誓师待命,敬伸末

　　①《冯国璋致各省电》(1916年4月25日),李希泌、曾业英、徐辉琪编:《护国运动资料选编》(下),646—647页。
　　②蔡锷,《致岑春煊电》(1916年5月初),曾业英编:《蔡松坡集》,1071页。
　　③蔡锷:《致梁启超电》(1916年5月3日),曾业英编:《蔡松坡集》,1073—1074页。
　　④蔡锷:《致罗佩金等命令》(1916年5月6日正午于大洲驿),曾业英编:《蔡松坡集》,1077页。
　　⑤《倪嗣冲通电》1916年3月26日,何智霖等注释:《阎锡山档案:要电录存》第一册,314页。

议。"①4月1日,驻守上海的北洋将领杨善德、卢永祥通电各省军人,明确反对袁世凯退位:"帝制取消,本为善策。元首热诚救国,谦抑为怀,不惜屈己徇人,毅然下令引咎自责。""近阅报纸,有滇、黔等省要求元首退位之说,离奇荒谬,骇人听闻。""以一国之元首而论,亦不以一二乱徒之私见为根本破坏之谰言。我辈身为军人,义当报国。""诸公声威素著,为国干城。尚乞勠力同心,共申义愤,歼彼小丑,还我太平。"②陕西将军陆建章3月30日通电、奉天将军段芝贵3月30日通电、江西将军李纯4月3日通电、湖南将军汤芗铭4月4日通电等意思相近,都反对袁世凯退位。

拥袁各省军政大员还给冯国璋施加压力,请他领衔通电支持袁世凯。3月25日,浙江将军朱瑞和巡按使屈映光通电各省:"拟请南京冯上将军主稿,领衔会同各省区军民长官,公电滇黔桂三省,取消独立,以省中央裁定之劳,而杜外人干涉之渐。"③同日,河南将军赵倜和巡按使田文烈也通电请冯国璋领衔,劝独立各省"取消独立,归命中央"。④3月27日福建李厚基、山东靳云鹏也发出意思相同的电报。4月13日,直隶将军朱家宝通电发出自己起草的联名电稿,请冯国璋领衔支持袁世凯:"家宝默察时局,为镇定人心起见,兹有管见,拟合词上呈,请由冯上将军领衔入告。""一般人民心理,于'元首辞职'四字,蓄疑极深,皇皇然忧祸至之无日。""此时此日,在大总统断无舍人民委托之重,而轻言高蹈理由。""恳请大总统,将平日舍身为国,决不轻弃斯民只思洁己宗旨,颁发命令,明白宣示,以靖人心。"⑤朱家宝通电发出后,未独立各省大员纷纷响应,请冯国璋领衔支持

---

①《王占元等通电》1916年3月28日,何智霖等编注:《阎锡山档案:要电录存》第一册,320页。

②《杨善德等反对袁世凯退出总统位电》(1916年4月1日),中国第二历史档案馆、云南省档案馆编:《护国运动》,707页。

③《朱瑞、屈映光通电》1916年3月25日,何智霖等编注:《阎锡山档案:要电录存》第一册,311页。

④《赵倜、田文烈通电》(1916年3月25日),何智霖等编注:《阎锡山档案:要电录存》第一册,312页

⑤《朱家宝通电》(1916年4月13日),何智霖等编注:《阎锡山档案:要电录存》第一册,334—335页。

袁世凯,把冯国璋推到了风口浪尖。

冯国璋性格本有些优柔寡断,见袁世凯顽强抵抗,在各省仍有众多有实力的支持者,他又动摇起来。本来他4月16日致袁世凯电已经明确提出希望袁世凯退位,但他在致各省公开通电中,却又屈从各省拥袁派的意见,表示支持袁世凯留任。冯国璋4月17日发出了由朱家宝电文略加润色的领衔通电:"我大总统平日为民为国,人所共知,勿因报纸之谰言,遽乖初志,仍恳以国事为重,保我群黎,拟请颁发命令,明白宣示,以靖人心,而维国本。大局幸甚,谨合词上呈,伏乞钧鉴。"①冯国璋当然知道,这种联名通电只是拥袁派向袁世凯表忠心的姿态而已,反袁势力根本不可能接受。

冯国璋又与段祺瑞、蔡锷等沟通意见,4月18日密电各省,提出解决时局的八条大纲,中心意思是既保留袁世凯的总统位置,又通过责任内阁制限制总统权力:"滇黔发难,首以反对帝制为名。帝制原案撤销,而桂未罢兵,粤又独立,人心动摇,横议沸腾,瓦解土崩,已成朕兆。""为今之计,惟有削减元首权力,实行责任内阁制度,示天下以大公。尊荣难属于一人,乐利须谋之亿兆。""辗转筹画,务策两全,现已拟就办法八条。综计大纲如下:一、遵照清廷交付组织共和政府全权诏旨,承认袁大总统仍居民国大总统地位,实行责任内阁制度。一、慎选议员,开设国会。一、明定宪法,宪法未定以前,适用民国元年约法。一、惩办祸首。一、各省及中央军队,须以全国军队,按次编号,不分畛域。一、去冬之各省将军巡按使,悉仍其旧。一、滇事起后,派赴川湘方面北军,全行撤回。一、开赦党人。"冯国璋还特别强调,以上八条"业经密商徐(世昌)、段(祺瑞)、黎(元洪)、王(士珍)诸公,已得复电,意见相同,并已得蔡(锷)同意"。②冯国璋在当时政局中处于举足轻重的地位,巧电(18日)犹如一颗重磅炸弹,在全国引

---

① 《冯国璋等通电》(1916年4月17日),何智霖等编注:《阎锡山档案:要电录存》第一册,340页。

② 《冯国璋等通电》(1916年4月18日),何智霖等编注:《阎锡山档案:要电录存》第一册,342页。

起了强烈反应,南北各方纷纷提出意见。

但实际上,巧电八条并不是冯国璋的真实意思,他在 4 月 26 日给段祺瑞、徐世昌、黎元洪、王士珍的私电中,更直率地表达了对袁世凯的不满,并希望在北京的段、徐、王等人就近劝袁主动退位。冯国璋说:"威信既隳,人心已涣,纵挟万钧之力,难为驷马之追。""国璋对于元首具有特别感情,特以耿直性成,未能随时俯仰,他人肆其谗构,不免浸润日深,遂至因间生疏,因疑生忌。倚若心腹,而密勿不尽与闻;责以事功,而举动复多掣肘;减其军费,削其实权,全省兵力四分,统系不一。沪上一隅,复与中央直接,使急难之顷,舍国璋向日旧部外,无一可用之兵。""中枢已渐废纪纲,官吏将不徇法度。至财政之困窘,军心之懈怠,外交之困难,物议之沸腾,事实昭然,无可讳饰。""若察时度理,见为无术挽回,无宁敝屣尊荣,亟筹自全之策。""诸公谊属故人,近参机要,万望造膝请谒,痛切言之。"①

5 月 1 日,冯国璋综合各方意见,又向各省发出一封长电(东电),提出了补充修改后的八条大纲。东电八条比巧电八条前进了一步,提出了国会开幕后袁世凯即退职,并派蒋雁行到北京向袁世凯面陈。电文称:"巧电八条办法,本属提议大纲,而滇黔各省,坚执一己要求,对于第一条不肯同意。""兹就前议,重加参酌,另拟条件与诸公商榷之。一、大总统之问题也。袁大总统以清室付托,组织共和政府,统治民国,授受之际,本极分明。现因帝制发生,起一波折,近虽取消帝制,论者皆谓民国中断,大总统原有地位业已消灭,绝难再行承认,言之亦自成理。然根据法律立论,则民国四年以后,大总统固已失其地位,副总统名义亦当同归消灭。""不如根据清室交付原案,承认袁大总统对于民国应暂负维持责任。""一面迅筹国会锐进办法,提前召集,仍由袁大总统事前宣布命令,一俟国会开幕,即行退职,是未来之大总统可以依法产出。"电文中涉及国会问题、宪法问题、经济问题、军队问题、官吏问题、祸首问题、党人问题七条,大致是巧电

---

①《冯国璋致段祺瑞徐世昌等电》(1916 年 4 月 26 日),李希泌、曾业英、徐辉琪编:《护国运动资料选编》(下),647—649 页。

的细化。①四川将军陈宧为呼应冯国璋,5月4日通电各省,转发了他5月3日请袁世凯辞职的密电,5月6日又把袁氏"实获我心"的复电通告各省。

但拥袁派对东电八条很难接受,张勋5月4日通电明确反对,他自命代表北方军人立场,认为重新选举国会"虽穷年累月,难告成功。当此时机,危亡呼吸,中央已无统治之权,外省又多纷争之象,姑无论财源穷乏,难以支持,即外交问题,亦横来干涉。危险百端,虽难预测,旷日持久,要非善策"。"大总统退位之说,系出彼方要求,至北方军人对于大总统仍怀爱戴者,以勋所知,正复有人。彼此两方,孰居多数,此时尚难预断。""以法律而言,选举自从民意,若以势力而论,军人实占优先,以为民意所趋,军人必当认可,征诸事实,窃恐未然。总之,我国现势危险已臻极点,无论将来作何归宿,必将元首地位先行巩固,各省政见先行融洽。""我辈既以调人自任,所提条件必求切实可行。"②

各省大员对于冯国璋与张勋的公开对立莫衷一是,他们大多并没有一定原则,主要根据形势变化,选择最安全、最有利的立场。比如阎锡山态度非常圆滑,他不断致电湖北王占元、徐州张勋、河南赵倜、陕西陆建章、山东靳云鹏等,征求意见,观察风向,以便把自己的风险降至最低。河南赵倜、陕西陆建章5月5日复电阎锡山,表示支持冯国璋东电八条,于是阎锡山也致电冯国璋表示支持。

张勋的通电产生了不小的影响。靳云鹏5月5日复电阎锡山:"冯上将军东电所拟条件,敝处本极赞同,惟张巡阅使来电,对于第一条尚在互商,拟俟确定后,再行电请挈衔办理。"③陆建章收到张勋通电后,对曾支持冯国璋东电八条非常后悔,5月6日致电阎锡山,说自己"山省剿匪",前电是"他人含混拟复。兹接徐州张上将军通电,利害显然,务须一致主

①《冯国璋通电》(1916年5月1日),何智霖等编注:《阎锡山档案:要电录存》第一册,366—369页。

②《张勋通电》(1916年5月4日),何智霖等编注:《阎锡山档案:要电录存》第一册,377页。

③《靳云鹏电阎锡山》(1916年5月5日),何智霖等编注:《阎锡山档案:要电录存》第一册,381页。

张"。①不仅如此,陆建章5月6日还通电各省:"昨接冯上将军东电,对于巧电所拟首条,大有悬殊。""顷接徐州张上将军支电,对于冯将军东电首条,将来贻祸,了如指掌。"②显然,陆建章又倒向了张勋一方,吉林将军孟恩远也通电支持张勋意见。阎锡山或者是认为冯国璋一方势力更大,或者是因为5月5日已经致电冯国璋表示支持,不好反悔,他在5月6日给靳云鹏的复电中说:"张上将军通电所商各节,似在第一条范围之内,将来当易决定。敝处拟即电覆冯上将军赞同。"③

袁世凯当然不会坐以待毙,听凭自己的命运由下属摆布,所谓不贪恋权位只是虚伪姿态。他不断通过密电、密使鼓动各省大员对抗护国阵营,继续拥护他做大总统。他5月1日通过政事堂给湖北王占元的密电称:"滇、黔、桂对于解决问题,表面似属一致,其实党人内幕推戴向有主张。根本一摇,大局瓦解,内乱纷起,外患乘之,将求为汉之州牧,唐之藩镇亦不可得。此时各省区文武长官,只有以拥护元首为惟一之宗旨,不使因争而乱,因乱而亡,认定此意,百折不回,庶不贻后日之悔。"④蒋雁行是冯国璋与袁世凯之间的沟通使者,他5月3日面见袁世凯后,在给冯的电报中说:"侄于二日晚车抵京,托庇平安,次日即将我叔意见八条上呈主座。""现在大总统及北方同人,均深信我叔,决无他项意见,并相望甚殷。侄看上边意思,颇欲我叔说强硬之话,力为维持,以救大局。"⑤袁世凯希望冯国璋"说强硬之话,力为维持",显然是对东电八条拒绝接受。

同时,冯国璋的东电八条也是护国阵营不能接受的。虽然东电八条

————————

①《陆建章电阎锡山》(1916年5月6日),何智霖等编注:《阎锡山档案:要电录存》第一册,380页。

②《陆建章通电》(1916年5月6日),何智霖等编注:《阎锡山档案:要电录存》第一册,382页。

③《阎锡山电复靳云鹏》(1916年5月6日),何智霖等编注:《阎锡山档案:要电录存》第一册,381页。

④《王占元电阎锡山》(1916年5月2日),何智霖等编注:《阎锡山档案:要电录存》第一册,372页。

⑤《蒋雁行致冯国璋电》(1916年5月4日),李希泌、曾业英、徐辉琪编:《护国运动资料选编》(下),650页。

提出袁世凯在国会开幕时退位,但在南北分裂的动乱之际,召集国会非常困难。这样袁世凯名义上是暂时维持,但事实上有可能长期维持下去,这就给了袁世凯分化瓦解反袁势力的机会。冯国璋站在反袁派和拥袁派之间,既有左右逢源的从容,也有左右为难的尴尬。为了与反袁派沟通顺畅,他特别于4月28日致电邀请梁启超到上海:"国璋安危关系,出任调和,国璋智虑之疏,蚊背负山,弗胜足惧。我公令闻广誉,超越恒流,持论素公,必无偏倚,若得互相斟酌,共任疏通,既可益不佞之聪明,复可定舆论之趋响,亟望命驾回沪,俾得就近商酌一切。"①

此时护国阵营声势正盛,并不急于与拥袁派谈判。云南、贵州、广西、广东已经独立,浙江、湖南、陕西、山东、江西、福建等省也在酝酿独立,梁启超担心和议为袁世凯的缓兵之计,何况广东局势不稳,军务院成立前后事务繁多,他迟至5月15日才决定应邀。在临行前的一封电报中,梁启超态度非常强硬:"此间及沪同人意谓北方望和平甚急,我却宜受之以缓。现桂军正大举出湘,西林亦整旅待发,俟湘、赣、闽到手,海军归附,乃议善后,庶均势局成,而共和得确实保障。此间抱此方针,故设军务院派外交代表,仅认局部停战,非袁已去国不肯息兵。现彼以和平说弛吾气,乃日派兵窥粤,意未可测。四省总代表,似可缓派,待超到沪察情形,若有必要,再电请公推。"②

三、冯国璋召集南京会议倒袁失败

冯国璋的东电八条,既没有得到拥袁派的认可,也没有得到反袁派的支持。为了联合各省召开南京会议,解决南北僵局,冯国璋邀请倪嗣冲5月6日一起乘车到达徐州,与张勋当面商谈。不料在张勋的压力之下,冯国璋不得不参加三人联名反对袁世凯退位的通电:"务祈大总统坚持于上,竭力撑柱,切勿轻信流言,灰心退位,并希振作精神,专意维持外交,示

---

① 《冯国璋致梁启超电》(1916年4月28日),李希泌、曾业英、徐辉琪编:《护国运动资料选编》(下),650页。

② 丁文江、赵丰田编:《梁启超年谱长编》,785页。

天下以决心。""至于各省内乱,勋等自当力任其难,以负完全责任。"①此电从张勋的地盘徐州发出,主要代表张勋的意思,冯国璋内心显然并不赞同。

不过作为交换,张勋也同意了在冯国璋的地盘南京召集各省代表会议。5月6日,冯国璋、张勋、倪嗣冲在徐州会面后,联名通电各省,请各派一名代表5月15日以前到南京,开会商讨大局:"川边停战以来,今已匝月,虽迭经提出和议,顾以各省意见未能融洽,迄今无正当解决。""各省咸抱一隅之见,谣言传播,真相难知,而滇、黔各省恣意要求,且有加无已,长此相持,祸伊胡底。国璋实深忧之,曾就管见所及,酌提和议八条,已于冬日通电奉布,计达典鉴。惟兹事体,关系我国前途之安危,殊非浅鲜,往返电商,诸多不便。""兹特通电奉商,拟请诸公明赐教益,并各派全权代表一人,于咸日前,齐集宁垣,开会协议。"②

袁世凯很喜欢做虚伪的政治表演,他虽然暗中破坏南京会议,5月15日却公开致电冯国璋、张勋、倪嗣冲等,表示自己并不恋栈,只要安排好善后就可以退位:"今日唐继尧、刘显世、陆荣廷、龙济光等以退位为要求,陈宧亦相劝以休息,均实获我心。予德薄能鲜,自感困苦,亟盼遂我初服之愿,决无贪恋权位之意。然苟不妥筹善后,而撒手即去,听国危亡,固非我救国之本愿,尤觉无以对国民。目下最要在研考善后之道,一有妥善办法,立可解决。"③袁世凯的表态虽然毫无诚意,但毕竟在南京会议开会前创造了更为宽松的气氛,使各省代表可以更大胆讨论退位问题。山西代表崔廷献在5月17日给阎锡山的电报中说"十五号,大总统电冯、张、倪,自愿退位,嘱与各省代表妥筹办法善后",④可见这个电报在代表中产生

①《张勋冯国璋倪嗣冲致袁世凯电》(1916年5月6日),李希泌、曾业英、徐辉琪编:《护国运动资料选编》(下),651页。

②《冯国璋张勋倪嗣冲请各省限期各派代表赴宁协议国事密电》(1916年5月6日),中国第二历史档案馆、云南省档案馆编:《护国运动》,715页。

③ 袁世凯:《总统致冯张倪表示退位要电》(1915年5月15日),载《新闻报》1916年5月23日。

④《崔廷献电阎锡山》(1916年5月17日),何智霖等编注:《阎锡山档案:要电录存》第一册,401页。

了积极影响。蔡锷也对南京会议的前景颇为乐观，认为国内和平可期，袁氏退位已不成问题。他在5月16日给妻子的信中说："袁世凯已打算退位，不久即罢兵息战矣。此次事业，较之辛亥一役，觉得更有光彩，而所历之危险亦大，事后思之，殊壮快也。"①

　　5月17日，南京会议第一次开会，因为各省代表尚未到齐，参与召集会议的张勋和倪嗣冲也没有到，这次会议被称为讨论会或预备会。会议开始，各代表公推冯国璋为主席。冯国璋发言称，除原来的东电八条外，各省又提出很多议案，共计二十四条，请大家发表意见。讨论的第一条就是最重要的总统去留问题。山东代表丁世峄首先发言，认为"大局危迫，宜吁请总统暂弃尊荣，使天下早日息兵，以救危亡"。然后湖南代表陈裕时发言，认为"此次滇、黔发难，因总统违反约法"，应该"法律解决"。山西代表崔廷献也支持总统退位。各代表相继发言，似乎主张总统退位的占多数，讨论会无法表决，宣告散会。②山西代表崔廷献在给阎锡山的电报中说："南四处代表到齐，十七号开讨论会。张未到，冯提出大总统退位问题，南军主即退，张勋派主不退，冯派主缓退。将来议决，冯张两派当一致主缓。""惟冯始终守中立态度，元首、南军两不讨好。"③

　　5月19日，南京会议第二次开会，因17日是非正式的讨论会，这实际上第一次正式会议。倪嗣冲已经到会，他首先发言，极力主张维持袁世凯地位："鄙人为召集会议联衔通电之一人。""使总统退位，大局果解决，天下果安，鄙人自无成见，唯恐操之过急，在今扰攘之中国中遽生元首变更，军政财政上必发生重大危险、重大纷乱，不如稍假时日，徐图补救，使得依法律手续和平嬗递。"直隶代表张恕、张勋代表万绳栻都发言支持倪嗣冲，虽然山东代表丁世峄与之辩论，但会场整体气氛发生逆转，"昨日主张退位者，今忽变作模棱两可之语，甚有昨日主张退位，今日忽主张不退位。

　　① 蔡锷：《致潘蕙英函》(1916年5月16日)，曾业英编：《蔡松坡集》，1093页。
　　②《南京代表会议记》，李希泌、曾业英、徐辉琪：《护国运动资料选编》(下)，656页。
　　③《崔廷献电阎锡山》(1916年5月18日)，何智霖等编注：《阎锡山档案：要电录存》第一册，402页。

仍未付表决,宣告散会。"①

19日会议还讨论了如果与独立各省谈判破裂,各省有何实力支持中央对南方作战。冯国璋要求各省代表逐一表态,希望通过展示实际困难,让拥袁主战派放弃强硬立场。山西代表崔廷献在给阎锡山的电报中提到:"冯力主和平,不主再战。""各省报告兵力,预备将来实能调遣南行之数,奉省认二万人,吉林认二千人,直省认一千五百人,鄂省认四千人,豫省认五千人,定武军认二十营,安武军认三十营。"冯国璋坚持反战立场,暗示总统退位是更好的选择,他说:"各省空言结合团体,维持元首,如无实力万不能维持得住,虚张声势,反害国家。"②

上海《新闻报》对19日各省表态有更详细报道:"一、江西:对于中央心有余而力不足,如主战,须请中央助兵一师。二、河南:可出兵一旅。三、山西:无力帮助邻省,财政亦无余力。四、山东:兵力在外交上已有应接不暇之势,即外交平定,亦无力外出,财政上须借债方能生活,南部尤须请倪、张帮助。五、奉天:他省有事,可出兵两万。六、热河:诸事从诸君子之后。七、吉林:议拟仍召集旧议员,解决总统问题,并断言东三省因外交上无余力出兵,如外患上用兵,可出两千,财政上搏节可余十万。八、察哈尔:无力,仗赖中央接济。九、绥远城:无力,地势上亦不济急。十、黑龙江:无余力。十一、湖南:为潮流所激,兵力亦不能支,请速设法以挽大局。十二、湖北:保持总统现有地位,以待国会解决,并要求:1.会内如何从速召集,2.滇事起后所成之军队如何解散,3.军队退还原驻地时可否不令他人进逼,4.将来退兵皆由武汉经过,难保不有元年之变,谁能担任。本省兵力虽有余,因党人注视之点,亦无余力外出,财政更无余力,三月后可出兵四千。十三、福建:拥护中央,从三君子之后,仍以国会解决总统问题。十四、上海:地位与各省不同,以冯将军为主体。十五、直隶:从三将军主张,如山东无事,可出兵一千五百人。十六:海军总长代表:以总统非国会

---

①《南京代表会议记》,李希泌、曾业英、徐辉琪编:《护国运动资料选编》(下),656—657页。
②《崔廷献电阎锡山》(1916年5月21日),何智霖等编注:《阎锡山档案:要电录存》第一册,406页。

216

选出者不承认。十七、宁夏：服从命令。十八、安徽：热心拥护中央。"①

分析上述各省表态，可以看出绝大多数省份对继续战争都很消极，他们虽然要求袁世凯退位的态度并不坚决，但维护袁世凯地位的态度也同样不坚决，大多是坐观成败的中立态度。主战派主要是受张勋和倪嗣冲影响的省份，另外一个特别突出的是奉天张作霖，他的代表竟然表示可以出兵两万，比其他几个省加起来还要多。张作霖文化不高，受新思想影响很少，政治上非常保守，而且有野心勃勃的冒险性格。他在辛亥革命中就坚决反对清帝退位，曾向日本领事表示："皇帝退位当不可免，东三省亦将失去足以拥戴之主宰。身为北人而附和南人之共和，甘受其制，本人宁死亦不屑为。果如此，尚不如依附日本为佳。"② 在洪宪帝制中，张作霖又成为袁世凯的坚定支持者，袁也对他大力提拔。袁世凯于1916年4月17日调段芝贵进京，同时"令张作霖暂代督理奉天军务兼巡按使事"。段芝贵启程进京以后，袁世凯4月22日又发布命令，"特任张作霖为盛武将军"，紧接着4月23日又发令"特任张作霖暂署督理奉天军务代理巡按使"。张作霖从一个普通的地方部队师长，跃升为一省军政首长，他对袁世凯的破格提拔自然感激涕零，在4月25日电报中说："闻命之下，感激莫名。""惟有仰承训示。""图效涓埃之报。"③不过像张勋、倪嗣冲、张作霖这样坚决拥袁的主战派毕竟是少数，他们的军事实力也有限。

5月20日，第三次开会（第二次正式会）。倪嗣冲和张勋代表万绳栻积极发言，他们继续维护袁世凯地位，认为即使总统退位，南北势力也不可能实现和平。"况西南诸省意见又不从同，反对中央政府并峻拒调人。""少顷更提出总统留任问题，西南方面仍不承认，则应付方法似亦应预先筹画。""一面应致电中央，表示十七省一致态度，一面以十七省名义致电西南各省，要求派遣代表来苏议和。""大约一二日即将本此意拟成电稿分

---

①《南京大会议详记》，载《新闻报》1916年5月22日。

②《日本外交文书选译——关于辛亥革命》，74页，中国社会科学出版社，1998。

③辽宁省档案馆编：《奉系军阀密电》第一册，180—181页，中华书局，1984。

致中外,由十七省联名代表签字,会议结果即可完了。"①可见,由于冯国璋态度不坚决,拥袁派占了上风,最关键的总统退位问题实际上被搁置了。

5月22日,第四次开会(第三次正式会)。这次会议本来是要讨论20日议决的十七省通电稿,但是湖南代表却发言声称"根本上不赞成此电稿",试图推翻上次会议的决议。张勋代表万绳栻非常不满,认为:"今日会议不宜出乎此电稿范围之外。"山东代表丁世峄发言支持湖南代表称:"办法不外三端:不退位,即退位,缓退位。即此电稿中所云,由国会解决,即为缓退位之一种。事实上独立各省纵主张即退位,其手续亦须亘一二月之久,我辈纵主张缓退位,国会一开,第一即弹劾问题,至迟亘三四个月之期,结果仍不免退位。我辈既鉴于时势不能主张不退位,缓急之间亦不过一二月之差。因此一二月之期间,若与独立各省争执,非惟无谓,果一旦决裂,则咎将谁属?"丁世峄的发言相当有力,"语罢满座默然"。冯国璋趁热打铁说:"鄙意与丁代表之意略同,前日由国会解决一层可取消,宜电独立各省派员来宁加入会议,解决善后方法。"冯国璋与丁世峄等配合,扭转了会议气氛,"众赞成,表决散会"。"冯秘书厅即将原电稿加以修正,于二十三日拍发。"②

山西代表崔廷献关于22日会议的报告略有不同,认为冯国璋仍持比较中立的立场,他在给阎锡山的电报中称:"二十二号开第四次会,讨论二十号议定办法。鲁省、赣省、湘省代表于国会解决、武力解决两层,力持异论。鄂省代表亦言用兵之难。倪将军与张定武代表宣言,各省既不一致,可各行其是。冯左右为难。献未发一言。最后议定将国会解决一层打消,并将退位二字亦不提,止用十七省军巡名义,电请南五省代表来宁,将总统问题公同议决。"③

---

① 《南京会议续志》,载《时报》1916年5月22日。
② 《二十二日南京会议之结果》,载《大公报》1916年5月28日。
③ 《崔廷献电阎锡山》(1916年5月23日),何智霖等编注:《阎锡山档案:要电录存》第一册,409页。

218

冯国璋在22日会议上推翻了20日决议,显示出他与湖南、山东代表立场接近,仍主张袁世凯退位。23日通电虽然以张勋、冯国璋、倪嗣冲三人名义发出,实际上只代表冯国璋的意见。此电邀请独立各省代表,意图在会议中增加反袁派的声势:"总统问题,关系存亡,既非五省片言所能主张,亦未便以十七省之心理为依据,亟宜确商妥善办法,以救危亡。现经公拟指定南京为集议地点,由五省遣派政治、法律专家为全权代表,或五省共派数人,或各省各派一人,订期来宁,与十七省代表公同研究,议决实行。"①此电的意思显然与张勋、倪嗣冲的强硬态度相左,冯国璋与他们的尖锐对立已经完全公开。崔廷献5月23日致电阎锡山报告:"南京会议,张、倪主用武,与冯终未一致。"②

张勋和倪嗣冲对南京会议的结果非常不满,二人24日背着冯国璋密电有可能继续支持袁世凯的各省大员,鼓动他们坚定拥袁立场,收电人包括:直隶将军朱家宝、奉天将军张作霖、吉林将军孟恩远及巡按使郭宗熙、黑龙江将军许兰洲、河南将军赵倜及巡按使田文烈、山西将军阎锡山及巡按使金永、山东将军靳云鹏及巡按使蔡儒楷、湖南将军汤芗铭、湖北将军王占元及巡按使范守佑、福建将军李厚基、甘肃巡按使张广建、热河都统姜桂题、察哈尔都统张怀芝、绥远都统潘矩楹、上海护军使杨善德及副使卢永祥。电文批评南京会议"最终结果,仅致云南省,要求举定代表来宁磋商。至此会之主旨精神尚未十分坚决,勋、冲愚见,南省意旨,力持迫挟退位,我辈会议即研究利害,以定是否降顺南省,斥逐元首;抑须固结团体,挽留元首。此十六字中,必坚确认定八字。有百折不回之决心,然后始有办法之可言"。③

张勋的立场很值得玩味,他始终是坚定的宣统复辟派,原本内心并不

①《张勋等电各省将军等》(1916年5月23日),何智霖等编注:《阎锡山档案:要电录存》第一册,408页。
②《崔廷献电阎锡山》(1916年5月23日),何智霖等编注:《阎锡山档案:要电录存》第一册,409页。
③《张勋等电朱家宝等》(1916年5月24日),何智霖等编注:《阎锡山档案:要电录存》第一册,412页。

支持袁世凯称帝,甚至一度被护国阵营寄予希望。但袁世凯取消帝制后,张勋却坚决维护袁世凯的总统地位,除了他与袁历史关系深厚外,很可能是想先借拥袁抬高自己的身价,成为北方军人领袖,然后再伺机复辟清朝。张勋与冯国璋的分歧还有更一层隐秘的内幕,他们曾通过胡嗣瑗联络,制定复辟清朝的计划,促清末陕甘总督开允回国活动。但冯国璋后来态度犹豫,张勋、胡嗣瑗等复辟派认为他受了革命派和改良派的影响。胡嗣瑗4月曾写信责备冯国璋:"袁断不能复保地位,我公亦岂能与革党相合,革党本无实力,又岂能复盛以祸中国,如非复辟,安有救亡上策。""吉帅(开允)因公决议而启行,因公变计而中止。""瑗等失信不足论,以公威望而大失信,天下后世,将谓公何。甚至张作霖、冯麟阁亦跃跃欲试,倘吉帅因之以倡大义,彼时不世之勋,或竟属诸作霖等辈,尤为公惜之。"①胡嗣瑗5月分析南京会议时说:冯国璋认为:"大患在袁不退,千回百折,非办到退字决不可。"但张勋认为冯国璋"或系别有野心,以故坚持保袁",倪嗣冲与张勋意见接近。②总之,张勋等认为冯国璋立场逐渐接近南方,背叛了清王朝,背叛了袁世凯,背叛了整个北洋派,必须与之对抗。

段祺瑞是冯国璋在中央的重要盟友,在北洋派内部有巨大影响力。他与冯国璋一致的主和立场,对瓦解北洋众将的作战意志起了很大作用。他们二人开始就反对帝制,而且自1916年4月就基本接受了梁启超、蔡锷的主张,认为袁世凯称帝失败后不应留任总统。但他们与袁氏历史关系深厚,私人感情也很好,不愿与袁公开决裂,背上忘恩负义的骂名。段祺瑞3月底重新出山,但袁世凯不肯放权,他与袁世凯的矛盾逐渐加深。4月底,段祺瑞试图裁撤统率办事处,要内阁成员到他那里办公,但遭到袁世凯拒绝。袁世凯还把通告公开刊印,显然是让所有人知道,仍然是他在掌权。5月2日的两条通告虽然很简短含蓄,但意味深长,其一:"拟将该

①《胡嗣瑗致冯国璋函》(1916年4月),章伯锋、李宗一主编,闻黎明、李学通编:《北洋军阀》第二卷,1346页。
②《胡嗣瑗致刘廷琛函》(1916年5月),章伯锋、李宗一主编,闻黎明、李学通编:《北洋军阀》第二卷,1347页。

处暂行存留作大元帅办事机构,其经费一项,可由内阁加以核减,以资撙节。"①其二:"自五月一日起,全体国务员于每日下午仍赴公府会议。"②

很显然,袁世凯为了继续调集军队镇压独立各省,必须把统率办事处这个军事机关紧紧抓在手里,不能让暗中主和的段祺瑞架空自己。5月8日,政事堂改称国务院,名义上是责任内阁。内阁成员包括:国务卿及陆军总长段祺瑞、外交总长陆徵祥、内务总长王揖唐、财政总长孙宝琦、司法总长章宗祥、教育总长张国淦、农商总长金邦平、交通总长曹汝霖。③但袁世凯拒绝任命段祺瑞的亲信徐树铮为国务院秘书长,据时任教育总长的张国淦说,此事与"袁、段之决裂"有很大关系。段祺瑞托王士珍向袁世凯请示任命徐树铮,但多日未得回话,又托张国淦向袁世凯进言。张觐见时,王士珍也在座,袁和王都不喜欢徐树铮,袁世凯表示拒绝。张国淦回复时,段祺瑞勃然大怒,把烟嘴摔在桌案上,愤然说:"总是不答应耳!""今日还是如此!"据徐世昌和张国淦分析:"段此次出山,本拟与北洋元老商洽北方应付南方之策,虽不惬于袁,尚不肯为已甚。自此以后,即决心与西南通电,互谋对袁(段与西南通电亲笔原稿,在秘书涂凤书处),其发端在此,而袁不知也。"④

袁世凯与段祺瑞5月9日曾有一次谈话,袁虽表面上说愿意退位,但提出三个困难问题,实际上仍是拒绝退位:"(一)现征出中北兵约十万,在北方之兵亦约十万,此两者俱属予支配之下,倘予退位,彼能甘心服从后继者否。(二)全国将军、镇守使能全服从后继者否。(三)财政困难已达于极点,后继者果能处理此难局否。"⑤当时各省已经停止向中央解款,中央

① 《驳国务卿段祺瑞拟裁统率办事处之请》(1916年5月2日),骆宝善、刘路生主编:《袁世凯全集》第三五卷,323页。
② 《谕段祺瑞内阁》(1916年5月2日),骆宝善、刘路生主编:《袁世凯全集》第三五卷,323页。
③ 《政事堂改称国务院令》(1916年5月8日),骆宝善、刘路生主编:《袁世凯全集》第三五卷,371页。
④ 张国淦:《北洋述闻》,141页。
⑤ 《对国务卿段祺瑞谈退位条件》(1916年5月9日),骆宝善、刘路生主编:《袁世凯全集》第三五卷,385页。

财政的确十分困难,只有靠梁士诒设法借款维持。段祺瑞见军事、财政、人事都无法掌控,于是开始请病假,并提出辞职,不肯再为袁世凯出力。5月24日上海《时报》报道:"段内阁表明辞意,非委以全权,责任内阁殊难维持。"①冯国璋和段祺瑞希望通过南京会议迫袁世凯退位,山东将军靳云鹏是段祺瑞的亲信,山东代表在南京会议上力主袁氏退位,与段的影响不无关系,但张勋、倪嗣冲等的极力阻挠使南京会议很难取得实际成果。

李根源在5月18日给唐继尧的电报中,对全国形势分析颇为透彻。他认为"段、冯负国重望",段祺瑞相当于辛亥革命中的袁世凯,冯国璋相当于辛亥革命中的段祺瑞,而袁世凯相当于辛亥革命中的清王朝。但是段祺瑞和冯国璋并不是袁世凯的对手,"袁尤非清室可比,内有梁士诒垄断财政,段芝贵新握京畿兵权",外有张勋、倪嗣冲、杨善德等"横梗监视。段、冯所谋,实多滞阻,能否成功,确属疑问,万一段、冯迁就于袁之余孽,苟且了局,吾辈又迁就段、冯,苟且言和,合以两重迁就",则大局不可设想。南方必须迅速发展实力,通过北伐在军事上取得显著突破,如果攻下湖南、湖北,打到长江流域,在武汉截断长江交通,然后段祺瑞、冯国璋才有机会逼迫袁世凯退位,成立军务院就是要在军事上实行北伐大计。②

独立各省态度坚决,表示在袁世凯退位以前拒绝谈判,这终结了在南京继续开会的可能。在南京会议从酝酿到召开的一个月中,护国运动迅猛发展,形势非常有利。5月6日,浙江吕公望到杭州驱逐了屈映光,正式宣布独立;5月17日,陈树藩接管西安,陕西独立成为事实;5月22日,陈宦在成都宣布四川独立;5月29日,汤芗铭也在强大压力之下被迫宣布湖南独立。一月之内,独立省份从四个增加到八个,山东革命党在济南进攻将军府,江西、福建、江苏要求独立的声音也在逐渐增长。

梁启超5月20日到达上海,他对冯国璋在南京会议上缺乏魄力很不满,但仍主张与冯合作,至少不要把冯推到袁世凯一边。他在5月24日致

① 载《时报》1916年5月24日。

② 《李根源致唐继尧等电》(1916年5月18日),李希泌、曾业英、徐辉琪编:《护国运动资料选编》(下),552页。

唐继尧电中说："宁议结果,由冯、张、倪电五督及松坡,请派代表,该电想达。闻冯别有私电,言意在商退位善后。冯目的尚正,惟手段太劣,魄力太弱,我宜引之,当道若坚拒,恐授旁观口实,挑冯反感,增北方团结,为袁利用。彼既未要求停战,则不害军事进行,桂、粤大军仍宜猛进,湘、赣勿稍松动,代表亦不好派,惟覆冯电,大意宜云南省主张非袁退后,无协商善后之余地。"①南京会议的倒袁尝试完全失败,蔡锷与陈宧、冯国璋等约定的停战将于6月6日期满,战争的阴云再次笼罩中国大地。

①《梁启超致唐继尧电》(1916年5月24日),丁文江、赵丰田编:《梁启超年谱长编》,786页。

第六章

袁世凯暴卒,大崩溃降临

第一节　袁世凯暴卒,中国形式上恢复统一

一、袁世凯布置军事顽抗

袁世凯的暗中破坏是南京会议失败的重要原因,他又通过阮忠枢指示张勋和倪嗣冲在徐州另外召集会议,对抗已经公开叛离的冯国璋。阮忠枢5月25日给张勋的信中说:"南方代表到宁会议,预料必无良好结果。""拟请尊处商同丹帅迅约各省同志代表,汇集徐州,结成团体,预备各种抵制宁垣之法。""尊处与丹帅召集各省代表,结成团体后,即可联盟签约,推其中一二人为盟长、副盟长,专以挽留元首,勿遽退位,为唯一根本主旨。""联盟签约后,即可正式报明中央政府,并通电宣告各省,谓联盟者主张一致,不得再有磋商之余地。有异议者,当公同以强硬之手段对待。"①

徐州会议对抗南京会议,意味着北洋集团的公开分裂。袁世凯在北方仍有不少支持者,仍有相当大的军事实力,即使段祺瑞和冯国璋两员大将离心离德,袁世凯并未放弃抵抗。他一方面指示张勋召集徐州会议;另一方面仍积极调兵遣将,准备做军事上的顽抗。从军事上看,冯国璋等北洋将领虽然反对继续战争,但也不可能公然起兵反袁。独立各省虽然声势很大,很难被镇压下去,但也很难通过北伐打到北京。长期军事对峙的可能性是相当大的,这也是袁世凯坚持不肯退位的原因。他仍然有机会继续做北方各省的盟主,至少可以拥兵割据半壁江山。时间拖得越久,南方护国阵营出现分化的概率越大,他将来甚至仍有可能伺机发动南征。

不仅如此,在长江流域的北洋军中,忠于袁世凯的人也不少,他们虽然没能打败护国军,但也没有被护国军打败,双方仍陷于僵持状态,战争

---

① 《阮忠枢函》(1916年5月25日),《近代史资料》第三十五册,3—4页。

随时可能再次爆发。蔡锷与冯国璋、陈宧约定的停战期是从5月7日至6月6日，随着南京会议失败，停战期将满，四川前线再次紧张起来。护国军的军事态势并不乐观，袁世凯已经给损失惨重的张敬尧第七师送来了大批山东新兵，李长泰的第八师仍完好无损，而泸州前线的滇军主力在百战之后，兵力、武器消耗严重，并有一个梯团调往叙府支援陈宧。蔡锷5月21日致戴戡的电报中说："正面只剩两梯团，逆军则有两师，近闻鲁兵新到泸者有三千之多，故除调赵部来援外，实无善法。"①他同日致罗佩金等的电报也说："袁逆屡言，决非诚意，于川、湘各方面，近来均增加军队。"②面对这样的态势，蔡锷也积极备战，把指挥位置向前线移动。他5月30日致电唐继尧："近因逆援有增加模样，而我军复应陈二庵请求，以一部移叙，前敌将士不免稍现惊惶。且停战期行将届满，攻防计划，尤待切实绸缪。现于廿八日由永起程，廿九日抵大洲驿。当拟于日内巡视战线，用作士气，借便部署一切。"③

　　5月18日，即南京会议召开的第二天，陈其美被刺杀于上海，这说明拥袁派仍在凶狠顽抗，或许陈其美因南京会议减弱了警惕性也是他被刺的原因之一。李海秋、王介凡与陈其美认识，他们请陈其美担保由鸿丰煤矿公司向中日实业公司借款五十万元，其中二十万元可借给革命党。双方在萨坡赛路十四号日本人山田家商谈，忽然有两名刺客冲入开枪，陈其美"头中一枪，颊中两枪，故登时殒命"。"闻捕房查得是日到者十六人，把门守路者皆持枪击人，盖非寻常暗杀事件可比。"④这显然是一起精心策划的大规模行动。陈其美在上海眼线众多，仍不免于被暗杀于外国租界，可见袁世凯的势力仍然是相当强大凶悍的。孙中山5月20日致黄兴函中说："袁氏尚有负隅恋栈之志。""段组内阁，而财权完全为梁所把握，即实权仍在袁氏。可知谓段能踵袁往日故事，以袁迫清者迫袁，未免去事实太

_____

① 蔡锷：《致戴戡电》(1916年5月21日)，曾业英编：《蔡松坡集》，1105页。
② 蔡锷：《致罗佩金等电》(1916年5月21日)，曾业英编：《蔡松坡集》，1104页。
③ 蔡锷：《致唐继尧等电》(1916年5月30日)，曾业英编：《蔡松坡集》，1120页。
④ 孙中山：《致黄兴函》(1916年5月20日)，《孙中山全集》第三卷，290—291页。

228

远。"①孙中山5月21日致黄兴电再次提醒不可放松警惕:"现大局浑沌,袁尚有余力肆应,我辈当善自觉悟。"②

5月22日,陈宧在成都宣布四川独立,袁世凯迅速做出强硬反击,任命周骏接替陈宧为四川将军。为继续争夺四川这个关键大省,他5月24日连发数道命令,"陈宧著开缺迅即来京筹商善后事宜","特任周骏为崇武将军署督理四川军务","特任曹锟督办四川防务","张敬尧加将军衔帮办四川防务,仍充第二路司令官","王陵基授为陆军中将"。③陈宧原来明确支持洪宪帝制,他的背叛让袁受到很大刺激。袁世凯5月24日发表长篇通电,反驳陈宧的独立通电:"所称与个人断绝关系,予现居大总统地位,不能将予及大总统分而为二,亦犹陈宧未经开缺以前,亦不能将陈宧及将军分而为二也。予现仍居大总统职位,照约法代表中华民国,与予个人断绝关系,即与国家断绝关系,此非巧弄文词所能掩其事实,蔑其法理。""陈宧自请折衷于冯国璋,而又谓退位非出于诚意,矛盾其词,随意变幻,遂借口断绝关系,殊不可解。""各路征军数逾十万,而沿江中外商侨杂处,在在均须防护。尚有多数省份意见参差,各持极端主张,险象四伏,原因复杂,若不妥筹善后,不顾而行,必致破坏分裂,恐扰乱倍蓰于今日。予徒博高蹈之名,使国家受无穷之祸,固非我救国之本愿。""本大总统素以救国为前提,在位一日,当尽我一日之责任,断不敢逞一时之意气,徇一己之名誉,致国家受绝大之危险。"④此电清楚地表现了袁世凯不肯退位的坚决态度。

在四川,支持袁世凯继续顽抗的也不乏其人。北洋军李炳之旅的一个团驻扎成都,早在5月初陈宧公开劝袁退位的时候,李炳之即于5月10日密电北京,表示所部仍忠于袁世凯:"顷阅陈将军通电,恳求主座退位,

① 孙中山:《致黄兴函》(1916年5月20日),《孙中山全集》第三卷,287—288页。
② 孙中山:《致黄兴电》(1916年5月21日),《近代史资料》总第50号,中国社会科学出版社,1983。
③ 骆宝善、刘路生主编:《袁世凯全集》第三五卷,482—486页。
④ 袁世凯:《驳陈宧请退位通电令》(1916年5月24日),骆宝善、刘路生主编:《袁世凯全集》第三五卷,481—482页。

殊深骇异。吾辈始终以拥护中央为心,断不听谣言鼓惑。现职旅第一团驻扎重庆,其第二团之两营虽驻成都,军心可靠,请勿为念。惟此后本旅一切行动,除就近请示曹总司令外,仍恳钧座指示方针。"①陈宧没有强大的亲信军队,李炳之旅第二团虽然兵力不算大,但仍带来很大威胁,因此他不得不急调第十三旅到成都,并连电请求蔡锷派雷飚率滇军第一梯团前来增援。

第八师师长李长泰和第七师师长张敬尧一样,也是动摇不定的两面派。他一方面与蔡锷等谈判,另一方面于5月21日致电北京,反对袁世凯退位,并鼓动开战:"纵使元首即日退位,彼决不能休甲息兵,引贤自退,而争权夺利,乱事更无了期。""大元帅退让已达极点,宁有再商余地! 当此让无可让,忍无可忍,惟有仍诉之武力,尚较筑室道谋直截了当。职在前方,刻刻整军待命,无稍疏虞。至前方情形,除到处借土匪扰乱,以冀减我兵力外,而滇、黔军兵力本不甚厚,且子弹缺乏,粮饷不足,剿除尚不甚难。""叙府竟让滇军驻守,李旅之在綦江者,亦调赴川北,诚不知陈将军是何居心。"②

川军第一师师长周骏本非北洋派,但他对袁世凯的破格提拔感恩戴德,异常卖力,甚至超过很多北洋嫡系。5月24日受命代替陈宧担任四川将军后,周骏很快撕毁停战协定,派所部王陵基五个营向成都方向进攻,行动之大胆出乎多数人的意料,也就此打破了持续两个多月的停战状态。蔡锷6月2日下午六点急电顾品珍等梯团长:"周骏附逆,在资中县竟将我雷梯团所派之步兵一连扣留,并截我军自成都解来之饷银十五万元,且有袭取成都之模样。""我左翼军雷梯团及成都冯旅、杨团在资州、自流井一带会剿。""本军各梯团须严为战斗准备,以待后命。"③仅一个小时之后,

---

① 《李炳之表示所部仍拥护"中央"密电》(1916年5月10日),中国第二历史档案馆、云南省档案馆编:《护国运动》,719页。

② 《李长泰致统率办事处等电》(1916年5月21日),李希泌、曾业英、徐辉琪编:《护国运动资料选编》(下),451页。

③ 蔡锷:《致顾品珍等命令》(1916年6月2日午后6时于大洲驿),曾业英编:《蔡松坡集》,1125页。

蔡锷又向罗佩金发出急电："周骏竟敢附逆犯成,殊出意料之外。核计陈督所部及我左纵队并刘师,足以摧破之而有余。""若袁军尾团【周】兵继进,是其自蹈险着,我军冲其侧背,前后夹击,自取覆没,袁军虽愚,似不至此。""赵部未到,何团应饬暂留,以为进击时之总预备队。"①

6月初,四川、湖南前线战云密布,战争爆发的危险越来越大。

二、南北僵局的戏剧性解决——袁世凯暴卒

6月4日,蔡锷致电北洋军泸州前线主将张敬尧,在停战期将满的最后关头,奉劝他不要再为袁世凯卖命:"前者敝处应冯、段诸公之请,停战两月有奇。方冀于此停战期内,解除纷纠,决定国是。乃以项城个人去留问题,为全国平和之梗,以威信堕地、人心全失之项城,不能再奉为元首,几于全国稍有知识者类能辨此。即项城迭致二安电,亦自言退位不成问题。乃荏苒至今,迄无践言之诚意。""一面唆使张胁迫南京会议,以遂其盘踞恋栈之阴谋。项城一日不退,战火一日不休。外患愈逼愈紧,造孽于一人,受祸于全国,言之悲愤。""川、湘独立,停战之期复将届满,弟与麾下为项城一念之差所迫,又将相见于疆场矣。"②

6月6日,就在停战期满的这一天,突然从北京传来爆炸性的消息——袁世凯死了!!!这给当时的军事政治形势带来了戏剧性的根本变化。袁世凯病逝虽然很突然,但也是有征兆的。他一向身体很不错,是个工作狂式的人物。段祺瑞经常午后下围棋,晚上打麻将,很多事情都交给徐树铮。徐世昌喜欢种花、吟诗,非常潇洒。而袁世凯几乎没有任何休闲娱乐,整日埋头处理政务,事必躬亲,小事情都不肯放于交给别人。担任大总统以后,权力非常集中,袁世凯不得不日理万机,这种过度操劳难免损害身体健康。

---

① 蔡锷:《致罗佩金训令》(1916年6月2日下午7时于大洲驿),曾业英编:《蔡松坡集》,1126页。

②《蔡锷致张敬尧电》(1916年6月4日),李希泌、曾业英、徐辉琪编:《护国运动资料选编》(下),528页。

从 1914 年开始,袁世凯已经出现明显的身体衰退迹象。他的儿子袁克齐说,就在这一年,向来喜欢吃人参、鹿茸的袁世凯说:"我的身体不行了,参茸补品不能接受了。"到 1915 年,袁世凯"身体更显衰弱,饭后散步,就非携杖不行"。①此时袁氏不过五十七岁,就要拄拐杖才能行走,说明身体已经非常虚弱。到 1916 年,洪宪帝制带来了巨量的额外事务,各地反抗与强国干涉带来巨大心理压力,这又给袁世凯的身体带来进一步损害。梁启超在 1 月份给蔡锷的信中提道:"有自北来者,言老贼确已病重,都中人参尽被搜买,价为之飞涨。元旦入贺者见彼面目黧黑且瘦削至不可辨识云。"②

据袁的女儿袁静雪的观察,从 1916 年元宵节(2 月 18 日)以后,袁世凯"就吃不下东西去,觉得食量渐减,精神不振,慢慢地就恹恹成病"。袁世凯生病以后,一直请中医治疗,最初仍正常下楼办公、会客。5 月中旬以后,袁世凯"病势渐渐加重,才不再下楼,但他在楼上卧室里,仍旧下床坐着看公文,有的时候还会见一些重要的来客",一直到 6 月初"病势更重,才不能下床,也不再办公。他病的最严重的时刻,不过四五天"。袁世凯最后的致命疾病是膀胱结石,最初只是小便困难,但袁世凯"一向坚信中医,从不肯找西医来诊视"。到最后几天,中医束手无策,袁克定才请来法国医生贝熙业,但导尿以后不到一天袁世凯就病逝了。袁世凯在最后几天,头脑也一直是基本清醒的,"昏迷不醒的时间,还不到十二个小时。"③

时任外交部次长的曹汝霖说,1916 年春季"政府人事阑珊,公府亦然,唯统率办事处,以军事关系,虽是被动,尚照常办公,唐执夫每日到厅。国务会议亦久不召集"。曹汝霖听唐在礼说袁世凯病重,但每天十一点还会下楼一次,于是前往探视。当日天气和暖,但袁世凯仍然穿着棉袍,"横倚在长沙发上,见余至欲起坐,余既请止。见项城颓唐情形,问系何病?

① 袁克齐:《回忆父亲二三事》,吴长翼编:《八十三天皇帝梦》,84 页。
② 梁启超:《致蔡锷第三书》(1916 年 1 月),丁文江、赵丰田编:《梁启超年谱长编》,746 页。
③ 袁静雪:《我的父亲袁世凯》,吴长翼编:《八十三天皇帝梦》,64—65 页。

他说腰部酸痛，不能起坐，亦不想饮食，此病已好久了，只是近来更甚。项城问近见东海、芝泉没有？余答东海去天津，芝老时住西山，间又住团河，都未见过。他长叹一声说，我自病后，他们也没有来看我，到此时，老朋友都怕见我了，言已，唏嘘不已。我见他这种沮丧神气，不胜感叹，真是有英雄末路之感。"①

但袁世凯虽然病重，仍以统率办事处控制大权，坚持武力镇压。徐世昌和段祺瑞对此并不认同，但作为老朋友又不好直说，只得表示消极。曹汝霖到天津见徐世昌，"告以见项城之情形，请他回京，与合肥定一方策，向项城进最后之忠告，亦可无愧于老友。东海叹曰：'你可以随便进言，我与芝泉，与项城关系太深，反不便随意进言。项城不察情势，惑于那班急功好利之徒，成此僵局。那时我在京时，未尝不遇机劝讽，芝泉亦一再示意，何如忠言逆耳，终不听从。我与芝泉岂愿离伊不问，实由于屡言不听，多言反伤情谊，只好不问，不得已也。'"②

索崇仁是前清禁卫军改编的十六师第二团团长。十六师主力随冯国璋南下江苏后，他带所部留守北京紫禁城，是冯国璋在北京的眼线，也是能够面见袁世凯的人。索崇仁在写给冯的信中，把袁世凯的病情与政治形势变化联系起来："大总统致病之由，自粤、浙相继独立，大约即受肝病，食量亦减。""晋北风声逼紧，孔庚调参谋，阎、金暗斗，又增一急。继复有秦省陆将军之齷齪为部下所困。""以陆之从侍元首，最为倚任，遇此厄难之结果，元首乌得不忿恨哉？""南京会议甚望良好结果，未即如愿，不无忧闷，继又靳将军去鲁，汤将军独立，而词多不驯，愤急兼甚，然尚照常办事。届时仁等进谒（时在前半月），仰望神气大失常态，面带愁容矣。""陈二庵末次与元首断绝关系之电，阅后半日未出一言，由是则发显病两次。星期五军官均未照常进谒，然府内仍传说元首事忙，不得见，实则病重矣。""至初四日，由云台公子主持请西医，当时全眷反对，而幕友等亦不赞同。""至

① 曹汝霖：《曹汝霖一生之回忆》，165页。
② 曹汝霖：《曹汝霖一生之回忆》，165页。

初五夜十时,即已气闭一次。遂电传徐、段、王三公进内面谕。"①在袁世凯病逝的前一天,唐在礼去看他,袁"已奄奄一息,但还是勉强要坐起来,想睁眼却睁不开",②情形十分可怜。

曹汝霖对袁世凯最后病逝情形有详细记录,他当时已接替陆徵祥担任外交总长。"六月六日半夜,国务院忽来电话,开临时国务会议,余知必因项城已危笃。时已三时,即驱车入府。"段祺瑞已经先到了,徐世昌随后也到,"相携上楼省视。余亦随之上楼,见项城已入昏迷状态,屈贵廷医生在旁。余问总统究竟何病?屈云总统本有肾脏病,后又摄护腺肿大,小便不通,当初尚能用手术治疗,家人不允,遂转成尿毒症。法国皮希尔(编者注,即前文贝熙业)博士昨日曾于小腹下开一小孔,仍不能通便,知已无法治疗了。"徐世昌凑近袁世凯耳边,"大声问道,有什么吩咐吗?只见项城两手向空中乱抓,喉间迷迷糊糊仿佛有黎字之音。"徐世昌大声问道:"黎元洪吧?"即同段祺瑞大声答道:"知道了,放心吧。"段祺瑞先下楼,阁员均到,遂开临时国务会议。段祺瑞略报告总统病状,拟遗令以副总统黎元洪继任大总统。徐世昌旋即下楼,"含泪说道,项城已咽气了。"③

一代枭雄,悲惨暴卒,中国历史由此翻开了新的一页。

三、战争阴云消散,国家形式上恢复统一

6月6日,段祺瑞等以国务院名义通电全国:"袁大总统于本月六日已正因病薨逝,业经遗令依约法第二十九条,宣告以副总统黎元洪代行中华民国大总统之职务。"④6月7日,黎元洪发布就职申令:"元洪于本月七日就大总统任。自维德薄,良用兢兢,惟有遵守法律,巩固共和,期造成法治

---

① 《索崇仁致冯国璋函》(1916年6月9日),李希泌、曾业英、徐辉琪编:《护国运动资料选编》(下),666—667页。
② 唐在礼:《辛亥前后的袁世凯》,吴长翼编:《八十三天皇帝梦》,169页。
③ 曹汝霖:《曹汝霖一生之回忆》,166页。
④ 《国务院通电》(1916年6月6日),李希泌、曾业英、徐辉琪编:《护国运动资料选编》(下),665页。

之国。"①

　　袁世凯之死消除了南北和平的最大障碍，战争危险立即得到缓解，各地军民欢欣鼓舞。蔡锷在6月9日致陈宧电中兴奋地说："项城骑箕，黄陂继任。福音传来，三军雀跃，万众欢腾。此公一死，何啻救生灵百万！天网恢恢，疏而不漏，其信然矣。现张、李之师，定于蒸日撤兵。弟亦拟饬前线将警戒网撤退。"②陈宧的幕僚季自求在6月7日日记中写道："午后得交通部急电，项城于六日巳刻逝世，黎氏继任。余急袖电走告安陆。安陆额手曰：'此中国之福也。'既又唏嘘不已。知其所感深矣。项城一世枭雄，乃断丧于帝王迷梦，思想既卑，手腕又拙，遂致身败名裂，为天下笑，岂不痛哉。吾恐中国亦将自此多事矣。"③

　　白坚武曾由孙洪伊推荐担任冯国璋督署秘书，是上海反袁势力与冯国璋的联络人之一。他对袁氏的评价颇有特色，认为袁氏之败主要不在道德方面，而恰恰是在袁氏最自负的聪明才智。6月6日，白坚武和好友一起在上海宴宾楼聚餐，从《新闻报》得知袁世凯病故，他在当天日记中写道："袁氏之为人，纯属旧奸雄局面，说者曰：彼之失败，在否认'道德'二字，责之未尝不是。惟历史上成功之人物，果不否认道德乎？然则何以成功也？故否认'道德'二字不足以责袁氏也。袁氏一生之自雄即在机智，余固谓袁氏之失败在智不足。皇帝之为物，历史上出产品也。今日无皇帝发生之余地，乃欲以手搏泥土为之，此所谓天夺其魄也，然而其智亦可笑矣。"④

　　古谚曰："千人所指，无病而死。"⑤在民国初年，袁世凯被很多人看作是拯救国家的英雄，他以贪恋帝位的一念之差，被新旧各派视为窃国大

---

①《大总统黎元洪宣布就职申令》(1916年6月7日)，中国第二历史档案馆、云南省档案馆编：《护国运动》，741页。

②蔡锷：《致陈宧电》(1916年6月9日)，曾业英编：《蔡松坡集》，1141页。

③《季自求入蜀日记》(1916年6月7日)，李希泌、曾业英、徐辉琪编：《护国运动资料选编》(下)，617页。

④《白坚武日记》(1916年6月6日)，中国社会科学院近代史研究所编，杜春和、耿来金整理：《白坚武日记》第一册，27页，江苏古籍出版社，1988。

⑤班固著，施丁主编：《汉书新注·王嘉传》，2383页，三秦出版社，1994。

盗,最后弄到众叛亲离,人人皆盼其早死。国家元首去世,多数人民不仅完全没有悲伤,反而拍手称快,万众欢腾,举国皆有喜色。袁世凯从最辉煌的人生巅峰,直接坠落为万人唾弃的历史罪魁,其戏剧性的悲惨结局让人唏嘘感叹。严修是少数感到悲伤的袁氏老友,他6月7日从天津到北京奔丧,在日记中写道:"十一钟抵京,哭项城于居仁堂,犹未殓也。公子十二人(十三至十七,太幼,未与)环跪号泣,惨不忍睹。"①

蔡锷和张敬尧相约同日撤兵,6月9日蔡锷向前线将领发出命令:"袁世凯已死(详昨八号同日命令中),张敬尧电话约于本月十号撤回前线之兵,暂驻屯于纳溪一带。""我军着先暂撤散兵线上之兵,驻屯于原防地附近,以资休息。"②孙中山也连发数电,要求中华革命党人立即停止军事行动。6月9日致山东居正电称:"袁死,内外情大变,应按兵勿动,候商黎解决。"6月10日致广东朱执信电称:"袁死,政局一变,我应罢兵。"6月13日致福建革命军电称:"袁死,政局一变,可望平和。已占领地方,倘人不来攻,我宜按兵勿动,维持秩序。"③6月16日,黎元洪和段祺瑞也发布正式命令,要求:"所有派出军队,著即一律停战。并由该管部署分筹办法,克期撤退。各该省军政长官,各应严束所部,力卫地方。"④

黎元洪继任大总统后,四川、陕西、湖南即宣布取消独立,但新旧约法问题又成国家恢复统一的障碍。段祺瑞声称袁死黎继是根据1914年袁世凯制定的新约法,但护国阵营认为袁死黎继是根据1913年国会制定的大总统选举法,并坚决要求恢复1913年11月4日解散国会以前的国家制度。也就是说,必须恢复1912年的旧约法,更重要的是必须恢复1913年的国会。国会恢复,南方势力在北京才有实际权力,才能改变北洋派把持中央政府的局面。

---

①《严修日记》(1916年6月7日),严修自订,高凌雯补,严仁智增编:《严修年谱》,351页。

②蔡锷:《致赵又新等命令》(1916年6月9日),曾业英编:《蔡松坡集》,1140页。

③孙中山:《致居正电》(1916年6月9日),《致朱执信电》(1916年6月10日),《致福建革命军电》(1916年6月13日),《孙中山全集》第三卷,307—308页。

④黎元洪:《大总统著双方军队一律停战申令》(1916年6月16日),中国第二历史档案馆、云南省档案馆编:《护国运动》,745页。

梁启超 6 月 11 日从上海致电独立各省，建议护国阵营据理力争，不可轻易退让："元首正位后，京秩序尚安，黎频电海上名流，段未有电，都中新旧约法之争颇烈，逆党无惩办消息，海上事杂言庞，折衷不易。以超观察，段无恶意，惟所处既艰，恐被劫持。现川、陕、湘既撤销独立，五省态度极宜慎重，军事计画务维持现状，已出发之军暂驻现驻地点。军务院条例本定国务院依法成立时撤废，可再宣言声明，一面由五省提出条件：一、复旧约法；二、召集国会；三、惩治祸首；四、南省北军撤还；五、废将军巡按官制，一律改称都督；六、双方要人在南京或武昌开善后会议，直接晤商。鄙见如此，希公决一致进行。"①

冯国璋此时与南方阵营持相同立场，主张恢复旧约法和国会。他 6 月 16 日致电黎元洪和段祺瑞："新约法为总统制，今日已不适用。当时制定，又未按照定程修改，在民国法系，为非正统。""新法无效，现在舍《临时约法》外，别无根本之法。""国璋等意，恢复与修正不同，自非变更法律之比。可用明令宣布，但称：'《中华民国临时约法》自三年五月一日起施行中断，兹恢复之。'""至于恢复民国二年国会，本与《临时约法》相联，因《临时约法》而有《国会组织法》，依《国会组织法》而有国会，约法既复其旧，则由该法发生之国会，势不能不相因而复。自二年十一月者，特中辍耳，议员接续任期，当除中辍计算，应依《临时约法》续行召集。"②

黎元洪也支持恢复旧约法和国会，因为如果国会不能恢复，他作为大总统在北洋派的包围之中，必然孤立无援。段祺瑞对恢复约法和国会虽不坚决反对，但对国会中态度激烈的革命派议员有所疑虑，而且如果对南方让步过大，对北洋派的张勋、倪嗣冲等也不好交待。梁启超派黄群到北京，与林长民、张国淦等一起，积极奔走于黎、段之间，推动旧约法和国会的恢复。黄群 6 月 15 日致电梁启超："两谒黎、段，首商旧约法及国会事。

① 梁启超：《致各都督总司令电》(1916 年 6 月 11 日)，丁文江、赵丰田编：《梁启超年谱长编》，788 页。

② 《冯国璋等致黎元洪、段祺瑞电》(1916 年 6 月 16 日)，来新夏主编，张树勇编：《北洋军阀》(三)，102 页，上海人民出版社，1993。

黎、段均主恢复,惟方法不同。黎欲径以命令发表,段欲先令各省长官分知该省旧国会议员,各举代表三人……限期到京。"通过开会决议的方式发表。"二说迄未决定,群赞黎说,又知段系欲避各方面责备并无他意。黎、段相持,恐生恶果,拟请沪旧议员全体出名。""并劝段即据此电及各省长官主张恢复之。"①

段祺瑞是国务总理,袁氏新约法以总统集权为原则,而旧约法以责任内阁制为原则,显然旧约法对他更有利。因此他并不坚决反对恢复旧约法,但对恢复权力很大的国会比较忌惮。他6月22日通电各省,认为直接以命令恢复旧约法不合法理:"半月以来,举国上下一致辩争者,约法而已。就约法而论,多人主张遵行元年约法,政府初无成见,则今日之一致辩争者,又唯如何复行之办法而已。此项办法愿命令宣布以期迅捷者,在政府则期期以为不可。盖命令变法律为各派法理学说所不容,贸然行之,后患不可胜言。""今日命令复之,明日命令废之,将等法律为何物?""如是,则元首每有更代,法律随为转移,人民将何所遵循乎?"②

段祺瑞的说法不无道理,但约法问题实际上主要是政治问题,并不完全是法律问题,他的主张遭到南方势力一致反对。6月21日,在上海的两院议员通电各省,宣布自行召集国会:"凡两院议员,除附逆者外,务于六月三十日前齐集上海,七月十日行开会式。"③6月23日,孙中山给段写了一封言辞恳切的信,劝他以大局为重:"民国初元,曾亲教诲,伟人风采,至今不忘。盖当南北议和之际,惟执事为军人领袖,赞成共和,大局以定。洎帝制发生,尤能以大义自持,冒犯险难,终始不变,求之当世,诚拔萃而寡俦。""至于目前,规复约法,尊重国会,为共和根本大计,而内外人视瞻所存,文已再三为黎总统言之。愿执事翊赞当机,不为莠言所惑,重陷天

①《黄群致梁启超电》(1916年6月15日),丁文江、赵丰田编:《梁启超年谱长编》,789页。

②《段祺瑞致各省通电》(1916年6月22日),李希泌、曾业英、徐辉琪编:《护国运动资料选编》(下),684—685页。

③《冯国璋致黎元洪、段祺瑞、各省将军等》(1916年6月21日),来新夏主编,张树勇编:《北洋军阀》(三),109页。

下于纷纠。"①

6月25日,驻沪海军司令李鼎新等宣布南下加入护国军。6月26日,梁启超和唐绍仪联名通电全国,认为袁世凯的新约法本身是非法的,因此恢复旧约法并不是以命令变更法律,恰恰是尊重被非法中断的法律,与冯国璋6月16日电意思基本相同:"三年约法绝对不能认为法律,此次宣言规复,绝对不能认为变更。""元年约法已经政府公布,前大总统宣誓遵守,欲修改自有其修改之程序,即该法五十五条所规定是也。修改不以此程序,即不能冒约法之名,新者既不能冒此名,则旧者之效力自在。不过此三年余有法外之力为之梗,而固有之效力一时中断,今法外之力既去,则固有之效力自然复活。""今当风雨飘摇之时,全国视线以此问题为争点,政府亦既察舆情之不可终拂,曷不磊落英断,以系物望而定民志?"②

段祺瑞见大势所趋,难以抗拒,只好放弃自己的主张。6月29日,北京政府以大总统黎元洪名义发布申令,宣布恢复旧约法,并于8月1日召集旧国会。申令称:"我中华民国国会自三年一月十日停止以后,时越两载,迄未召复,以致开国五年,宪法未定。""宪法未定以前,仍遵行民国元年三月十一日公布之临时约法,至宪法成立为止。其二年十月五日宣布之大总统选举法,系宪法之一部,应仍有效。""兹依临时约法第五十三条,续行召集国会,定于本年八月一日起继续开会。"③7月14日,黎元洪和段祺瑞又发布命令,将杨度、孙毓筠、顾鳌、梁士诒、夏寿田、朱启钤、周自齐、薛大可八人列为帝制祸首,"拿交法庭""严行惩办"。④

至此,南北之间的重大争议都已得到解决,护国阵营转而努力恢复国家统一。7月1日,梁启超致电独立各省:"顷已奉明令,复约法,召国会,

---

① 孙中山:《致段祺瑞函》(1916年6月23日),《孙中山全集》第三卷,311—312页。

② 《唐绍仪梁启超通电》(1916年6月26日),李希泌、曾业英、徐辉琪编:《护国运动资料选编》(下),687—689页。

③ 《黎元洪恢复约法召集国会令》(1916年6月29日),李希泌、曾业英、徐辉琪编:《护国运动资料选编》(下),689页。

④ 《大总统著将杨度等依法严惩申令》(1916年7月14日),中国第二历史档案馆、云南省档案馆编:《护国运动》,705页。

任段芝泉组新阁,我辈要求已达,军院宜立即宣言撤废。"①7月2日,浙江都督吕公望也致电独立各省:"今政府既能尊重法律,顺从民意,军务院自当照成立时宣言,早日撤废。其组织军务院之各省,亦应同时服从中央,力求统一。"②7月6日,梁启超再致电护国阵营各都督:"望即各用都督名义发服从中央之通电,一面仍布告撤军院。"③7月14日,军务院以唐继尧、岑春煊、梁启超等名义宣告撤废:"今约法、国会次第恢复,大总统依法继任,与独立各省最初之宣言,适相符合。""本军务院为力求统一起见,谨于本日宣告撤废,其抚军及政务委员长、外交专使、军事代表,均一律解除,国家一切政务,静听元首、政府、国会主持。"④ 7月25日,孙中山也通告中华革命党停止活动:"本党成立,实继癸丑革命而起,其重要目的在推翻专制,重造民国。迨袁贼自毙,黎大总统依法就职,因令各省党军停止进行。今约法规复,国会定期召集。破坏既终,建设方始,革命名义,已不复存,即一切党务亦应终止。"⑤军务院撤销,各省取消独立,经过半年多的分裂与战乱,中国终于又在形式上恢复了统一。

第二节　中央政府纷争激烈,难以建立权威

一、黎元洪积极干政,中央爆发府院之争

虽然南北军事对峙结束,在北京恢复了名义上统一的中央政府,但是

①《梁启超致独立各省电》(1916年7月1日),李希泌、曾业英、徐辉琪编:《护国运动资料选编》(下),736页。

②《吕公望致独立各省电》(1916年7月2日),李希泌、曾业英、徐辉琪编:《护国运动资料选编》(下),738页。

③《梁启超致唐继尧等电》(1916年7月6日),李希泌、曾业英、徐辉琪编:《护国运动资料选编》(下),742页。

④《军务院撤销通电》(1916年7月14日),李希泌、曾业英、徐辉琪编:《护国运动资料选编》(下),746页。

⑤孙中山:《中华革命党本部通告》(1916年7月25日),《孙中山全集》第三卷,333页。

南北政治上的深刻分歧根深蒂固,黎元洪的总统府、段祺瑞的国务院和革命派占优势的国会之间,存在着难以调和的矛盾。中央政府在三者之间的不断纷争中,长期处于半瘫痪状态,难以在全国建立威信。

黎元洪和段祺瑞都算是比较正派的政治人物,都有努力恢复国家统一的责任感,也有相互合作的意愿。但是他们既然大权在握,就难免成为各派势力包围争夺的对象,他们的亲信中又都有飞扬跋扈之人,这使得总统府与国务院的合作困难重重。从1916年夏天开始,府院之争就逐渐露出端倪,到后来更是愈演愈烈。梁启超在6月29日电报中提道:"黎、段幕荐人固可,然黎门如市,不能专听,徒惹是非;段信一徐树铮,新人难见信任。双方既皆如此,贤者不甚愿往。顷暗斗方剧,最可忧。"①梁启超7月11日电又提到中央政府威信不足:"近沪上反抗中央论大昌,吾谓黎、段皆贤者,惜辅佐皆不得人耳。今抗窘之,徒惹反动,不陷国于亡不止。"②

《临时约法》是当时国家制度的基础,其基本精神是责任内阁制。如果黎元洪愿意做虚位大总统,放手让段祺瑞担负政治责任,府院之争当然很难发生。但是洪宪帝制大大动摇了北洋集团的威信,南方势力借护国战争的胜利士气大涨。黎元洪在北京被北洋集团欺压几年,此时以中央政府中的南方代表自命,不放心让北洋派的段祺瑞独掌大权。国会恢复后,黎元洪作为大总统,在北京有几百名革命派国会议员支持,在外地有南方各省军政实力派呼应,甚至在段祺瑞的内阁中都安插了自己的代表。他在左右亲信的鼓动之下,不甘心做虚位大总统,积极参与政事,于是他与段祺瑞的矛盾日益尖锐起来。

段祺瑞提出的新内阁名单为:陆军总长段祺瑞自兼、外交总长汪大燮、内务总长许世英、财政总长陈锦涛、海军总长刘冠雄、司法总长章宗祥、教育总长范源濂、农商总长张国淦、交通总长曹汝霖。段祺瑞在袁世

---

① 《梁启超致刘显世电》(1916年6月29日),李希泌、曾业英、徐辉琪编:《护国运动资料选编》(下),711—712页。

② 《梁启超致陈炳焜陆荣廷电》(1916年7月11日),李希泌、曾业英、徐辉琪编:《护国运动资料选编》(下),724页。

凯时代都不轻易到总统府,这次为表示对黎元洪的尊重,亲自到总统府,把内阁名单呈报,请批准。不料,黎元洪拖了几天都没有批准,内阁无法成立。段祺瑞请总统府秘书长张国淦打听缘由,黎元洪提出了自己的意见:"我别无意见,但有两人须加入,唐绍仪、孙洪伊;有三人不可用,刘冠雄、章宗祥、曹汝霖。"段祺瑞得到回复后,很爽快地说:"尊总统意旨,加入唐、孙,更换刘、章、曹可也。"段祺瑞按黎元洪的意见修改了内阁名单后,还故意把海军总长空出来,请黎元洪决定,因为黎本为海军出身,比较熟悉海军的情况。黎元洪本来有任命汤芗铭之意,但他与汤化龙、胡瑞霖商量以后,认为湖南地盘不可放弃,遂改为程璧光。新内阁名单公布如下:国务总理兼陆军总长段祺瑞、外交总长唐绍仪、内务总长许世英、财政总长陈锦涛、海军总长程璧光、司法总长张耀曾、教育总长孙洪伊、农商总长张国淦、交通总长汪大燮。①

从新内阁出台的过程来看,黎元洪参与政事的态度很积极,段祺瑞对黎的意见总体上也相当尊重,但分歧和矛盾已经开始出现。黎元洪提出的唐绍仪和孙洪伊都属于聚集上海的激进派人物,他提出这两个人入阁显然代表南方立场。孙中山对孙洪伊入阁寄予很大期望,他在给孙的信中说:"阅报得闻阁员案已通过,忻甚慰甚。""先生以坚毅卓绝之力,出任其难,可为民国前途贺也。"②但是段祺瑞却对孙洪伊心存疑虑,张国淦说孙洪伊不会愿意当教育总长,段祺瑞说:"此人捣乱,仅是敷衍总统。"③段祺瑞是国务总理,负主要行政责任,在组建自己的内阁时,总统硬要塞进一个在他眼里"捣乱"的人,段内心肯定不会满意的。

段祺瑞任命徐树铮为国务院秘书长时,黎元洪再次试图出手干预,这引发了可能导致双方决裂的危机。国务院秘书长相当于总理身边的大总管,参与一切机密,只有最信任的人才能担任,而段祺瑞最信任的人就是徐树铮,在这一点上段是不会轻易让步的。当张国淦把提名报告总统时,

---

① 张国淦:《北洋述闻》,142页。
② 孙中山:《致孙洪伊函》(1916年9月8日),《孙中山全集》第三卷,359页。
③ 张国淦:《北洋述闻》,142页。

黎元洪坚决表示"我不能与徐树铮共事",接着又说:"不但不能共事,且怕见他。我见了他,真芒刺在背。"当初冯国璋提出八条意见发起南京会议时,徐树铮来过两次,请黎参与发电赞成,"盛气凌人,我不赞成,彼便声色俱厉,加以种种威胁。如此倔强,叫人如何受得了?""我总统可以不做,徐树铮绝对不能与他共事。"张国淦退出后,知道此事非同小可,足以导致段祺瑞与黎元洪决裂。他认为,以袁世凯与段祺瑞关系之深厚,"因袁不允许徐树铮为秘书长,段尚且改变态度,系我亲历之事。黎初继任,北方将领尚未安帖,若将顷间情形告段,则以下演变将不可思议。"张国淦不愿由自己引发这场决裂,计划辞职去天津,行前找徐世昌商量。徐世昌说:"总理用人,总统并非不可驳回,惟秘书长不当驳回。此事关系太大,我为大局,可到府向总统解释。"徐世昌到总统府,苦口婆心,终于说服了黎元洪,但黎仍要求徐树铮必须与张国淦一同进见,绝不单独接见徐树铮。徐世昌离开总统府后"颇悲观",对张国淦说:"只好忍耐,做一段算一段,尽心而已。"[①]

以往论者多认为段祺瑞在府院之争中负主要责任,但从任命秘书长危机的前后经过可以看出,黎元洪在政治上并不成熟,缺乏掌控复杂形势的能力。此时激进派议员和阁员也推波助澜,拥戴黎大总统以对抗北洋派,于是黎元洪就更不甘心当虚位大总统,他在府院之争中应负的责任也不少。皖系重要人物曾毓隽说:"部分国民党议员,欲结黎倾段。此次组阁本属混合制,国民党阁员及议员居多,故多数拥黎,而黎顿觉局面迥非昔比。双方左右媒孽乘机挑拨,府院之间冲突愈形尖锐。孙洪伊以阁员身份,日在总统府指挥一切,徐树铮心儿不平。"[②]

在这一时期,黎元洪与原进步党中分出来的激进派孙洪伊、丁世峄等人建立了政治同盟。黎元洪刚刚继任总统,孙洪伊、汪鹏年、孙发绪、肖晋荣、王乃昌、彭介石就于6月9日发来贺电,并推丁世峄"入京赞襄一

① 张国淦:《北洋述闻》,143页。
② 曾毓隽:《黎段矛盾与府院冲突》,杜春和、林斌生、丘权政编:《北洋军阀史料选辑》(上),261页,中国社会科学出版社,1981。

切"。①张国淦不愿夹在黎段之间左右为难,8月1日辞职,丁世峄继任总统府秘书长。丁本为参议院中的杰出议员,才华出众,性情刚直,在南京会议中为力主袁世凯退位的中坚人物。他连袁世凯都不怕,对段祺瑞、徐树铮当然更不会客气。孙洪伊入京后,由教育总长改任内务总长,不仅在内阁会议上常提出异议,还经常到总统府出谋划策,于是府院之争愈演愈烈。大总统黎元洪和国务总理段祺瑞,在这个过程中也没有表现把控大局的政治能力,反而在政争中求助于各省实力派,这导致中央政府的权威始终无法建立,国家朝着分崩离析的危险方向滑落。

在总统府秘书长丁世峄看来,府院之争都是因为段祺瑞欺蒙总统,独揽大权,并鼓动北方军人威胁总统和国会。"国务会议以前,无议事日程,会议以后,无报告,发一令,总统不知其用意,任一官,总统不知其来历。九省联盟,则熟视而无睹(初发动时,世峄曾奉命往告,内阁置之不理,直至酿成徐州会议。经大总统一再催问,乃始拟一笼统命令)。""国务总理恒匝旬不一晤总统,惟见有院秘书长来往传达于其间;有所询,则以事经阁议,内阁负责为对抗。大总统无见无闻,日以坐待用印为尽职。""乃内阁犹以为未足,而有所谓《府院权限节略》与《国务院兼办总统府收发》之两大通告。"丁世峄认为,府院矛盾"病根在隔阂壅蔽,在内阁不知责任为何物,在国务总理不与总统直接议论国事,而不在权限之如何"。于是他针锋相对,起草了一个《府院办事手续》,主张"大总统出席国务会议为根本救治"。②

段祺瑞对总统要求出席国务会议勃然大怒,认为这是"行总统制,破坏责任内阁",实在欺人太甚,愤然提出辞职。最后双方妥协的结果,国务院做出两条承诺:1.国务会议前后,报告其议题与结果;2.每星期五国务员到府会议一次。丁世峄认为这远远不够,"大总统有统率海陆军大权,

①《上海孙洪伊等来电》(1916年6月9日到),来新夏主编,张树勇编:《北洋军阀》(三),88页。
②《丁世峄上黎元洪呈文》(1917年2月),来新夏主编,张树勇编:《北洋军阀》(三),282—283页。

应有集合统一之法,正宜合参陆人员组织军事参议处。大总统、总理以及参陆两长,皆应参预会议,为国家最高机关。"①这个要求过于脱离实际,北洋军人大多只服从段祺瑞个人,南方军人也各有其派系,黎元洪根本不可能靠一纸《临时约法》掌控全国军队。

丁世峄是一个书生意气的理想主义者,他自己也说"居平好议论,而性不近官",担任秘书长"力有不及,性有不近,以为不如代议士之有味而足快也"。最后他坚决辞职,回去做参议院议员。②总统府秘书长是负责处理实际政务的职位,其职责的重点之一就是协调总统和总理的关系。丁世峄这样锋芒毕露的秘书长,不但没起到协调作用,还和国务院秘书长徐树铮一样,起到了加剧矛盾的破坏性作用。被督军团称为"四凶"中另外三个人哈汉章、金永炎、黎澍也有急躁冒进的倾向,缺少大局观的黎元洪在他们的包围之下,逐渐走向了1917年的政治灾难。

府院之争很快延伸到了国务院内部,黎元洪要求在内阁增加唐绍仪、孙洪伊,就是要在国务院中也有南方激进派代表,不想让段祺瑞完全掌控内阁。这当然会引发内阁中的纷争,使责任内阁难以重建中央政府权威。唐绍仪在北洋派攻击之下没有到北京就职,经过反复磋商,八九月间最后成立的内阁名单如下:国务总理兼陆军总长段祺瑞、外交总长伍廷芳、内务总长孙洪伊、财政总长陈锦涛、海军总长程璧光、司法总长张耀曾、教育总长范源濂、农商总长谷钟秀、交通总长许世英。③内阁九人中,伍廷芳、孙洪伊、程璧光、张耀曾四人大致属于南派,范源濂是梁启超改良派的代表,陈锦涛、许世英是政治立场不太明确的专家型官员,真正完全属于北洋派的只有段祺瑞一个人。

内阁之中,各人的政治理念和利益相差很大,很难有效运作,内务总长孙洪伊和国务院秘书长徐树铮很快爆发了激烈冲突。张国淦说:"孙洪

---

① 《丁世峄上黎元洪呈文》(1917年2月),来新夏主编,张树勇编:《北洋军阀》(三),285页。

② 《丁世峄上黎元洪呈文》(1917年2月),来新夏主编,张树勇编:《北洋军阀》(三),281—282页。

③ 张国淦:《北洋述闻》,145页。

伊、徐树铮皆颇自负,不肯下人。孙挟黎自重,徐倚段以为抵制,几乎无事无时不冲突,短兵相接,日在火并之中。""此时丁世峄为府秘书长,与院秘书长尤针锋相对,遂联合各方包围黎及其左右,作倒阁攻势,以孙代段。"黎元洪不敢轻举妄动,知道段祺瑞背后有实力雄厚的北洋派,他专门派人到河南卫辉水竹村把北洋派元老徐世昌请到北京商量。"徐到京,与段相见欣然,黎表示请其代段之意,徐何等聪明? 一方面坚决推谢,一方面以调和府院自任,为黎、段帮忙,乃建议孙洪伊、徐树铮同时免职。"黎元洪和段祺瑞此时都愿以大局为重,不希望决裂,接受了徐世昌的建议。于是,孙洪伊免职,由次长代理部务,张国淦代替徐树铮担任国务院秘书长,不久又以夏寿康代替丁世峄担任总统府秘书长,一场政治危机总算暂时敷衍过去。①

严复在民国初年一向对于梁启超等颇有微词,此时却态度大变,颇希望改良派出来参政,对抗更激进的革命派,帮助段祺瑞建立有效运作的中央政府。他1916年12月给熊纯如的信颇能反映当时保守人士对政局的观感:"任公、松坡与唐、任辈倡义西南,责洹上之背约,名正言顺,虽圣人无以非之。所不解者,袁氏自亡之后,不急出以把持国柄。""以建共和不倾之国体。""一听元二乱党所欲为,以成此麻痹不能进行之政局。""论目前势力,国会中只有民党,而进步党反着着失败,内阁提名任可澄以补孙洪伊内务之缺,竟不得同意之通过,而段总理则以军人超然徒拥虚位,名曰'责任内阁',而上则阴受府中丁、郭诸人掣肘,中则有同床各梦之国务员,下则有独顾党利,不认余人之院党,五洲万国有如是之总理,而政府存立能进行者乎?""徐树铮徒言合肥不可去位,而如是政局,段虽在位,能用何人? 能办何事乎?"②

从严复对梁启超的态度变化可以看出,改良派确实是站在保守派和激进派之间的中间派。在洪宪帝制保守潮流兴盛的时候,改良派与保守

---

① 张国淦:《北洋述闻》,145—146页。
② 严复:《与熊纯如书》(1916年12月),王栻编:《严复集》第三册,652—653页。

派分道扬镳,转而与激进派合作反袁。袁世凯死后,激进潮流高涨起来,改良派与激进派的分歧逐渐加深,反而与保守派颇多共同语言。梁启超虽没有像严复希望的那样出来参政,但此时他的政治倾向和严复一样,坚决支持以段祺瑞为核心重建中央政府的权威。

二、参战案引发国会和总统倒阁,中央政府彻底崩溃

1917年对德宣战问题爆发,双方终于走向决裂,中央政府也随之彻底崩溃。本来对德宣战与否,有利有弊,属于对外问题,中国政府内部似不应因此决裂。尤其是黎元洪性格并不极端,每到危急之时,往往表现出妥协性,为何在对德宣战问题上如此决绝,断然对段祺瑞下免职之令,颇令人费解。笔者认为,黎元洪强烈的反日倾向是导致他与段祺瑞决裂的重要原因。1894年中日甲午战争的时候,黎元洪为广甲舰上三十岁的年轻海军军官,在海战中军舰搁浅毁坏,他在海里挣扎了十几个小时才上岸获救,这无疑给他留下刻骨铭心的痛苦记忆,也埋下了仇视日本的种子。1916年秋冬,政府准备派曹汝霖到日本,名义上是赠日本天皇大勋章,实则另有内幕。临行前,黎元洪请曹汝霖吃饭,有汪大燮、陆宗舆、哈汉章作陪,席间曹汝霖透露了与日本商谈全面合作的计划,要把"中国关于农工商矿有价值的开列出来,同日本商量,何者中国自办,何者中日合办,何者让日本人办"。曹还没讲完,黎元洪即勃然大怒,拍桌大骂:"你到日本预备卖国,你们这样卖国,还来要我随同卖国,这种毫无心肝的人,我不能让你到日本去。"第二天,黎元洪仍然余怒未消,对刚上任国务院秘书长的张国淦说:"曹某卖国,你们串通一起来教我卖国。""卖国卖国,说了气死人!你告段总理,决不能让曹某去日本。"①黎元洪这样大失常态的举止,生动表现了他对日本深刻疑惧。

府院决裂的原因表面上是对德宣战,实际上包含对日关系问题。本来段祺瑞对参战也是有疑虑的,但当时全国分裂,各省不上交税款,中央

---

① 张国淦:《北洋述闻》,91—92页。

政府虚弱,难以建立权威。他认为参战是一个加强中央政府的办法,可以对外借款解决财政问题:"吾国最难是财政,参战后,各国对我财政能有所援助,则政府办事方能顺利。"①当时欧美在大战中自顾不暇,所谓各国财政援助只能来自日本。从后来段祺瑞向日本大笔借款,编练参战军,试图武力统一中国,可以看出他力主对德宣战背后的全面计划。但对日借款是要拿矿产、铁路等资源做抵押的,这就涉及卖国问题,黎元洪的愤怒也是有道理的,后来五四运动前后段祺瑞及皖系在全国声名狼藉,主要也是因为对日本关系中的借款和卖国问题。

段祺瑞下了参战决心后,坚定不移地全力推动。经过反复的斗争和妥协,副总统冯国璋也进京斡旋,3月10日对德绝交案在国会通过。但参战案受到总统和国会的阻挠,段祺瑞在北京召集督军团会议施加压力,傅良佐甚至宣称不惜推翻总统、解散国会。5月6日,内阁会议通过参战案,黎元洪也勉强加盖了总统印。5月10日,参战案提交国会,傅良佐组织所谓"公民团"包围国会,激怒了国会议员。19日,国会议决缓议对德参战案,这实际就是对内阁的不信任案,包含有倒阁意图。内阁中南派四总长伍廷芳、程璧光、张耀曾、谷钟秀相率辞职。孙中山此时颇以大局为虑,特别写信给两院议员反对倒阁:"日前致电请先否决宣战案,不必注重倒阁问题。""吾民反对宣战,并非单反对内阁。内阁既从民意,便可存留。"②

段祺瑞仍顽强坚持,准备提出新内阁名单,但黎元洪在左右鼓动下决心倒阁,5月23日断然对段祺瑞发出免职令。国会与总统的倒阁行动引发了政治灾难,北洋派控制的安徽、河南、山东、直隶、奉天、黑龙江、福建、浙江、陕西等省相继宣布独立,黎元洪在惊慌之中请张勋进京调节,并在张勋的逼迫下,于6月12日在绝望中签署了灾难性的解散国会命令。不料张勋竟于7月1日公然发动清朝复辟,并将黎元洪赶出总统府,黎元洪不得不于7月2日电告在南京的副总统冯国璋代行大总统职务。张勋复

---

① 张国淦:《北洋述闻》,88 页。
② 孙中山:《致参议院众议院议员函》(1917年5月20日),《孙中山全集》第四卷,33—34 页,中华书局,1985。

248

辟虽然几天即被段祺瑞等调兵击败,但中央政府已经彻底崩溃,中国也就由此走向了四分五裂、军阀混战的大崩溃。总统、总理和国会是中央政府的三个权力中心,黎元洪在一个多月的时间里对这三个权力中心都造成了致命损害,这位不称职的大总统对这场大崩溃负有最大的责任。

在这一时期,梁启超与前进步党聚集在研究系的名目之下,在府院之争中支持段祺瑞重建中央权威,反对黎元洪干政削弱中央政府。梁启超等认为,从政治现实来讲,当时国家的主要危险是分崩离析,而既能控制北洋军队又能被南方接受的只有段祺瑞,支持段祺瑞建立中央政府权威,才能阻止国家走向崩溃。从法律上来讲,《临时约法》的精神是责任内阁制,总统应该支持内阁,而不应该与内阁争权,他进京时曾当面劝黎元洪"效法日本天皇不问国事"。①研究系的报纸如北京《晨钟报》等,也对总统干政持批评态度,"每日连篇累牍,非云大总统交议某某案,即云府中会议某某案;非云某项命令为府秘书厅所积压,即云某项命令为军事处所扣留。"②

汪朝光研究这段历史后认为:"两派之争,以梁启超为领袖的研究系在两派矛盾斗争初起时似应承担更大的责任,因为他们提出的集权和拥段主张可能更有利于北洋军人集团,而北洋军人集团的当政显然不是共和民主制度的常数而是异数。"③笔者认为上述分析过于理想化,这里涉及更深层次的政治思想。在有长期专制传统的国家中,从古代专制制度向现代民主制度的转型很难一蹴而就,需要相当长的过渡期,梁启超的"开明专制"和孙中山的"军政—训政—宪政"都是关于过渡期的政治理论。

在土耳其、韩国、西班牙以及南美洲的许多国家中,军人政权都在现

---

① 《丁世峄上黎元洪呈文》(1917年2月),来新夏主编,张树勇编:《北洋军阀》(三),285页。

② 《丁世峄上黎元洪呈文》(1917年2月),来新夏主编,张树勇编:《北洋军阀》(三),286—287页。

③ 汪朝光:《民国的初建(1912-1923)》(《中国近代通史》第六卷),163页,江苏人民出版社,2007。

代化过程中发挥过重要作用。过渡期往往长达几十年甚至上百年,因此军人政权也就不应被当成异数,而是落后国家现代化过程中常见的政治模式之一。在1917年的中国,共和民主思想并未被多数中国人理解,实际运行共和民主制度是很困难的。北洋军人集团是中国最大的军事力量,是当时唯一有可能在中国维持统一政治秩序的力量,梁启超支持北洋集团建立强大中央政府是可以理解的。但是由于北洋军人集团自身的弱点,加上中国的领土广大,反对势力有很多生存空间,北洋派最终彻底失败。

第三节　北洋集团的分裂趋势

北洋集团失败的直接原因是其自身的分裂,这在洪宪帝制时期就初露端倪,袁世凯死后则大大加速。北洋集团不同于以政治理念为中心建立的现代政党,而是以袁世凯个人为中心逐渐发展起来的,任何人要接替袁世凯的领袖位置都很困难,于是北洋集团逐渐以段祺瑞、冯国璋、张勋、张作霖等人为中心分裂成几个派系。这几个派系虽然谈不上有什么系统的政治思想,但在政治倾向上也略有差别。冯国璋长期驻守南京,受南方新思想的影响,相对开明一些,反对武力统一,倾向于和南方势力妥协。段祺瑞曾出国留学,视野比较开阔,有共和思想,反对复辟帝制。张作霖土匪出身,文化不高,但野心极大,利用东三省后方安全、接近京畿的地理优势积极发展。张勋思想最为保守,对清王朝非常忠诚,所部士兵不剪辫子,时刻准备支持宣统复辟。

北洋派是传统的军事政治集团,内部很讲究论资排辈,在分析其中各派关系的时候,这是一个不应忽视的因素。北洋派几个主要人物的出生年份大致如下:张勋1854,徐世昌1855,冯国璋1859(1月),袁世凯1859(9月),段祺瑞1865,张作霖1875。可以看出,袁世凯死后执掌中央政权的段祺瑞年纪不大,比冯国璋小六岁,比张勋小十一岁。张勋资格很老,比袁世凯还要大五岁,又曾担任过慈禧太后的护卫,连袁世凯都让他几分。1913年张勋攻占南京时,因部下杀死日本人引起外交纠纷。袁世凯不得不把张勋调到徐州,其间给张写了一封很长很客气的信,解释迫不得已的苦衷。

张勋与段祺瑞本有旧怨,比较亲近徐世昌。辛亥革命期间,唐绍仪为北方代表,因为张勋拥兵反对和议,唐密电袁世凯,建议诱杀张勋,段祺瑞也赞同。"段祺瑞以张部军纪太坏,分子复杂,且与新军编制不合,对张亦素所不满。""段主和议,张竟抗命主战,恐将来难以驾驭,亦密电袁设法杀张。"在阮忠枢的斡旋之下,袁世凯没有采纳唐绍仪和段祺瑞的建议,而是派张勋素来敬重的徐世昌去劝说。徐世昌到徐州对张勋说,他自己和袁世凯都一样忠于清朝,"惟目前党人势盛,人心受其蛊惑,其势不可以力敌。宫保通权达变,与党人言和,假以时日,必败党人。若以一朝之忿而乱大谋,无以对宫保,即无以报清室。"①徐世昌用这番道理说服了张勋,但段祺瑞和张勋之间却难免留下嫌隙。

袁世凯死后,张勋并没把段祺瑞当成北洋派的新领袖。他于1916年6月9日、9月20日和1917年1月4日、5月21日先后四次在徐州召集北洋派会议,实际上是以领袖自居。张勋对段祺瑞的共和倾向不满,经常想推翻段祺瑞内阁,让更忠于清朝的徐世昌执掌中央政府。其中第二次徐州会议声势很大,有十三省区代表参加。倪嗣冲在会上公然提出解散国会、废止临时约法、罢免国民党阁员等激烈主张。在讨论内阁问题时,"张勋主张以徐世昌组阁,段退为徐阁之陆军总长。盖其意在首先夺取段之北洋派领袖地位,其次用徐世昌为复辟开辟道路。故徐州一隅儿成政治中心,政治犯及政治野心家进行阴谋活动,皆聚集于此。其中有帝制犯之顾鳌、薛大可,有北洋派下台军人、政客,如陆建章、阮忠枢等,张勋均礼聘为高等顾问。康有为亦常被邀来徐,为座上客。""黎段愈不和,张勋则愈觉

---

① 张达骧:《我所知道的徐世昌》,《文史资料选辑合订本》第十七卷四十八辑,198页。

有机可乘。"①

靳云鹏和徐树铮曾代表段祺瑞到徐州见张勋,但两人主张不一致,徐树铮扬言推翻总统黎元洪。张勋很不满,因此对段祺瑞更加轻视,当面对徐树铮说:"既办不到,何取多言,总理既无搜罗天下人才之量,而寥寥数人意见分歧若是,大可虑也。"张勋的参谋长万绳栻1916年12月与梁启超的代表张君劢谈话时,明确提出以徐世昌代替段祺瑞:"今日病根所在,全在府院,总理坚持不走,而又一事不能进行,此必非久长之道,须请任公注意及此,然后政局方有转旋之法。继询以后继内阁,则曰:'东海外无他人。'"②由此可见,张勋在府院之争中并不支持段祺瑞,反而常常想推倒段内阁,趁乱寻找复辟清王朝的机会。

冯国璋的立场也与段祺瑞不同,他自从护国运动以来,就常常试图在南北斗争中扮演调和人的角色,拒绝与北洋派主流共同行动。1917年5月黎元洪解除段祺瑞总理职务后,段祺瑞的忠实支持者主要在北方省份,也就是率先宣布独立的几个省,而冯国璋、李纯、王占元等领导的江苏、江西、湖北等省并未一致行动。当时北洋派大致分化成三派,皖系决心以非法手段推翻总统黎元洪和国会,直系对此并不赞同,张勋的复辟派则乘机发动复辟。段祺瑞调兵打败张勋,这是北洋派内部发生的第一次战争,复辟派从此基本被消灭,但皖系和直系之间的裂痕越来越深。

北洋派本来是当时中国最大的军事力量,袁世凯1913年镇压二次革命的时候,北洋派南下扩张的长江流域,基本实现了国家统一。但是当段祺瑞1918年试图再次调动北洋军南下统一中国的时候,直系表现出不同的态度,到1920年甚至爆发了北洋派内部的直皖战争。北洋派的分裂使其丧失了完成统一的军事能力,中国由此陷入了长期的分裂和内战。

---

① 曾毓隽:《忆语随笔》,杜春和、林斌生、丘权政编:《北洋军阀史料选辑》(上),267—268页。
② 张君劢:《致任公先生书》(1917年1月5日),丁文江、赵丰田编:《梁启超年谱长编》,802—803页。

第四节　南方各省的碎片化

在北洋派分裂的同时,中国南方陷入了更为彻底的碎片化,政治动荡和战乱更甚于北方。南方各省山地较多,崎岖的地形本不利于统一,加之晚清各省分别编练新军,军事上互不统属。清朝覆灭之后,南方各省出现各自独立的倾向。袁世凯统治时期一度逆转了分裂趋势,但在洪宪帝制引发的战争中,国家统一被再次打碎。四川、湖南、广东等主要战场省份,由于各派军队的激烈争夺,甚至省内的统一也无法实现,首先进入了混战状态。在反对袁世凯称帝的大旗之下,革命派、立宪派、各地实力派暂时结成了政治联盟,但各派的政治理念和利益述求差别很大,矛盾冲突在护国运动过程中就不断出现。1916年6月6日袁世凯病逝,北洋军后撤,失去了共同的敌人,各派之间的矛盾冲突愈演愈烈,护国运动中并肩作战的战友很快变成了仇敌。

一、四川:滇军、黔军与川军的混战

唐继尧作为地方实力派中的佼佼者,他不满足于统治云南一个省,早有称霸西南数省的野心,人口众多的四川首当其冲。在护国战争尚未结束的时候,蔡锷对于唐继尧的野心已经表露出不满,两人的矛盾逐渐加深。蔡锷在4月14日给殷承瓛的电报中讽刺道:"冀督增援计划已略更改,较前差胜一筹。此公近来颇喜武断,且好大务广,若过与争持,反有闹意见之嫌,且虞耽延时日,为害尤大。"[1]蔡锷在6月4日给戴戡的电报中再次讽刺唐继尧:"冀督通电滇编七军,以黄、叶、张、刘为四、五、六、七军总司令。古者天子六军,今能驾而上之,冀公之魄力伟矣。"[2]当时滇军第一军已经攻入四川,第二军攻入广东,云南并无战事,唐继尧在第三军之

---

① 蔡锷:《致殷承瓛电》(1916年4月14日),曾业英编:《蔡松坡集》,1043页。
② 蔡锷:《复戴戡电》(1916年6月4日),曾业英编:《蔡松坡集》,1128页。

外又组建第四军、第五军、第六军、第七军,对外扩张的野心十分明显。

袁世凯死后,蔡锷认为国家的最大危险在于分裂,为维护国家统一,各地军队应该收缩,至少不应再扩大。他在7月19日给唐继尧的电报中很直率地批评:"所最宜注意者,我辈主张,应始终抱定为国家不为权利之初心,贯彻一致,不为外界所摇惑,不为左右私昵所劫持,实为公私两济。迩者滇省于袁氏倒毙之后,于刚出发之军,不惟不予撤回,反饬仍行前进,未出发者亦令克期出发,锷诚愚陋,实未解命意所在。近则已与川军启冲突于宁远矣。若竟徇某君等之一意孤行,必至败坏不可收拾,将何以善其后?锷为滇计,为冀公计,不忍不告。"①蔡锷的担忧后来不幸成为历史事实。梁启超对唐的野心也很不满,这种政治分歧导致他后来在关于护国运动的叙述中极力贬低唐继尧。

蔡锷本人颇为清高,不屑于争权夺利,加之病势加重,早有退隐之心。他5月4日就开始为战后投身云南矿业做准备,在给黄德润的信中说:"大局定后,决拟从事实业,用遂初服。滇中矿业,其可以经营之处,尚乞老伯代为留意是幸。"②5月26日给妻子的信中,他又说:"大局稍定,争权夺利者,必蜂拥以出。予素厌见此等伤心惨目之情状,不如及早避去之为得。一俟局势略定,即当抽身引退,或避居林泉,或游海外;为疗病计,以适国外为佳。贤妹亦有偕行之意否?"③在6月2日致刘显世电中,除了实业,他又提到军事教育;"惟弟久抱从事实业之志,大局略定,拟即投身矿业,不闻政事。""将来能于军事教育界得尺寸之地以自效,亦所甚愿,他则非所乐闻。"④6月9日,蔡锷得知袁世凯病逝后,通电全国公开了自己的引退意愿:"锷锋镝余生,无意问世,且夙疴未痊,亟待疗养。拟俟本军部署稍定,即行解甲归休,遂我初服。"⑤

① 蔡锷:《致唐继尧刘显世电》(1916年7月19日),曾业英编:《蔡松坡集》,1199页。
② 蔡锷:《致黄德润函》(1916年5月4日),曾业英编:《蔡松坡集》,1075页。
③ 蔡锷:《致潘蕙英函》(1916年5月26日),曾业英编:《蔡松坡集》,1118页。
④ 蔡锷:《致刘显世等电》(1916年6月2日),曾业英编:《蔡松坡集》,1127页。
⑤ 蔡锷:《致北京各部院及各省电》(1916年6月9日),曾业英编:《蔡松坡集》,1145页。

但是梁启超为首的改良派把四川当作必争的地盘，不肯轻易让蔡锷引退，要求以蔡锷或戴戡为督军，甚至一度策划以蔡锷为四川督军，戴戡为湖南督军，把四川、湖南两省都拿下来。梁启超在6月13日致蹇念益的电报中说："蜀、湘人在海上者，顷日日集议，争欲迎蔡。""最好以蔡督蜀，以戴督湘。奠定西南，莫急于安插军队。蔡、戴所部，久劳于外，漫然遣散，实极困难。滇、黔瘠区，遣归更无从安插；所部将校，必且大愤，而蜀、湘内情，舍蔡、戴实莫能镇抚。蔡、戴稳健，顾大局，前此治绩斐然，求封疆之才，在国中实罕其比。"[①]但是革命派在湖南势力很大，坚决反对戴戡当湖南督军。而在四川，北洋军撤退之后，滇军实力最强，蔡锷作为护国英雄声望如日中天，段祺瑞政府6月24日任命蔡锷为四川督军，7月6日又发表蔡锷为四川督军兼省长。

蔡锷就任四川督军，首先需要解决的问题是周骏部盘踞成都。袁世凯病逝之后，周骏、王陵基并未停止进攻，他们击败了陈宧手下的川军杨志澄旅，兵临成都城下。冯玉祥、伍祥祯等人知道北洋军在四川难以立足，必将撤回北方，不想为陈宧争都督而打仗，他们率军保护陈宧退出成都，准备出川北返。周骏部6月26日占据成都后，对北京政府任命蔡锷为四川都督并不认可。蔡锷不得不命令滇军西进，周骏部连战皆败，7月20日退出成都。周骏的军队小部分投靠了刘存厚，大部分投靠了驻扎川东北的钟体道，周骏宣布下野，自称"轻装急驰，赴京待罪。"[②]

蔡锷7月29日进入成都，带病坚持与各方协商，安排四川善后。他把入川滇军编为两个师，由罗佩金统率，赵又新师驻川南，顾品珍师驻成都。他把川军编为五个师，第一师师长周道刚，驻重庆附近；第二师师长刘存厚兼川军军长，驻成都附近；第三师师长钟体道，驻顺庆(南充)；第四师师长陈泽霈，驻成都；第五师师长熊克武，驻重庆。另有戴戡率领的入川黔

---

① 梁启超:《致蹇念益电》(1916年6月13日)，李希泌、曾业英、徐辉琪编:《护国运动资料选编》(下)，700页。

② 周骏:《致北京政府申述退出成都经过电》(1916年8月15日)，《四川军阀史料》第一辑，253页，四川人民出版社，1981。

军一部驻扎重庆附近。蔡锷一向有全国眼光,并不愿局限于四川。他在7月28日给刘显世的电报中甚至谈到改造北洋军的志向:"弟之思退,一以偿夙愿,一以病躯难胜繁剧,亟须趁时疗治,俾免哑废。蜀虽可为,但民情浇薄虚矫,绝不适于从军,若专用外军,屏绝土著,主客不相容,终成水火。""故弟常谓治蜀非十年以上不能收效。""北军朴勇耐劳为全国冠,惜少国家思想与军人智能,得贤将领以董率改造之,确可植国军之基础。弟甚欲置身彼中,为此后改良之导线,然刻病未能也。"①从此电可以看出,蔡锷对刚与之血战的北洋军并无偏狭门户之见,念念不忘是创建理想的国家军队,其心胸气度远非割据一方的军阀可比。由于病势加重,蔡锷8月9日离开成都,乘船东下去日本治病,推荐罗佩金为四川督军,戴戡为四川省长。

罗佩金和戴戡各带一部分军队在成都上任,但他们的才能和威望无法和蔡锷相比,蔡锷"主客不相容,终成水火"的担忧一语成谶。护国战争期间,四川军民欢迎滇军和黔军入川驱逐北洋军。但是北洋军撤走之后,滇军和黔军非但不撤走,反而要长期驻扎,由四川人民供养,而且反客为主,占据优势地位。四川军民对客军的不满越积越深,1916年9月四川省议会通过议案,要求滇军撤走:"现在大局既定,可永无争端之虞。惟我蜀中,屯兵七师半,公私财产,经历次变乱,荡无孑遗,兵浮于额,供不给求,人民实不堪其扰。""最可疑者,滇军忽编二师,贻累我蜀民,尤令人百思而不得其解。""为今之计,莫如滇军还滇,蜀军还蜀,桑梓切念,保卫尤周。"②

全国军队过多,成为国家和人民的沉重负担,要求裁军的声浪很高。段祺瑞政府乘势提出裁军计划,要求各省裁军。罗佩金提出的四川裁军计划为:"滇军暂留一师一旅,黔军暂留一混成旅一团,川军照五年度预算范围再加减少,特种兵一律缓设。""滇军岁费百八十万,黔军岁费九十

① 蔡锷:《致刘显世电》(1916年7月28日),曾业英编:《蔡松坡集》,1205页。
② 《四川省议会请滇军调回滇省议案》(1916年9月),《四川军阀史料》第一辑,264—265页。

万。""川军有五师一混成旅,拟裁为三师两旅,军饷定为每年共三百二十万元。"①这个计划本身未必不妥,但川军军长兼第二师师长刘存厚等早已心存不满,此时自然借机发难。刘存厚自认为参加护国战争劳苦功高,没有得到应有的酬劳。蔡锷在时,他自知声望功绩无法匹敌。蔡锷走后,他立刻利用四川军民对客军的不满,力图推翻罗佩金和戴戡,自己来当四川领袖。他还拨给四川籍参议院议员吴莲炬二万活动费,让他在北京联络段祺瑞和靳云鹏,并创办宣传喉舌《四川新闻》。②段祺瑞对滇军的扩张当然不满,对川军驱逐滇军的行动暗中支持。刘存厚第二师与钟体道第三师结为同盟,是反对罗佩金的中坚力量,驻重庆附近的第一师和第五师大体中立,第四师由民军编成,实力较弱。裁军计划触及了所有川军的利益,刘存厚借机煽动川军五师长联名通电抗议。

罗佩金是军人出身,勇猛直率,但缺乏掌控复杂局面的政治能力。不仅如此,滇军一向对川军的战斗力颇为轻视。护国战争期间,蔡锷就曾在函电中屡次提到刘存厚部"不堪用之战线""争先溃退",③"刘师似不可收拾",④"刘师索饷则号称四千,临战则莫名一兵。"⑤对于川军的抗议,罗佩金决心采取铁腕政策,他1917年4月14日下令将陈泽霈第四师驻成都部队包围缴械,这一鲁莽决策极大地刺激了川军。4月18日,刘存厚第二师起兵反抗,与滇军顾品珍师在成都城中展开大战。"炮声隆隆,弹下如雨,全城惊号失措。""东西鹅市巷,后子门一带,火光四起,炮弹横飞,居民三千余家,付之一炬。""经红会调查,人民惨被焚杀、击毙、受伤者,约千余人。"⑥滇军装备训练占优,但川军得到川人普遍支持,士气更加旺盛,双方激战四日,胜负难分。4月20日,北京政府下令罗佩金和刘存厚都免职

① 《罗佩金申述裁军情况电》(1917年4月10日),《四川军阀史料》第一辑,267—268页。
② 吴光骏:《刘存厚的早期活动与"刘罗"、"刘戴"之战》,《四川军阀史料》第一辑,122页。
③ 蔡锷:《致李日垓何国钧函》(1916年3月8日),曾业英编:《蔡松坡集》,956页。
④ 蔡锷:《致李日垓函》(1916年3月8日),曾业英编:《蔡松坡集》,957页。
⑤ 蔡锷:《致唐继尧等电》(1916年3月24日),曾业英编:《蔡松坡集》,989页。
⑥ 《四川省议会报告滇、川军冲突情况电》(1916年4月24日),《四川军阀史料》第一辑,279页。

进京。罗佩金自知不孚众望,4月24日带兵撤离成都。

吴光俊当时是在成都读书的青年学生,他躲避战祸出城住在华西坝,听到"重炮爆破巨声,枪弹掠房瓦而过"。罗佩金率滇军撤走后,他进城去纯化街省议会看望老师陈捷三(同盟会员,省议会秘书),发现老师"已于二十日被北来流弹击毙床上"。他遥望皇城,只见"孤独屹立,周围一片无垠火墟,烟气余烬,尚缕缕摇曳上升,破瓦断墙,触目皆是"。城墙之下,积尸数百,据说是被滇军当作间谍杀死的成都警察和普通市民。①繁华富裕的锦官城,已化为一片焦土,战祸之烈甚至超过护国战争期间的历次战事。

北京政府任命戴戡暂以省长兼任督军。戴戡本为改良派,与本为革命派的罗佩金向来就有分歧,所以戴戡在"刘罗之战"保持中立,借机渔翁得利。但戴戡所带的黔军同样是客军,滇军撤走后,黔军只有一个旅,陷于孤立无援的窘境。7月1日,北京发生张勋复辟,伪朝廷任命刘存厚为"四川巡抚"。7月5日,双方在相互疑惧之中爆发冲突,成都再次陷入战火,黔军兵力不足,困守皇城。"两军持续战斗十余日","杀戮焚劫,人民转徙逃避,伤亡损失,比刘、罗巷战尤巨。"②戴戡久盼滇军增援不至,不得不于7月17日率残部退出成都,但7月21日在仁寿秦皇寺遭到刘存厚部截击,戴戡及旅长熊其勋、参谋长张承礼等皆被杀。戴戡、罗佩金和刘存厚都是奋起反对洪宪帝制的重要人物,曾在护国战争中并肩战斗,袁世凯死后仅仅一年,他们之间就发生了自相残杀的惨剧!

朱德当时是滇军赵又新师的旅长,驻扎泸州长达五年。他曾经受命带兵去援助罗佩金,但还没有到达成都,罗佩金已经撤出。后来滇军与川军熊克武、刘湘等又发生战争,朱德的两个弟弟在同一个星期内阵亡。在这种混战之中,熊克武、杨森等昔日很有革命精神的将领都堕落为军阀,熊克武先刮地皮,后买田地,并把现款送到上海的一家英国银行,两年之内,据说就有了一百万中国大洋的积蓄。

---

① 吴光骏:《刘存厚的早期活动与"刘罗"、"刘戴"之战》,《四川军阀史料》第一辑,126—127页。
② 吴光骏:《刘存厚的早期活动与"刘罗"、"刘戴"之战》,《四川军阀史料》第一辑,128页。

二、湖南：汤芗铭被武力驱逐，谭延闿维持脆弱平衡

汤芗铭1916年5月29日被迫宣布独立后，试图维持自己在湖南的地位。6月6日袁世凯去世，北洋军无心恋战，准备陆续北撤。谭延闿推荐的曾继梧、赵恒惕、陈复初、陈嘉佑等高级军官召集训练了一些部队，汤芗铭任命曾继梧为军长，按护国军的编制成立了四个梯团，以赵恒惕、陈复初、刘建藩、陈嘉佑为梯团长。但这些新成立的军队战斗力有限，而且这些军官与谭延闿关系更为密切，并不忠于汤芗铭。尤其是赵恒惕和陈复初1913年曾被汤芗铭押解到北京治罪，后来被蔡锷保释出来，他们对汤芗铭当然很难有好感。汤的亲信军队实际上只有车震的一个旅，其战斗力也不强。①

北洋军以外，湖南最强的军事力量是陆荣廷亲自率领的一万多桂军，最活跃的军队则是程潜整编的民军。陆荣廷老谋深算，他带兵入湘后，并不急于向北洋军进攻，而是停军衡阳，坐观其变。随着北洋军后撤，桂军才向前挺进，程潜的民军也逼近长沙。此时汤芗铭仍准备顽抗，为了进攻长沙，程潜亲自乘船6月20日到衡阳与陆荣廷见面商量。

陆荣廷对于进攻长沙、驱逐汤芗铭并不积极。他对程潜说："谭延闿和汤芗铭早有结合，谭推荐了一些军官回湖南训练军队，汤芗铭又宣布了独立，本来可以相安无事的。但如你所说，则又必须把汤芗铭除掉，而后湖南才得安定，这不是平地又起一桩是非、一场风波么？"②陆荣廷的消极态度显然与桂军发展方向有关，湖南为四战之地，内部情况复杂，又与北洋军控制的湖北相接，桂军很难立足，所以即使北京政府有意任命他为湖南督军，他也不想接受。相比之下，广东不仅战略上更加安全，地势上更加便利，而且经济上也更加富裕，是更有利于桂军势力扩张的地盘。

但程潜进攻长沙的理由也很充分，他说："陈宧在川，用虚伪的谦和手

---

① 程潜：《护国之役前后》，《护国讨袁亲历记》，24、27页。

② 程潜：《护国之役前后》，《护国讨袁亲历记》，30页。

段对付川人,尚且不容于川;作恶多端、杀人如麻的汤芗铭,又怎么能够见容于湖南呢?汤芗铭现在迫于时势,宣布'独立',实际上,一有机会,他又会趋炎附势,投靠权贵,翻过脸来拆西南护国政府的台。""汤芗铭在湖南犯了骇人听闻的罪行,如果不严肃法办,让他逍遥自在,继续在政治上投机取巧,这是很难平服湖南民众的满腔怨愤的。"①程潜的说法代表了当时舆论。蔡锷在湖南独立后给陈宧的电报中也提道:"铸新在湘,舆情极不洽,纵独立揭晓,亦恐不免冲突。"②陆荣廷对程潜说:"汤芗铭的确不得人心,我来湖南后也听到湖南人数说他的罪状。"他承诺派马济带桂军到长沙附近,监视常德尚未撤走的北洋军,并拨炮兵一部归程潜指挥。③

程潜得到陆荣廷支持后,7月1日率部从宁乡进攻长沙。汤芗铭只能派出模范团的两个营出城迎战,结果这两个营全体倒戈加入了护国军。汤芗铭知道大势已去,7月4日黄昏乘船逃离,程潜7月6日率军进入长沙。这期间北京政府曾任命陈宧为湖南督军,但陈宧威信已失,当然无法上任。湖南各界7月7日暂时推举刘人熙为护国阵营的湖南都督,唐生智当时担任刘人熙警卫团的第三营营长。

改良派和革命派为争夺湖南督军展开了激烈争夺,改良派推戴戡或蔡锷,革命派推黄兴或谭延闿。李书城7月28日致曾继梧电说:"克公难得中央任命,组庵亦不易办到。梁派始主张戴戡,经在沪湘人反对,现又主张松坡。恐松坡希望多。静仁、行严、伯兰等已赴京,相约为克(黄兴,字克强),不成,竭力为组(谭延闿,字组庵)。"④后来经过各派的反复磋商,陆荣廷带桂军撤离湖南,由各方都能接受的谭延闿出任湖南督军兼省长。但是谭延闿实际的控制力有限,只能在各派军队之间勉强维持平衡,而在民军蜂起的湘西地区,很多被裁撤的民军流为土匪,社会秩序始终难以恢复,匪患成为湘西地区贯穿民国时期的严重问题。

---

① 程潜:《护国之役前后》,《护国讨袁亲历记》,30页。

② 蔡锷:《致陈宧电》(1916年5月31日),曾业英编:《蔡松坡集》,1122页。

③ 程潜:《护国之役前后》,《护国讨袁亲历记》,30、31页。

④ 李书城:《致长沙曾继梧电》(1916年7月28日),《近代史资料》总第50号。

熊希龄为湘西凤凰本地人,又受命担任宣慰使,他对湘西战争和匪患给各县造成的惨重破坏有详细记述,读之使人心惊胆寒:"湖南西路,自军兴以来,受祸之酷,为百年来所未有。缘战事既开,各地土匪乘时蜂起,焚掠惨杀,村舍为墟。沅河流域三十余县,地方无不深遭惨毒,老弱流离,死亡载道,妇孺匿藏山谷,不避风雨,沿河尸骸流及千里。""如辰溪一路,则县城民屋均作兵舍,门窗木料概折为薪,各乡土匪烧杀横行。株木村、李家铺等十余村庄,全为焦土,难民四散逃避。两河上游死尸流积,秽恶熏蒸,已成瘟疫,军民染毙极多。又如麻阳一路,则县城及高村、冈口三处,两军进退各四五次蹂躏,已类荒墟,城民只余八人,四乡土匪如毛,山谷死尸均满。""又如芷江一路,则县城亦经两次围攻,炮火之余,鸡犬无多","有姚祖坤一家毙命七十余口。"①由此可见,护国战争虽然推翻了袁世凯的独裁专制,但国家和人民付出的代价也是非常惊人的。

三、广东:龙李之战与桂军入粤

广东的情况与湖南既有相似之处,又有不同之处。相似的是龙济光与汤芗铭一样搞假独立维持地位,也同样由于他们的残暴统治不得人心,不同之处在于龙济光的军事实力远超汤芗铭,不易驱逐。济军成军于晚清,久经战阵,经验丰富,内部比较团结,统治广东几年,经费和装备都很充足,兵力达到两万多人。广州是税收丰富的经济中心,离开后就很难供养这样大的军队,所以龙济光顽固盘踞在广州,拒绝撤出。

龙济光1916年4月6日假意宣布独立后,护国军关注的重点是北伐,不愿与龙济光决裂,经梁启超反复斡旋,暂时容忍他占据广州。陆荣廷率桂军进入湖南,李烈钧也带第二军张开儒梯团经三水乘火车北上韶关,准备进攻江西。6月6日袁世凯病逝,龙济光未经军务院同意,就宣布取消独立,双方的矛盾又尖锐起来。6月19日,龙济光的韶州镇守使朱福全部

---

① 《熊希龄关于勉就湘西宣抚(慰)使筹办抚绥事宜等情电稿》(1916年4月22日),中国第二历史档案馆编:《中华民国档案史料汇编》第三辑 军事(二),428页,凤凰出版社,1991。

与张开儒部发生冲突,引发了广东各地护国军与龙济光开战,时称"龙李之战"。朱福全为保韶州,派兵死守战略要地帽子峰,张开儒部进攻几天没有得手,后炮兵连发三炮皆命中要害,同时守军粮食发生问题,被迫弃城而走,留下"三炮定韶关"的掌故。①

冲突爆发后,双方各执一词。龙济光向北京控告滇军在韶州"责令地方供应米、盐、柴草并口粮一万三千元,棚厂捐款三千元,又搜查粤路琶江护路之枪弹,复阻修电线,断绝交通。皓日函致镇道索饷十二万元,限五句钟答复,当经镇道邀集绅商筹措,许凑万元,号日下午五时炮轰韶城,商民大恐"。②李烈钧也通电谴责龙部在韶州"闭城拒渡,布兵设防,既断交通,复绝贩卖。滇军露宿绝食,计无复之,抑愤求情,竟被炮击,万不获已,始实施正当防卫之手段。该镇守使既肇衅端,复弃城而遁。滇军因以商民之请,已由张师长开儒整兵入城,暂行维持秩序"。③

广东护国军在多地对龙济光部发动了攻势,但并未取得重大进展,主要原因是护国军大多建立不久,士兵训练不足,装备也比较差,战斗力有限。李宗仁当时在林虎部护国第六军第十三团当排长,他后来说:刚报到时士兵还没有武器,只能徒手训练。后来一批六五口径村田枪从日本运到,"这批枪支在日本人心目中早已成为过时的废物,不堪用来作战了。惟当时中国军队获得此项武器,确已心满意足。"龙李之战爆发后,第六军也与龙军在粤汉路南段交火。"十三团正在肇庆训练,村田枪才发下,士兵持枪各个教练的基本训练都还没有完成",就奉命向前线增援。部队到达前线已经黄昏,当夜"枪声大作,混战了一番之后,才发现原无敌人,而是自己的部队在互相射击。"第二天开战,连长临阵脱逃,李宗仁代理连长,"在敌人冲锋之下,我们的阵地开始有动摇迹象。"李宗仁急中生智,率队

---

① 陈润之:《护国第二军始末简记》,《云南文史资料选辑》第十辑,319页。
② 黎元洪:《致李烈钧电》(1916年6月21日),周元高、孟彭兴、舒颖云编:《李烈钧集》(上册),243页,中华书局,1996。
③ 李烈钧:《致唐绍仪、梁启超、温宗尧等电》(1916年6月23日),周元高、孟彭兴、舒颖云编:《李烈钧集》(上册),240页。

勇敢逆袭,结果被子弹打进右颊,从左鼻孔穿出,在医院住了四十天。①
从李宗仁的回忆可以看出,新组建的护国军部队人数虽不少,但战斗力并不强。

桂军是两广地区震慑龙济光的主要军事力量,而且陆荣廷与龙济光关系深厚,有可能让龙济光和平退出,避免一场损失惨重的战祸,因此陆荣廷被公认为广东督军的合适人选。梁启超6月30日致电黎元洪、段祺瑞称:"龙之不能与粤相安,谅政府所熟知,所以隐忍审顾者,当缘继任难其人。以超所见,舍陆幹卿外,无足以收拾此局者。欲稍还龙体面,免其负固走险,莫如任为滇、黔、桂、粤四省林矿业督办,此彼所欲得也。一切托范静生面陈,乞垂念粤民,速予处分。"②孙中山在致中华革命党各支部的信中,也赞成陆荣廷收拾广东乱局:"粤东龙逆,毒民最甚,故与唐绍仪、王宠惠诸人发电攻之。适李协和激战韶州,黎总统有令罢龙而未即交代,粤人恶龙已久,乃共起师,围困省城。中央为息事宁人计,现已饬龙早去,代者为陆荣廷。""陆于此次独立,名誉甚佳,其在广西亦无贪污劣迹,与吾党亦有联络。"③

7月6日,北京政府发表陆荣廷为广东督军,陆的部下陈炳焜为广西督军,这在当时被认为比较合理的安排。陆荣廷也很愿意桂军向富裕的广东发展,对这一任命非常满意。他7月10日即带兵从湖南衡阳撤回广西,并于7月16日通电全国称:"荣廷将赴湘各军一律撤退,饬回原防驻扎,于蒸日由行营通告京省在案。嗣后桂省军政民政,均一体服从中央命令。"④但是龙济光盘踞广州,非常顽固,与各路护国军断断续续打了一个多月,护国军没能取得重大战果。黎元洪于8月11日发布命令要求双方

---

① 李宗仁口述,唐德刚整理:《李宗仁回忆录》上卷,62—69页,华东师范大学出版社,1995。

② 梁启超:《致黎元洪段祺瑞电》(1916年6月30日),李希泌、曾业英、徐辉琪编:《护国运动资料选编》(下),713页。

③ 孙中山:《致中华革命党各支部函》(1916年9月10日),《孙中山全集》第三卷,362页。

④ 《陆荣廷陈炳焜通电》(1916年7月16日),李希泌、曾业英、徐辉琪编:《护国运动资料选编》(下),750页。

罢兵："广东纷扰,祸犹未已,生灵涂炭,外人复有烦言,长此迁延,糜知所届。龙济光未交卸以前,责任守土,自应约束将士,保卫治安。李烈钧统率士卒,责有攸归,著即严勒所部,即日停兵。该省督军陆荣廷、省长朱庆澜,现已星夜赴任,龙济光应将各项事宜妥速预备交代。"①

8月1日,陆荣廷通电由桂林出发到广东就任,但龙济光8月5日通电提出六项要求。8月14日,陆荣廷到达广东肇庆,"前往佛山,预备接任",但龙济光"添兵筑垒,日谋三面夹攻佛山"。②陆荣廷"叠次函电龙济光预备交代,迄不作复,商其送印来肇,亦置不理"。③陆荣廷虽然带有三个师的桂军主力,但却很有耐心,并没有急于进攻广州,这一方面是因为他和龙济光颇有交情,另一方面他也知道龙部实力不容小觑。

龙济光也知道继续占据广州难为各方所容,经过近一个月的讨价还价,终于在得到不少实惠之后,于9月10日答应交卸,率部到海南岛就任两广矿物督办。不过最后他仍提出:"济军更名振武军,其编制则按粤省现行警卫军章程。每营计兵三百二十四名,官长兵夫月支饷银四千七百七十四元。步兵五千人,编为十五营。""请于应裁之万五千人内,再带五千人入琼屯田,以恩饷作为垦费,人给三十元,计十五万元。此不在前拨遣散迁移费四十万元内,应饬部迅为拨汇。"④

陆荣廷就任广东督军后,派桂军主力由谭浩明、莫荣新、沈鸿英率领分驻要地,李耀汉、林虎的部队也大致属于桂军系统。李烈钧离开后,滇军被编为张开儒、方声涛两个师,省长朱庆澜也把本地一些民军编为二十营的警卫部队。1917年3月,陆荣廷应黎元洪之邀到达北京,表示对中央

①《大总统要求广东龙李息争令》(1916年8月11日),中国第二历史档案馆、云南省档案馆编:《护国运动》,791页。
②《莫擎宇斥责龙济光违抗命令拒绝交代电》(1916年8月24日),中国第二历史档案馆、云南省档案馆编:《护国运动》,794页。
③《大总统秘书厅为邹鲁等质问龙济光久不交代究应如何处理公函》(1916年8月30日),中国第二历史档案馆、云南省档案馆编:《护国运动》,797页。
④《龙济光关于振武军编制及所需薪饷密电》(1917年9月10日),中国第二历史档案馆编:《中华民国档案史料汇编》第三辑 军事(一)(上),716—717页。

的支持。黎元洪、段祺瑞也给陆极高礼遇,他不仅下榻总统府,还于4月10日被任命为两广巡阅使,统治两广更加名正言顺。

　　但是桂军、滇军在广东终究是客军,广东军民虽然一度欢迎他们来驱逐龙济光,但长期供养数万客军很难让广东人满意。李宗仁伤愈后回林虎部十三团升任连长,该部士兵"概由广西各县招募而来",军官也多是广西人。李宗仁说:"我军和当地居民间的感情,可以说是极不融洽。此地居民习于械斗,对我们这样衣不蔽体的部队,当然不放在眼里,而身穿二尺五的士兵们,亦不愿向老百姓低头,因而军民之间的小冲突时常发生。"有一天全团千余人发生哗变,要去找老百姓报仇,摧毁驻地附近的仁和圩。李宗仁苦劝本连士兵说:"纵使你们真的成为兵变,变了亦无处可去。本团士兵多系广西人,客居广东,如零星逃亡,必为广东民团个别捕杀无疑。"①

　　桂军、滇军、粤军以及海南岛的济军虽然暂时相安无事,但到1917年护法战争爆发,广东再次陷入战火。龙济光跨海进攻广东,被桂军和滇军联合击溃,但是桂军、滇军、粤军之间的矛盾也逐渐加深,朱庆澜警卫军交给陈炯明带领后,实力逐渐发展,终于在广东军民及滇军的支持下于1920年将桂军逐出广东。全国陷入南北分裂,各省军阀持续混战,给国家和人民带来了深重的灾难,但同时也为新兴力量的崛起创造了机会。孙中山逐渐把革命势力聚集起来,在广东建立起革命政府,并尝试通过北伐重新实现国家统一,由此为中国历史开辟了新的道路。

---

　　① 李宗仁口述,唐德刚整理:《李宗仁回忆录》上卷,71页。

余论：改良派的革命

一、蔡锷之死

蔡锷离开四川,一方面是病情恶化,另一方面也是希望做出谦让的榜样,避免袁世凯死后中央政府虚弱,出现各省军人争夺地盘的分裂危机。他在1916年7月5日致段祺瑞的电报中拒绝出任四川督军,除了陈述病情外,还特别提道:"锷于起义之始,曾声言于朋辈,一俟大局略定,即当引退,从事实业。今如食言,神明内疚,殊难自安。"[1]7月19日,他在给唐继尧等的电报中又说:"所谓善后问题者,俱易解决。惟关于个人之权利加减问题,最易为梗。今侪辈中果有三数人身先引退,飘然远骛,实足对于近日号称伟人志士英雄豪杰一流,直接下一针砭,为后来留一榜样,未始非善。而锷处地位,纯系带兵官,战事既了,即可奉身而退,斯亦各国所同然。"[2]蔡锷称得上是护国反袁之役的头号英雄,他的功成身退对当时风气有不小影响,但像他这样胸怀大局的人毕竟太少。

蔡锷的病情初期不算严重,战争的紧张劳苦耽误了治疗,才逐渐恶化。他在6月19日致唐继尧电报中曾提道:"弟患喉头炎已半年余,初发时,久未治,致成慢〈性〉。现已成颗粒性,夜间多干咳,殊痛楚。日来发音甚微弱,且以为苦。"[3]梁启超电邀重庆的德国医生到泸州为蔡锷看病,但是治疗后不但没有效果,反而病情加剧。蔡锷在7月5日给梁启超的电报中说:"德医阿思米到泸,连日诊治,砭药兼施,日来不惟无效,反觉痛楚加剧,食量顿减。现阿已于本日启程回渝。据该医所述,此症为日过久,声带受伤已狭而硬,此间器械药品诸难应手,而川省天候于此病尤不相宜,

---

① 蔡锷:《致段祺瑞电》(1916年7月5日),曾业英编:《蔡松坡集》,1180页。

② 蔡锷:《致唐继尧等电》(1916年7月19日),曾业英编:《蔡松坡集》,1198页。

③ 蔡锷:《致唐继尧电》(1916年6月19日),曾业英编:《蔡松坡集》,1159页。

267

务以迅赴沪上或日本就专科医院,速加疗治,乃可有效等语。"①蔡锷在7月11日致梁启超电中再次提到这位德国医生:"锷喉病自德医阿思米施治后,肿痛更甚,饮食俱难下咽,发音更微,闷楚殊甚,精神亦觉萎顿。"②

8月9日,蔡锷离开成都,乘船顺江而下。这时的蔡锷已经病入膏肓,"看上去像一个幽灵,虚弱得连两三步也走不动,声音微弱。"③滇军随军医生李丕章为蔡锷治疗时间较长,他认为蔡锷的病情是从喉头炎发展到喉头结核,而德国医生的误诊误治加剧了病情。李丕章说:"蔡将军从北京到达昆明,声哑而不痛不咳。蔡自诉是在北方时几个月前去山海关游览长城,受了风沙,从此声嘶,难于发音。我以职务关系,当上了蔡的医生,认为是慢性喉头炎。从昆明出发,一路之上,仅作一般治疗,及至叙永,蔡以总司令身份亲上前线,对敌作战紧张,他的声音恢复了,根本不需要任何医治。但是停战之局一定,喉痛大作,急电召我,我到了大洲驿,劝他回到叙永休养。蔡回叙永休养约一个月,喉痛完全消失,声音也大部分恢复了。我们的诊断,仍然是慢性喉头炎。""经过两个月后,我们进入成都,经过涂片染色用显微镜检查,发现了结核杆菌,才科学地诊断为喉头结核。""在休养期间,也无发烧的症状,饮食起居,一如健康之人,仅少谈话而已。其有全身症状,是在德医阿斯米粗暴地为蔡注射了一针六〇六之后开始的。"④李丕章的说法是一家之言,不过六〇六确实有很大的副作用,后来在青霉素等新药出现后被禁用。从蔡锷辞谢阿思米,而仍让李丕章陪同到上海治疗来看,他也比较认可李的诊断。

蔡锷乘船顺江东下,8月28日到达上海,见到了自天津别后九个月未见的梁启超。师生二人"欷歔相对相劳苦,追念此数月中前尘影事,忽忽如梦"。⑤梁启超后来回忆这次见面说:"他到上海的时候,我会着他,几

① 蔡锷:《致梁启超等电》(1916年7月5日),曾业英编:《蔡松坡集》,1181页。
② 蔡锷:《致梁启超电》(1916年7月11日),曾业英编:《蔡松坡集》,1190页。
③ [美]艾格尼斯·史沫特莱:《伟大的道路——朱德的生平和时代》,138页。
④ 李丕章:《护国军中见闻二三事》,《云南文史资料选辑》第十辑,343—344页。
⑤ 蔡锷:《〈盾鼻集〉序》(1916年9月9日),曾业英编:《蔡松坡集》,1225页。

乎连面目也认不清楚,喉咙哑到一点声音也没有,医生都看着这病是不能救了。"①蔡锷虽然喉咙病重不能说话,但头脑却十分清醒。这时梁启超正把护国时期文稿编为《盾鼻集》,请蔡锷作序。《〈盾鼻集〉序》是蔡锷最后的重要文字。此文虽短,但文采飞扬,气度宏大,写的又是师生二人拼着性命铸就的事业,百年后读之仍能动人心魄。其中对护国战争发动原因有深刻概括:"当去岁秋冬之交,帝焰炙手可热,锷在京师,间数日辄一诣天津,造先生之庐,谘受大计。及部署略定,先后南下,濒行相与约曰:事之不济,吾侪死之,决不亡命;若其济也,吾侪引退,决不在朝。盖以中国人心陷溺之深,匪朝伊夕,酿兹浩劫,其咎非独一人,要在士大夫于利害苦乐死生进退之间,毅然有所守,以全其不淫不移不屈之概,养天下之廉耻,而葆其秉彝,或可以激颓风于既扇,而挽大命于将倾。"②

蔡锷在上海住了十多天,9月10日东渡日本,入九州福冈医科大学医院治疗。治疗初期,他的病情一度好转,在给梁启超的电报中乐观地说:"沿途安善,病已大减,十四入医院疗养,可望速痊。"③蔡锷离开上海时,黄兴曾到码头送行,但仅仅一个多月,就传来了黄兴10月31日病逝的消息。黄兴和蔡锷都是湖南人,有十几年的交情,他们的政见虽时有异同,但对彼此的人格都十分敬重。蔡锷为黄兴写下挽联:"以勇健开国,而宁静持身,贯彻实行,是能创作一生者。曾送我海上,忽哭公天涯,惊起挥泪,难为卧病九州人。"④蔡锷还为黄兴写了一篇情深义重的祭文:"呜呼!伤哉!我国体之发育,在甚不完全之态度,君既创作其轮廓而吹万不同以成一,胡为卒卒脂尔逆旅之车轴,弃我如蚁赴汤如羊失牧总总之四亿。呜呼!伤哉!君非仅长予十年也耶?而为予弱冠时相与矫翼厉翮于江户之敬友,既黯然别以若斯之匆匆……"⑤

---

① 梁启超:《护国之役回顾谈》(1922年12月25日为南京学界公开讲演),云南省社会科学院历史研究所、贵州省社会科学院历史研究所编:《护国文献》(上),313页。

② 蔡锷:《〈盾鼻集〉序》(1916年9月9日),曾业英编:《蔡松坡集》,1224页。

③ 蔡锷:《致梁启超电》(1916年9月),曾业英编:《蔡松坡集》,1227页。

④ 蔡锷:《挽黄兴联》(1916年11月初),曾业英编:《蔡松坡集》,1235页。

⑤ 蔡锷:《祭黄兴文》(1916年11月初),曾业英编:《蔡松坡集》,1233页。

黄兴病逝仅仅几天,蔡锷的病情也急剧恶化了。11月7日,蔡锷自知时日无多,口授了给国会和大总统黎元洪的遗言:"锷病恐不起,谨口授随员等以遗电陈:(一)愿我人民、政府,协力一心,采有希望之积极政策。(二)意见多由争权利,愿为民望者,以道德爱国。(三)此次在川阵亡及出力人员,恳饬罗督军、戴省长核实呈请恤奖,以昭激励。(四)锷以短命,未克尽力民国,应行薄葬。"①11月8日凌晨二时,蔡锷病逝,年仅三十四岁。护国英雄蔡锷的英年早逝,引发了各界人民的由衷痛惜,甚至北洋派中不少人对蔡锷也很钦佩。不过,他希望全国"协力一心"的遗言却并没有成为现实,中国在各派争斗中滑向了分崩离析的深渊。

二、梁启超的复出和引退

护国运动成功之后,梁启超的立场是不入政府,从事更根本的学术教育事业。1913年下半年熊梁内阁登台执政失败之后,梁启超明白当时是军人主导时期,文人难有作为,而他自己更擅长的还是学术教育。他在1916年6月27日致刘显世等电中说:"弟决中止政治生涯,拟办一理想的学校,且精意编译;沪上日报亦领数家,分人任之。此著似缓实急,同人全体同意,将来尊处及松处军费与中央交涉,能稍筹此项教育基金,实于大局前途有实益。"②

黎元洪1916年6月就任总统之后,知道梁启超是斡旋南北统一的关键人物,想请他北上担任总统府秘书长。但梁启超7月6日回电明确拒绝:"钧座延揽之诚,不言久喻。超决非谬为伪谦,鸣高钓誉,尤非选择职务,有所薄而不为。素性所存,以钧座知我之深,必信能谅。实缘自审才器所宜,觉今后报国之途,与其用所短以劳形于政治,毋宁用所长以献身

---

① 蔡锷:《致国会和黎元洪电》(1916年11月8日),曾业英编:《蔡松坡集》,1236页。
②《梁启超致刘显世等电》(1916年6月27日),李希泌、曾业英、徐辉琪编:《护国运动资料选编》(下),710页。

于教育。军兴以前,早怀此志,一俟大局稍宁,自当经始所业。"①

梁启超的态度并非虚伪,也不仅是他一个人的选择。如前文所述,蔡锷在护国战争尚未结束的时候,就屡次在函电中提到战后想从事实业或军事教育,而孙中山辛亥革命后转而从事铁路建设也是类似的考虑。他们大致认为,当时中国经济匮乏,人才奇缺,多数人民未经启蒙,一切政治建设难以进行,从事政治活动未必能有所作为,不如让北洋派的袁世凯或段祺瑞暂时维持基本秩序,自己从事更根本的经济或教育事业。孙中山1912年8月给宋教仁的信中说:"民国大局,此时无论何人执政,皆不能大有设施。盖内力日竭,外患日逼,断非一时所能解决。若只从政治方面下药,必至日弄日纷,每况愈下而已。必先从根本下手,发展物力,使民生充裕,国势不摇,而政治乃能活动。弟刻欲舍政事,而专心致志于铁路之建设,于十年之中,筑二十万里之线,纵横于五大部之间。"②孙中山还把这封信公开发表在国民党的机关报《民立报》上,实际上是一种号召。

辛亥革命后,梁启超和孙中山共同信任能够维持政局的就是袁世凯。但是宋教仁遇刺后,孙中山首先不再信任袁世凯,转而发动二次革命,可惜失败。洪宪帝制出现后,梁启超也不再信任袁世凯,转而发动护国战争,幸而成功。这时梁启超和孙中山又把维持政局的希望寄托在段祺瑞身上:梁启超积极推动撤销南方护国政府——军务院,希望尽早恢复国家统一;孙中山也下令各省革命军服从中央政府,并宣布中华革命党停止活动。这显示了梁启超和孙中山以国家大局为重的胸襟。孙中山在1917年5月给段祺瑞的信中说:"文自归国,遇共和底定,即专意开发实业。"③由此可见,梁启超和孙中山又回到了辛亥之后的政治态度,认为当时只有北洋派能暂时维持政局,段祺瑞是值得信任的。他们自己可以从事更根

---

① 梁启超:《复黎大总统电》(1916年7月6日),汤志钧、汤仁泽编:《梁启超全集》第九集,373页。

② 孙中山:《致宋教仁函》(1912年8月22日),《孙中山全集》第二卷,404页,中华书局,1982。

③ 孙中山:《复段祺瑞函》(1917年5月12日),《孙中山全集》第四卷,30页,中华书局,1985。

本的经济或教育建设,对政局最多以在野政治家身份提供咨询。

梁启超在8月10日与报馆记者的谈话中,对从事社会教育的原因有更详细的说明,此时梁启超因得知父亲去世对外宣布守孝。记者问道:"自项城逝世,时局锐变,国人所属望于先生甚重,先生因守礼少接外事,未免令国人失望。""太公之丧,似已逾百日,先生身系国家安危,当此危急之秋,似不宜太拘古礼。""愿闻百日后先生出处。"梁启超回答道:"鄙人之政治生涯已二十年,骤然完全脱离,原属不可能之事。但立宪国之政治事业,原不限于政府当局,在野之政治家,亦万不可少。""鄙人尝持人才经济之说,谓凡人自效于国或社会,最宜用其所长。鄙人自问若在言论界补助政府,匡救政府,似尚有一日之长,较诸出任政局或尤有益也。又国中大多数人民政治智识之缺乏,政治能力之薄弱,实无庸为讳,非亟从社会教育上痛下工夫,则宪政基础终无由确立。此着虽似迂远,然孟子所谓七年之病,求三年之艾,苟为不蓄,终身不得。鄙人数年来受政界空气之刺激逾深,感此着之必要亦逾切。亡友汤觉顿屡劝摆弃百事,专从事于此。久不能如其教,心甚愧之。此次汤君同行,间关入广西,在南宁分袂时,痛谭彻夜。汤君力言军事稍平,决当献身社会教育,别后数日,汤君遂殉国于海珠。亡友遗言,安可久负。"①梁启超以最亲密的亡友汤觉顿立言,决非虚伪,这是当时很多中国优秀人物的共同认识。

9月,蔡锷在《〈盾鼻集〉序》中把师生二人天津分别时的约定公之于众,梁启超在10月对《大陆报》记者口授的《国体战争躬历谈》中再次提到这个约定,可见他们对此约定是很认真的。梁启超说:"在天津与蔡君共谋举义时,曾相约曰:'今兹之役,若败则吾侪死之,决不亡命;幸而胜,则吾侪退隐,决不立朝。'盖近年来国中竞争权利之风太盛,吾侪任事者宜以身作则以矫正之。且吾以为中国今后之大患在学问不昌,道德沦坏,非从社会教育痛下功夫,国势将不可救。故吾愿献身于此,觉其关系视政治为

---

① 梁启超:《与报馆记者谈话》(1916年8月10日),云南省社会科学院历史研究所、贵州省社会科学院历史研究所编:《护国文献》(上),296—297页。

尤重大也。今蔡君既以养病闲居,吾亦将从事于吾历年所经营之教育事业,且愿常为文字以与天下相见。"①梁启超在10月给女儿的信中,还希望女婿在教育事业上做自己的助手:"作官实易损人格,易习于懒惰于巧滑,终非安身立命之所,吾顷方谋一二教育事业,希哲终须向此方面助我耳。"②

但是当时政局危机四伏,国家分崩离析的风险很大,梁启超本为热心好动之人,又处在全国瞩目的地位,要想完全脱离政治的确也不可能。军务院取消后,梁启超对于南方各省人事安排提出了不少意见,黎元洪、段祺瑞对他的意见也比较尊重。国会恢复以后,在人民厌恶政党的舆论之下,各派都标榜"不党主义",原进步党议员组成了研究系,梁启超实际上是研究系的领袖。国会最重要的任务就是制定宪法,他以在野政治家的身份,对宪法制定中最关键的省制问题发表了不少意见,主要倾向是支持中央集权,以遏制国家分裂危险。当时是北洋派的段祺瑞实际掌控中央政府,前国民党议员组成的商榷系不信任北洋派,主张地方分权以限制中央权力。研究系与北洋派合作,共同对抗商榷系,实际上又回到了类似1913年上半年的局面。

1917年1月,梁启超北上入京,再次卷入首都政治旋涡。他以在野政治家的身份,调和府院之争,推动制定宪法,这时对德绝交和宣战问题逐渐成为争论焦点。梁启超积极支持段祺瑞的参战政策,甚至可以说是参战政策主要推手之一。国会激进派和总统黎元洪抵制参战政策,合力推倒段祺瑞内阁,引发了北方各省独立和张勋复辟。梁启超又和段祺瑞合作,在天津马厂誓师,派兵击败张勋,再次捍卫了共和国。在恢复中央政府的过程中,段祺瑞和梁启超认为多数国会议员过于激进,难以合作,拒绝恢复被黎元洪在张勋逼迫下非法解散的国会,提出召集各省代表组织

① 梁启超:《国体战争躬历谈》(1916年10月),云南省社会科学院历史研究所、贵州省社会科学院历史研究所编:《护国文献》(上),303页。
② 梁启超:《与梁令娴书》(1916年10月11日),丁文江、赵丰田编:《梁启超年谱长编》,796页。

临时参议院。这相当于中断民国的法统,再造一个新法统。梁启超的理由是:"国会以分子不良之故,激酿巨变,至再至三,再言规复,国命危险实甚。""省议会权限不大,督军可置不理,国会则能牵掣政府,使一事不能办。"①但国会是南方势力在中央政府的主要代表,《临时约法》中并没有总统解散国会的条款,孙中山认为拒绝恢复国会就是破坏民国法统。他8月在广州召集国会议员开非常会议,建立护法军政府,发起护法运动。中国再次陷入分裂,出现了南北两个政府。

梁启超和研究系又选择了与1913年类似的立场,与北洋派合作,对抗南方激进势力。在1917年7月新成立的段祺瑞内阁中,梁启超担任财政总长,汤化龙担任内务总长,林长民担任司法总长,汪大燮担任外交总长,范源濂担任教育总长,九名内阁成员中有五人属于研究系。在梁启超等人看来,北洋派是当时中国最强大的军事力量,是唯一有希望统一国家的势力,只有以北洋派为中心才能建立有效的中央政府。其他政治势力应该与北洋派合作,对抗北洋派必将导致国家分崩离析。梁启超在1913年加入内阁,支持袁世凯武力统一南方;1917年他再次加入内阁,支持段祺瑞武力统一南方。但是由于北洋派本身发生了分裂,段祺瑞并没有取得袁世凯的成功。继任大总统的冯国璋历来与段祺瑞平起平坐,不满于段的独断专行,不支持以段为核心建立中央集权,提出和平统一主张,鼓动直系的曹锟、李纯、王占元、陈光远四督通电主和。段祺瑞的武力统一政策无法实施,不得不于11月15日辞职,梁启超等阁员也于22日获准一同辞职。

梁启超二次登台执政仅仅几个月又以失败告终,皖系1918年炮制的安福国会中也没给研究系保留几个席位。梁启超最终认识到,在国家分裂的军事主导时期,文人在政治上不可能发挥太大作用。在人生的最后十年,他回到了自己擅长和钟爱的学术教育事业,撰写了很多著作,也在

---

① 梁启超:《致梁季宽电》(1917年9月23日),丁文江、赵丰田编:《梁启超年谱长编》,836页。

清华大学国学研究院培养了不少学生。梁启超在政治与学术之间的进退反复，在学术界引起了不少非议，陈寅恪对此的评论较为公允："任公先生高文博学，近世所罕见。然论者每惜其与中国五十年腐恶之政治不能绝缘，以为先生之不幸。是说也，余窃疑之。""先生少为儒家之学，本董生国身通一之旨，慕伊尹天民先觉之任，其不能与当时腐恶之政治绝缘，势不得不然。忆洪宪称帝之日，余适旅居旧都，其时颂美袁氏功德者，极丑怪之奇观。深感廉耻道尽，至为痛心。至如国体之为君主抑或共和，则尚在其次者。迨先生《异哉所谓国体问题者》一文出，摧陷廓清，如拨云雾而睹青天。然则先生不能与近世政治绝缘者，实有不获已之故。此则中国之不幸，非独先生之不幸也。"①

三、护国运动——改良派的革命

护国运动作为二次革命后一次重要的革命在史学界久有定评，甚至在当时孙中山就明确地称其为"三次革命"，②中国社会科学院近代史研究所编著的《中华民国史》不但认为护国战争是"中华民国史上一次重要的革命战争"，而且"是一次胜利的革命战争"。③二十世纪九十年代以来，以李泽厚为代表的"告别革命"思潮在海内外学界声势颇大，史学界中反思历次革命的声音不绝于耳，而且确有一定道理。但是近代中国陷入代价惊人的不断革命决非偶然，梁启超这样坚决反对暴力革命的改良派代表人物，为何却在1915至1916年亲手发动了一场暴力革命，这个问题很值得思考。深入研究梁启超与护国运动的历史，有助于理解中国近代政治进步的复杂性，避免对历史的简单化理解。

改良派走上革命道路通常可以分为两种情况：一种是革命形势空前高涨，保守势力已经注定灭亡，改良派因其内在的进步性，决不会为旧势

---

① 陈寅恪：《读吴其昌撰梁启超传书后》，夏晓虹编：《追忆梁启超》，151页。
② 孙中山：《致高标勋等函》（1915年12月13日），《孙中山全集》第三卷，213页。
③ 李新、李宗一主编，李宗一、曾业英、朱宗震、徐辉琪等著：《中华民国史》第二编第一卷（下），853页，中华书局，1987。

力殉葬,而是会顺水推舟,与激进派合作,共同推翻腐朽势力。辛亥革命时期的梁启超正是这一立场,这时改良派在革命中起辅助作用。另外一种情况是,当激进派力量遭受重大挫折,保守势力空前猖獗,复古倒退的专制统治使改良派的活动空间越来越小,最后面临被彻底消灭的危险,这时绝望的改良派也会拼死反抗,由于此时革命派势力薄弱,改良派甚至会在革命中起到领导作用。从二次革命到护国运动时期,梁启超正是经历了这一过程。

如果说革命派的革命心理是"希望",那么改良派的革命心理就是"绝望",改良派并不相信革命能带来理想的结果,其发动革命只是为了避免最坏的结果,这是区分改良派和革命派的关键。章太炎《驳康有为论革命书》中的一段名言,最能表达出革命派对于革命的理想主义看法:"然则公理之未明,即以革命明之。旧俗之俱在,即以革命去之。革命非天雄大黄之猛剂,而实补泻兼备之良药矣!"①

改良派虽然在护国运动中发动了一场革命,但他们对革命的破坏性看得很严重,只有在绝望的情势下才会走上这条道路,这和革命派的主动出击大相径庭。1915年,袁世凯的专制独裁愈演愈烈,改良派政治势力步步妥协退让,到洪宪帝制已经退无可退,让无可让,到了悬崖边缘,面临最后灭亡,如果不利用自己剩下的最后一点力量奋起反抗,只有归于灭亡一途,所以梁启超与蔡锷才会在天津约定:"事之不济,吾侪死之,决不亡命。"②这种义无反顾的决绝态度,在梁启超是从来没有过的。因为在他看来,如果护国运动失败,袁世凯的黑暗统治将弥漫天地间,像他这样的人活着也没有意义了,护国战争是改良派的绝望之战。

在护国战争刚刚开始的时候,梁启超就已对将来政局流露出深刻的悲观,对革命的结果不抱乐观幻想。他在1916年1月8日《致蔡锷第一书》中就明确说:"逆贼不患不覆亡。然谓覆亡之后,天下事即大定则殊不

---

① 章太炎:《驳康有为论革命书》(1903年5月),汤志钧编:《章太炎政论选集》上册,204页,中华书局,1977。
② 蔡锷:《〈盾鼻集〉序》(1916年9月9日),曾业英编:《蔡松坡集》,1224页。

敢言。莽、卓伏诛,大乱方始,前事屡然,今亦胡幸。"①在 1 月 27 日致蔡锷第五书中,梁启超又说:"以吾所感想,此时忧在亡秦,虽云艰瘁,然有公共之向心,尚可力图搏控。神奸既殛之后,人欲横流,自兹方始。以吾侪恬淡坦率之性,杂于虎豹犀象蛇蝎鬼蜮中,而日与为缘,虽烂额焦头,于事何济,而痛苦乃至不克任。今大敌未去,大业百未一就,而此等恶象已见端矣。有时独居深念,几欲决然舍去,还我书呆子生涯。""今后全国大局,决非坐谈之政客所能收拾,况拙于应变如鄙人者,何能为役。唯逆揣当冰山骤倾、鼎沸方始之际,终不可无人以周旋其间,谋减杀其危乱之程度。""过此以往,则为演水帘洞演恶虎村之时,决无我辈插足之地。"②

改良派发动和领导了一场革命,并且取得了胜利,但他们心头挥之不去的却是造成大规模暴力流血的负罪感。蔡锷在《〈盾鼻集〉序》中说:"西南之役,以一独夫之故,而动干戈于邦内,使无罪之人,肝脑涂地者以万计,其间接所耗瘁,尚不知纪极,天下之不祥,莫过是也。而先生与锷不幸乃躬与其事。""吾侪躬与于不祥之役,固宜为不祥之人也。""但使国中干城之彦,搢绅之英,惩前毖后,鉴数年来酿乱积弱之原而拔塞之,则此等不祥之事,何至复见! 则先生与锷之罪,其皆可未减也。"③可见,在护国运动取得胜利的时候,蔡锷不但没有自夸功业,甚至认为这场战争让成千上万无辜人民死于横祸,是自己的罪孽。

回首北洋时期的历史,蔡锷对"干城之彦""搢绅之英"的期望完全落空,梁启超关于"水帘洞""恶虎村"的忧虑不幸应验。护国运动虽然推翻了帝制,捍卫了共和,使横暴不可一世的独裁者袁世凯忧惧而死,举国人心大快,但袁世凯死后,北洋派逐步瓦解,袁氏曾初步控制的国家分裂趋势再次加剧,出现了全国性的政治大崩溃,从而开启了十几年军阀混战的

---

① 梁启超:《致蔡锷第一书》(1916 年 1 月 8 日),丁文江、赵丰田编:《梁启超年谱长编》,738 页。

② 梁启超:《致蔡松坡第五书》(1916 年 1 月 27 日),汤志钧、汤仁泽编:《梁启超全集》第九集,333 页。

③ 蔡锷:《〈盾鼻集〉序》(1916 年 9 月 9 日),曾业英编:《蔡松坡集》,1224—1225 页。

黑暗时代。军队日日增多,国家不堪重负,人民的生命财产毫无保障,一切政治经济建设都无从谈起,因而走向一次又一次更为剧烈的革命。改良的道路处处碰壁,寸步难行,革命的代价又是如此沉重,近现代中国的进步道路似乎总是面临两难的抉择。

参考文献

一、史料

[美]艾格尼斯·史沫特莱:《伟大的道路——朱德的生平和时代》,生活·读书·新知三联书店,1979。

班固著,施丁主编:《汉书新注·王嘉传》,三秦出版社,1994。

[美]保罗·R.芮恩施:《一个美国外交官的使华记》,商务印书馆,1982。

曹汝霖:《曹汝霖一生之回忆》,中国大百科全书出版社,2009。

岑春煊:《乐斋漫笔》,中华书局,2007。

曾业英编:《蔡松坡集》,上海人民出版社,1984。

《大公报》(天津)

《大树堂来鸿集》,《近代史资料》总第50号,1982。

丁文江、赵丰田编:《梁启超年谱长编》,上海人民出版社,1983。

杜春和、林斌生、丘权政编:《北洋军阀史料选辑》(上、下),中国社会科学出版社,1981。

冯玉祥:《我的生活》,岳麓书社,1999。

凤岗及门弟子编:《三水梁燕孙先生年谱》,上海书店,1999。

《广东文史资料》第十九辑,广东政协文史资料委员会,1965。

《广西文史资料选辑》第十辑,广西政协文史办,1981。

何智霖编注:《阎锡山档案:要电存录》第一册,台北"国史馆",2003。

《湖北文史资料》第八辑,湖北文史资料委员会,1984。

《湖南历史资料》(总第十四辑),湖南人民出版社,1981(2)。

《湖南文史资料选辑》修订合订本第4集,湖南人民出版社,1982。

《护国讨袁亲历记》,文史资料出版社,1985。

《近代史资料》(总16号),1957(5)。

《近代史资料》第三十五册,知识产权出版社,2006。

来新夏主编,张树勇编:《北洋军阀》(三),上海人民出版社,1993。

李华兴、吴嘉勋编:《梁启超选集》,上海人民出版社,1984。

李希泌、曾业英、徐辉琪编:《护国运动资料选编》(上、下),中华书局,1984。

李宗黄:《李宗黄回忆录——八十三年奋斗史》,中国地方自治学会,1972。

李宗仁口述、唐德刚整理:《李宗仁回忆录》,华东师范大学出版社,1995。

中华书局编辑部:《梁启超未刊书信手迹》,中华书局,1994。

辽宁省档案馆编:《奉系军阀密电》第一册,中华书局,1984。

刘成禺:《洪宪纪事诗本事簿注》,山西古籍出版社,1997。

刘晴波编:《杨度集》,湖南人民出版社,1986。

骆宝善、刘路生主编:《袁世凯全集》,河南大学出版社,2013。

骆宝善:《骆宝善评点袁世凯函牍》,岳麓书社,2005。

[澳]骆惠敏编:《清末民初政情内幕》,知识出版社,1986。

马以君:《梁启超佚札十七封》,《华南师范大学学报》(社会科学版),1989(1)。

《满洲日日新闻》(日文)(大连)

《民信日报》(上海)

《日本外交文书选译——关于辛亥革命》,中国社会科学出版社,1998。

《申报》(上海)

《时报》(上海)

《顺天时报》(北京)

司马迁:《史记·鲁周公世家》,中华书局,2006。

《四川军阀史料》第一辑,四川人民出版社,1981。

《孙中山全集》第二、三、四卷,中华书局,1982,1984,1985。

汤志钧、汤仁泽编:《梁启超全集》,中国人民大学出版社,2018。

汤志钧编:《章太炎政论选集》,中华书局,1977。

王栻编:《严复集》,中华书局,1986。

王锡彤著,郑永福、吕美颐点注:《抑斋自述》,河南大学出版社,2001。

王宜恭等总编:《北洋军阀史料·袁世凯卷》,天津古籍出版社,1992。

王芸生编:《六十年来中国与日本》第七卷,生活·读书·新知三联书店,1981。

《文史资料选辑》合订本第一、三、七、十四、十七、十八卷,中国文史出版社,1999。

吴长翼编:《八十三天皇帝梦》,文史资料出版社,1985。

夏晓虹编:《追忆梁启超》,生活·读书·新知三联书店,2009。

《辛亥革命回忆录》第三、六集,文史资料出版社,1981。

《新闻报》(上海)

严修自订,高凌雯补,严仁智增编:《严修年谱》,齐鲁书社,1990。

余冠英选注:《汉魏六朝诗选》,人民文学出版社,1997。

袁克文:《辛丙秘苑》,山西古籍出版社、山西教育出版社,1999。

云南省社会科学院历史研究所、贵州省社会科学院历史研究所编:《护国文献》(上、下),贵州人民出版社,1985。

《云南文史资料选辑》第十辑,云南人民出版社,1989。

恽毓鼎:《恽毓鼎澄斋日记》,浙江古籍出版社,2004。

张国淦:《北洋述闻》,上海书店出版社,1998。

张明勋、尤世玮主编:《张謇全集》,上海辞书出版社,2012。

张一麐:《记筹安会始末》,载《大风半月刊》第六十三期,1922。

章伯锋、李宗一主编,闻黎明、李学通编:《北洋军阀》第二卷,武汉出版社,1990。

郑孝胥:《郑孝胥日记》(全五册),中华书局,1993。

中国第二历史档案馆、云南省档案馆编:《护国运动》,江苏古籍出版社,1988。

中国第二历史档案馆编:《北洋政府档案》(196 册),中国档案出版社,2010。

中国第二历史档案馆编:《政府公报》影印版(1915—1917 年),上海书店,1988。

中国第二历史档案馆编:《中华民国档案史料汇编》第三辑,凤凰出版社,1991。

中国社会科学院近代史研究所编,杜春和、耿来金整理:《白坚武日记》第一册,江苏古籍出版社,1988。

《中华新报》(上海)

周元高、孟彭兴、舒颖云编:《李烈钧集》(全二册),中华书局,1996。

二、专著及文章论著

邓亦武:《民初袁世凯与地方实力派的关系》,载《殷都学刊》2007(3)。

董方奎:《梁启超与护国战争》,重庆出版社,1986。

冯祖贻:《护国战争爆发前的天津密会》,载《贵州文史丛刊》1985(4)。

顾大全:《护国战争中的黔军》,见《护国文集》,河北教育出版社,1988。

侯宜杰:《袁世凯全传》,当代中国出版社,1994。

胡春惠:《民初的地方主义与联省自治》,中国社会科学出版社,2001。

金冲及:《护国运动中的几种政治力量》,载《历史研究》1986(2)。

来新夏:《北洋军阀史》(修订版),东方出版中心,2019。

赖晨:《陈宧幕僚之特点及其影响》,载《经济与社会发展》2008(3)。

李德芳:《梁启超〈异哉〉一文的公开发表问题》,载《近代史研究》1998(3)。

李恭忠、苟晨曦:《戴戡与护国运动》,中国社会科学出版社,2018。

李泰棻:《国民军史稿》,1930 年印行。

李喜所、元青:《梁启超传》,人民出版社,1993。

李新、李宗一主编,李宗一、曾业英、朱宗震、徐辉琪等著:《中华民国史》第二编第一卷,中华书局,1987。

282

李永胜:《梁启超劝阻帝制与袁世凯之回应》,载《民国档案》2016(1)。

李宗一:《袁世凯传》,中华书局,1980。

陆建德:《"周道如砥,其直如矢"? ——护国战争前后严复与梁启超的"对话"》,载《东南学术》2017(2)。

唐启华:《洪宪帝制外交》,社会科学文献出版社,2017。

汪朝光:《北京政治的常态与异态——关于黎元洪与段祺瑞府院之争的研究》,载《近代史研究》2007(3)。

汪朝光:《民国的初建(1912—1923)》(《中国近代通史》第六卷),江苏人民出版社,2007。

王爱云:《岑春煊与龙济光、陆荣廷关系述论》,载《广西社会科学》2014(12)。

吴天任:《梁启超年谱》,广东人民出版社,2018。

夏晓虹:《共和国民必读书》,载《读书》2016(3)。

萧致治、萧莉:《黎元洪新传》,武汉出版社,2014。

谢本书、冯祖贻、顾大全、孙代兴、高光汉:《护国运动史》,贵州人民出版社,1984。

谢本书:《蔡锷大传》,广西师范大学出版社,2013。

谢本书:《蔡锷与民初政局》,载《社会科学战线》1996(6)。

杨天宏:《袁世凯"去北洋化"与"北洋正统"幻灭》,载《四川师范大学学报》(社会科学版)2012(3)。

曾业英:《蔡锷与小凤仙——兼谈史料辨伪与史事考证问题》,载《近代史研究》2009(1)。

曾业英:《云南护国起义的酝酿与发动》,载《历史研究》1986(2)。

张华腾:《洪宪帝制——袁氏皇帝梦破灭记》,中华书局,2007。

张华腾:《袁段矛盾与洪宪帝制败亡》,载《殷都学刊》2006(2)。

张朋园:《梁启超与民国政治》,台湾汉生出版社,1992。

张永:《民国初年的进步党与议会政党政治》,北京大学出版社,2008。

张仲民:《阎锡山与洪宪帝制》,载《史学月刊》2019(1)。